张琳琳 | 主　编
王小兰 | 副主编

城市交通管理

CHENGSHI
JIAOTONG GUANLI

中国人民大学出版社
· 北京 ·

前言

进入21世纪以来，我国城镇化和机动化进程显著加快，尤其在发达地区，城市规模扩张和机动车保有量增加的速度远远超过发达国家城市水平。与此同时，我国城市交通发展理念、行政管理体制与法治化建设、运营管理水平、信息化建设等方面相对滞后，由此引发城市道路拥堵、公共交通拥挤、交通守法意识薄弱、交通事故频发、交通供需失衡、大气和噪声污染、能源消耗加剧等诸多城市交通发展问题，并进一步对城市的可持续发展构成制约。

以往的交通管理策略，多数以解决道路拥堵为主要目标，以加强道路交通基础设施建设为重点，一味满足车辆交通需求，但收效甚微甚至适得其反。城市交通问题的背后有着远比车辆交通复杂得多的经济和社会问题，单纯地处理车辆交通不能解决任何城市交通问题。因此，城市交通管理应该从交通与社会经济关系、交通与土地利用关系的战略高度出发，在多层次法律规范构成的法律体系的保障下，构建完善的交通行政管理体制，推进以轨道交通和道路交通为核心的城市交通网络的建设，形成以轨道交通和公交电汽车为主，出租汽车、公共自行车为辅的多层次城市公共交通运输体系。同时，城市交通管理应以智慧交通为突破口，广泛引入新兴技术，提升交通系统运行效率，发挥交通基础设施效能，充分保障交通安全，有效协调供需矛盾。

本教材的主要内容为：城市交通管理；城市交通行政管理体制与管理设施；从运行管理、安全管理、需求管理三个方面介绍城市交通管理的具体内容；城市智能交通管理系统。

本教材由张琳琳主编，共分为七个单元，第一单元、第二单元由刘渤海、王小兰编写，第三单元、第四单元、第六单元、第七单元由张琳琳、钱剑培编写，第五单元由刘家林编写。张琳琳、钱剑培负责整体结构设计、内容策划以及最终统稿。

本教材编写过程中参考了大量的书籍、文献和电子资料等，编者已尽可能在参考文献中详细列出，在此谨向这些专家和学者表示崇高的敬意和衷心的感谢。

由于编者能力和水平有限，加之时间仓促，书中难免存在错误或疏漏之处，恳请读者批评指正。

编　者

2018年9月

目录

CONTENTS

第一单元　城市交通管理概论　001

知识点 1　城市交通概述　002
知识点 2　城市交通系统　010
知识点 3　城市交通管理　019
知识点 4　城市交通管理规划与评价　022
拓展阅读　028
单元小结　028

第二单元　城市交通行政管理　029

知识点 1　城市交通行政管理概述　030
知识点 2　城市交通行政管理体制　034
知识点 3　城市交通行政管理内容　043
知识点 4　城市交通行政复议与行政诉讼　053
拓展阅读　058
单元小结　059

第三单元　城市交通管理设施　060

知识点 1　道路交通标志　062
知识点 2　道路交通标线　067
知识点 3　道路交通管理辅助设施　071
案例分析　欧洲的交通稳静化管理　075
拓展阅读　084
单元小结　084

第四单元　城市交通运行管理　085

知识点 1　行车管理　087
知识点 2　道路出入口管理　105
知识点 3　停车管理　113
知识点 4　慢行交通管理　125
知识点 5　公共交通优先管理　137
拓展阅读　153
单元小结　153

CONTENTS 目录

第五单元　城市交通安全管理 154

知识点 1　城市交通安全管理概论 155
知识点 2　城市交通安全分析 160
知识点 3　城市交通安全评价 168
知识点 4　城市交通安全管理措施 173
案例分析　城市交通安全管理案例 179
拓展阅读 185
单元小结 185

第六单元　城市交通需求管理 186

知识点 1　交通需求管理概述 187
知识点 2　交通需求管理的基本原理 197
案例分析　交通需求管理国内外案例 204
拓展阅读 215
单元小结 216

第七单元　城市智能交通管理系统 217

知识点 1　智能交通管理系统基本知识 218
知识点 2　智能交通管理系统的典型模块 228
案例分析　国内外 ITMS 平台典型案例 238
拓展阅读 245
单元小结 245

参考文献 246

第一单元

城市交通管理概论

Unit

学习导引

同学们好！欢迎你们来到“城市交通管理”课程的课堂。现在我们开始进入第一单元的学习。

首先，我们来看一组图片。大家对这些场景是不是很熟悉？因为它就在我们身边。那么大家有没有想过，我们日常生活所依赖的城市交通该如何管理？要想全面了解和解决这个问题，我们必须先对城市交通有初步认识。通过本单元的学习，相信大家对城市交通和城市交通管理会有全面的了解。请大家带着探索的翅膀，共同进入本单元的学习！

在本单元的学习之旅中，需要你认真学习本单元的学材，观看教学视频，完成在线学习活动以及作业。只有按照要求完成上述所有环节的内容，你才算完成了本单元的学习任务。

学习目标

学完本单元内容之后，你将能够：

（1）了解城市交通的定义、构成、发展历史和存在的问题及原因；

（2）了解城市交通系统的分类，城市公共交通方式，道路和轨道交通系统的构成；

（3）了解城市交通管理的概念和内涵，以及城市交通管理的内容；

（4）了解城市交通管理规划的概念、层次和内容，以及管理的评价。

知识结构图

图 1-1 是本单元内容的整体框架以及学习这部分内容的思维过程规划。此图可以帮助大家从整体上了解本单元内容的知识结构和学习路径，包括城市交通概述、城市交通系统、城市交通管理、城市交通管理规划与评价。请大家仔细品读和理解，帮助自己建立对本部分知识的整体印象。

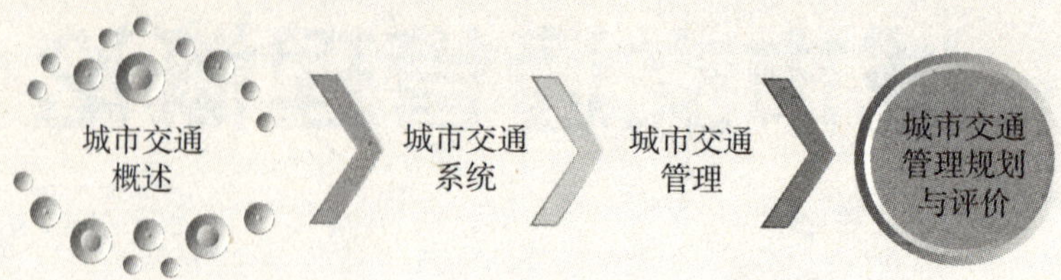

图 1-1　本单元知识结构图

看完上面的知识结构图后，大家是否已经对本单元所要学的内容以及如何学习这些内容，有了一个初步的整体印象了呢？接下来，我们在这个整体框架的指引下逐一学习每个知识点的具体内容。

知识点 1　城市交通概述

学前思考

我国古代《周礼·考工记》中记述了关于周代王城建设的空间布局：“匠人营国，方九里，旁三门。国中九经九纬，经涂九轨。左祖右社，面朝后市，市朝一夫”，其中“国中九经九纬，经涂九轨”就是对王城的路网和道路断面结构做出的规定。请大家思考一个问题：城市的空间布局和城市路网之间有什么关系？

生活在大城市是一种怎样的感觉？相信很多人都会想到“堵车”，无论是大路还是小路，早晚高峰期还是凌晨空闲时段，都可能会堵车。那么，城市交通为什么这么拥堵呢？造成拥堵的主要原因有哪些？

你想好了吗？让我们带着问题学习以下内容吧。

知识重点

学习提示：通过交通的广义和狭义两个定义给出了城市交通的定义，大家需要在了解城市交通构成、特性的基础上，理解城市交通与城市发展之间的关系，并阐述城市交通对城市发展有哪些重要影响。学习并了解城市交通发展历史，对城市交通发展中存在的一些主要常见问题有初步的认识，并能说明其出现的原因。

接下来，让我们一起认真学习本部分的详细内容吧。

一、城市交通的定义

广义上的交通是指人、货物、信息的地点间，并且伴随着人的思维意识的移动。由于人和货物的移动与信息的移动存在速度上的差异，并且信息的移动已经形成了独立的学科，所以，交通又被狭义地定义为人或货物的地点间，并且伴随着人的思维意识的移动。

此外，交通也被定义为借助某种运载工具，通过某种运行转移的方式，实现人或物的空间位置移动的过程。

城市交通则是指人或货物在城市范围内的地点间，并且伴随着人的思维意识的移动，或者指人或物在城市范围内，借助某种运载工具，通过某种运行转移的方式，实现空间位置移动的过程。

城市交通是实现人流、物流、车流和部分信息载体的空间位移并到达一定目的地的基本手段，是整个城市生活从静态转入动态，完成城市生存发展所必需的多种活动的重要保障，是重要的城市基础设施。

二、城市交通的构成

城市交通的构成可以分为交通基础设施、交通设备、交通参与者和货物等。就交通基础设施而言，有城市道路、轨道线路、水运航道、桥梁、隧道和交通场站与枢纽等。城市轨道交通又分为地铁、轻轨和市郊铁路等。交通设备有车辆、机电设备和交通信息系统等。车辆又分为各种汽车、电车、轨道交通车辆、船舶、摩托车和自行车等。

三、城市交通的特性

（一）综合性

随着城市的发展和城镇化进程的加快，城市交通已经发展为综合交通，涵盖城市中的地面公交、轨道交通、私人汽车、非机动车和步行等所有交通运输方式，涉及城市交通运输点（场站和港口码头等）、线（道路、轨道线路、桥梁、河道等）、面（道路网络及轨道网络等）众多要素。

（二）复杂性

城市是人员高度聚集的场所，人人都是交通参与者，并且人员的年龄、文化程度和收入水平各异。在城市道路上，机动车、非机动车和行人混合交通，密度高、速度低、冲突多，交通协调组织复杂。

（三）时间性

城市交通具有很明显的时间特性，主要表现在早晚高峰时段交通繁忙，交通压力大，特别在一些城市干道极易发生交通堵塞和交通事故。早晚高峰期间许多地铁站的入站口、车站通道、地铁车厢内全程严重拥挤，部分车站入站花费时间超过 20 分钟。城市交通的时间性还体现在工作日和非工作日、白天和夜间的交通流差异十分明显。

（四）随机性

城市交通具有很高的开放性，该系统的任何一个用户通常都可以不经事先申请或约定而随时随地进入，由此产生了城市交通需求的随机性。一方面，城市交通服务对象介入的时间、地点、方式以及持续时间都是随机的。另一方面，影响城市交通运行的某些外部因素如天气、意外事件等也是随机的。

（五）立体化

城市交通就结构而言，包括立交桥、天桥、桥梁等高架设置，私人汽车、地面公交、非机动车、行人等地面交通单元，以及轨道交通隧道、海底隧道等地下交通结构。

四、城市交通与城市发展

城市交通的形成与发展和城市的形成与发展有着非常密切的联系，城市交通自始至终贯穿于城市的形成与发展中。城市交通是与城市同步形成的，城市的形成必然包含城市交通的因素。

初期的城市一般是依据早期的人类自然村落形成的，主要出现在人们居住和生活比较集中的地方。随着人类社会的进步和发展，人们认识自然和改造自然的能力逐步提高，城市出现的地方不再是人类原始的居住地，而是在人类社会需要的地方发展城市，比如交通要道的驿站、军事要地、港湾等慢慢地发展成为城市。城市的发展促生了区域分工，逐渐形成了以道路网作为区域隔离的网络。

在城市长期发展的进程中，由于交通科技水平和交通工具发展的制约，城市发展在很长一段时间是十分缓慢的。直到工业革命以后，城市发展进程加快，人口大量增加，城市规模不断扩张。随着城市工作、居住和交通等功能的完善，城市内部交通也逐渐形成和发展。19 世纪中期，机械交通工具的出现和发展引发了城市交通变革。城市对外交通系统与城市对内交通系统的发展与完善使得城市发展更加完善。现今的城市就是在不断完善和发展的交通系统基础上发展而来的。城市交通与城市的发展相辅相成、相互促进。

城市交通对城市发展的主要影响有以下几点。

（一）引导城市形态布局

交通运输条件是产业区位选择和产业布局调整的重要影响因素，交通运输条件的改变往往直接导致产业布局的形成与改变。城市交通网络的发展直接影响城市的整体布局和功能定位，并对城市的未来产生深远的影响。城市轨道交通建设带动沿线土地开发，使大量功能设施和居民聚集在沿线两侧，在城市形态结构演化中有着重要的诱导作用。

（二）影响城市规模扩大

城市交通对城市规模影响很大，既是发展的因素也是制约的因素，特别是城市对外交通联系的方便程度，在很大程度上会影响到城市人口规模。城市交通的发展变迁，也决定了城市空间规模。在步行—马车时代，受交通工具速度限制，城市规模较小，呈现紧凑的同心圆方式演变发展。随着电车—火车成为新的交通方式进入城市后，城市规模有了扩展，并向外沿交通线路呈现狭窄的带状发展。在高速公路—轨道交通时期，随着人们活动范围进一步扩大，市区急剧向外蔓延，城市人口和空间规模也在不断扩大。

（三）推动城市经济发展

城市交通的发展带来了城市机动化程度的提高，使得城市内部及城市间的联系日益密切，不仅缩短了运输时间、降低了运价和生产成本，还促进了地区间专业化分工、推进了城镇化进程。交通基础设施建设能够扩大就业、抬升地价，拉动城市经济发展。

（四）城市交通发展历史

我国古代《周礼·考工记》中记述了关于周代王城建设的空间布局："匠人营国，方九里，旁三门。国中九经九纬，经涂九轨。左祖右社，面朝后市，市朝一夫"，规定了王城建设规模，以及其"九经九纬"的城市交通网络和"经涂九轨"的断面结构标准。马车是这一时期典型的城市交通工具，也是权力身份的象征。在这以后直到18世纪以前，城市交通的发展只是表现为城市道路网络的修建和完善，交通形式则为个人步行或骑乘，以及私人轿子和马车等。

18世纪60年代后发生的工业革命带来机器大工业的生产方式，使得近代城市发生了翻天覆地的变化。工厂企业迅速向城市地区积聚，人口规模急剧膨胀，城市空间快速扩张，城市发展之快，变化之大超过历史上任何一个时期，一度带来城市危机。为了支撑城市空间的快速扩张，工业时期的交通工具发生了革命性变化。

1814年，史蒂芬孙发明了蒸汽汽车，人类加快了工业时代的脚步。

1819年，巴黎市首次出现了现代意义上的大容量公共交通马车，从此产生了城市公共交通，开创了城市交通的新纪元。

1825年，英国人斯瓦底·嘉内制造了一辆蒸汽公共汽车，18座，车速为19千米/小时，开始了世界上最早的公共汽车运营。

1832年，人们在美国纽约市曼哈顿街道上铺设轨道，开始运行有轨公共马车，这是城市轨道交通的雏形。

1843年，英国伦敦出现了最早的双层公共马车。

1851年，马车顶层有了遮阳防雨的车篷。

1863年，世界上第一辆蒸汽机车用于伦敦的城市地铁，开创了城市轨道交通的先河。

1881年，世界第一辆有轨电车在德国柏林周边的里特希菲尔德问世，标志着有轨电车作为客运交通工具投入使用。这种用电力驱动的有轨电车，在随后的半个世纪里风靡全球，成为大城市最重要的交通工具。

1886年，卡尔·本茨发明了举世公认的第一辆现代汽车，使得城市道路交通实现了由人力、马车向机动化交通工具的变迁，尤其是1914年亨利·福特的T型经济车问世，大大推动了汽车交通和汽车工业的发展。

工业城市的发展，也拉开了城市与交通研究的序幕。早期探索包括田园城市、工业城市、带状城市等空间布局理论。田园城市提出田园城市组群中各城市与中心城市间用快速交通连接。工业城市提出用最先进的交通方式连接城市各分区，并将城市街道按交通性质分类，每类道路宽度不等。带状城市提出沿"脊椎"道路布设一条或多条电气铁路运输线。1933年公布的《雅典宪章》指出城市具有居住、工作、游憩、交通四大功能，城市空间按照土地类型分门别类进行功能分区，避免相互干扰，不同分区间保持便捷联系，依照机动车交通要求对道路进行分级。

20世纪20年代，随着汽车制造业的不断发展，人类进入了汽车快速发展的时期。汽车以其灵活机动的优势在城市公共交通、邮政、货运等各领域广泛应用。与此同时，城市有轨电车因受轨道线路限制、破坏城市街道路面平整以及行驶时产生很大的噪声等缺点逐渐被淘汰。随后，无轨电车出现在了城市街道。

第二次世界大战以后，城市规模的发展和扩大需要交通网络规模的扩张和交通工具的不断机动化。城市交通进一步向大规模、高速化、现代化方向发展，以小汽车、摩托车、自行车为工具的私人交通迅速发展。这虽然满足了城市出行需要，机动方便，但是因为交通网络结构不合理、载运工具运量小、组织管理滞后等给城市发展带来一系列问题，主要包括交通拥堵、车辆行驶速度降低、交通事故频发、交通噪声和大气污染加剧、能源消耗增加、停车困难等问题。

为了解决这些问题，一些发达国家曾致力于道路交通系统改善，不断增加道路宽度、修建高架和快速路，开辟地下交通，并在交通管理和控制方面引进计算机等新技术。这些方法虽然提高了道路通行能力，但是还是不能解决快速增长的私人交通流带来的交通拥堵和污染等问题。

20 世纪 70 年代末，交通需求管理（Transportation Demand Management, TDM）的概念被提出，并在全世界范围内得到了认知和推广，其核心是通过交通政策诱导人们的出行方式，从而缓解交通拥堵。交通需求管理的提出使交通管理理念发生了巨大变化，使世界各国在解决交通拥挤问题和引导交通系统向着绿色、健康、可持续发展的方向上迈进一大步。

1993 年，美国新城市主义学派彼得·卡尔索尔普在其所著的《下一代美国大都市地区：生态、社区和美国之梦》（*The American Metropolis-Ecology, Community, and the American Dream*）一书中提出了以 TOD（Transit Oriented Development）模式替代郊区蔓延的发展模式。TOD 模式即以公共交通为主导的城市开发模式，主张城市规划应以公共交通作为城市运行的支持系统，以公共交通（轨道交通、公交系统）为节点作为城市规划发展的基础，围绕公共交通站点布设城市服务设施。目前，TOD 模式规划概念在美国已有相当广泛的应用，国内的应用还处于初期阶段。

目前，国内特大、大型城市已经基本形成以轨道交通和道路交通为核心的城市交通网络，形成了以轨道交通和公交电汽车为主，出租汽车、公共自行车为辅的城市公共交通运输体系。中小城市一般也形成了以公交电汽车和快速公交为主、出租汽车为辅的城市公共交通运输体系。

随着大数据、移动互联网、物联网、车联网、社交网络媒体、云计算、人工智能、无人驾驶等一系列新兴技术的发展，智慧交通将成为解决现有城市交通发展问题的重要突破口。智慧交通作为未来智慧城市的一部分，将使交通系统在区域、城市甚至更大的时空范围具备感知、互联、分析、预测、控制等能力，充分保障交通安全、发挥交通基础设施效能、提升交通系统运行效率和管理水平，为通畅的公众出行和可持续的经济发展服务。

五、城市交通发展存在的问题及其原因

改革开放以来，我国城镇化和机动化进程快速推进，人民生活水平不断提高，城市规模扩张和机动车保有量增长的速度远远超过工业发达国家城市水平，而城市交通基础设施发展的理念、规划建设和运营管理水平相对滞后，由此引发了城市道路交通拥堵、公共交通拥挤、交通事故频发、停车难、交通污染和噪声污染、能源消耗加剧等诸多城市交通发展问题。

（一）城市交通拥堵的原因

城市道路交通系统是一个复杂的综合性系统，造成交通拥堵的因素众多，主要包括城市交通基础设施供给水平、城市交通需求特性以及城市交通管理控制水平和城市交通环境。城市交通拥堵是城市交通供给与城市交通需求的不平衡所致。城市交通供给和交通需求均有极其复杂的特征。交通供给与交通需求是相互作用又相互影响的。交通供给一方面可以满足交通需求，但是又会诱发新的交通量，二者是一对错综复杂的矛盾。

1. 城市交通供给

城市交通供给是指为满足城市交通需求所建设的不同等级道路和各种交通设施等。由于城市化进程远远超出人们的预期，在大部分城市里存在交通供给的先天不足，这是交通拥堵的基本原因。城市交通供给不足主要体现在交通基础设施建设用地供给不足、交通基础设施总量供给不足、城市交通体系结构和道路网络结构不合理。

（1）交通基础设施建设用地供给不足主要是在城市建设用地中，用于交通建设的比例过低。在经济至上的发展理念下，各个城市纷纷重视商业、房地产、工业等领域的发展建设，对于交通用地重视不够。

近十年来，虽然各城市加大了交通基础设施投资建设力度，但是相较于高强度的土地开发利用强度和快速增长的人口规模，交通基础设施总量供给仍然不足。

（2）城市交通体系结构是指城市中各种交通运输方式承担的交通需求比例。相比私人小汽车的快速发展，我国的公共交通发展滞后。从目前各大城市交通结构来看，普遍存在公交系统发展滞后、缺乏公交车专用道、快轨道交通比例不足、自行车和步行等慢行交通分担率不足，从而造成道路负担过重，带来交通拥堵。

（3）城市道路网络结构是指城市道路中快速路、主干路、次干路和支路的比例。不同等级的道路应当承担各自不同的功能。快速路和主干路应当充分发挥城市中远距离的快速通达作用，次干路和支路应当充分起到深入、到门到户的毛细作用。但是由于历史遗留和规划设计上存在的问题，城市道路网络结构不符合 1∶2∶3∶4 的比例。虽然大多城市加快了快速路和主干道的建设，但是随之又吸引了大量交通流进入主干道，导致其作用无法高效发挥。

2. 城市交通需求

城市人口规模的快速扩大和机动车保有量的快速增长是城市交通需求旺盛的重要原因。据公安部统计，截至 2017 年年底，全国机动车保有量达 3.10 亿辆。有 53 个城市的汽车保有量超过百万辆，24 个城市超过 200 万辆，7 个城市超过 300 万辆。另外，城市功能布局不合理，人们需要远距离上班上学，公共交通发展滞后和慢行交通路权难以保障等原因直接产生了刚性交通需求。

3. 交通管理水平

城市交通管理水平直接影响交通基础设施的利用效果。在交通供需不平衡的状况下，提高管理水平显得更加重要。目前，城市交通管理没有达到对道路、车辆、交通参与者的综合考虑，交通信息不畅，缺乏对交通需求预测和引导，道路利用率低，管理处于被动。例如城市交叉口的信号配时没有根据实际需求进行智能化自适应控制。

4. 城市交通环境

城市交通环境也是交通拥堵的重要因素。城市交通环境可以分为外在客观环境和交通参与者主观环境。外在环境如恶劣天气、道路损坏、车辆故障、交通管制等往往是造成交通拥堵的直接原因。内在环境指交通参与者的交通行为，城市交通中机非混行、频繁变道、不遵守交通规则等不仅容易引起交通拥堵，而且很可能造成交通事故使整个车道或断面交通中断。

（二）城市交通事故频发的原因

交通安全是一个世界性问题，随着城市客货出行频率和交通量明显增大，交通事故频发，交通事故已成为人类社会一大公害。城市交通事故是在特定的交通环境下，因交通参与者，交通工具，交通基础设施、环境和管理所构成的动态系统在某些环节上失调，所引发的意外事故。城市交通事故按交通方式可以分为道路交通事故、城市轨道交通事故和城市水运交通事故。其中，与道路交通相比，城市轨道交通因信息化、控制程度高和相对封闭而比较安全，城市水运交通因其运量有限也相对安全。就道路交通事故而言，主要影响因素包括以下几点。

1. 人的因素

人的因素主要指交通参与者，包括各种类型的机动车驾驶员、非机动车驾驶员和行人。人是交通事故最主要的原因。自身生理、心理状况不符合交通安全要求、驾驶技术水平低、违章行走、违章操作、违章装载、违章驾驶等都会导致交通事故发生。

2. 车辆因素

车辆是造成交通事故的第二大因素。影响车辆安全性能的因素包括制动系统、照明系统、电气系统、行驶系统等。其中制动系统性能故障是造成交通事故的重要原因。

3. 道路因素

道路几何特征、交叉口设计、路面状况以及配套交通设施都是可能引发交通事故的原因。比如路面线形、坡度，车道宽度、横断面布设形式，交叉口形式、路面材质，以及标识标线、照明设施等。

4. 环境因素

影响城市交通安全的环境因素可以分为自然环境、交通环境和人工环境。自然环境中，城市地理位置、地形条件、气象条件等都是事故发生的可能原因。交通环境中，道路交通流量、交通混杂程度、行驶速度等导致事故率较高。人工环境中对交通安全影响比较大的有土地使用性质、路侧干扰物、道路施工等。

5. 管理因素

交通管理是城市交通事故不可忽略的因素，是交通事故分析中最为宏观的因素，同时也是最复杂的因素。城市交通管理对于交通安全的影响主要体现在：制定相关法律法规，并严格执法管理；加强交通参与者的安全宣传和教育；加强交通基础设施设备的维修养护；提高城市交通管理科技水平；建立完善的应急指挥救援机制等。

（三）城市交通污染加剧的原因

城市交通污染主要包括城市空气污染、噪声污染和振动污染。城市交通污染加剧的影响因素很多，但究其原因是城市粗放式扩张和高土地开发利用强度。

1. 机动车保有量和使用强度

机动车保有量持续增加和频繁使用是城市交通污染的直接原因。随着机动车保有量和使用强度的过度增加，城市交通出行总量不断增加，并且容易造成拥堵。车辆走走停停更加剧了尾气排放、交通振动及交通噪声污染。

2. 城市交通整体结构

城市交通整体结构不仅是交通拥堵的重要影响因素，也是交通污染的重要因素。以大容量公共交通为主导、非机动车和步行为辅的城市交通结构是解决交通污染和交通拥堵的有效途径和手段。

3. 城市交通基础设施结构

城市交通基础设施结构是包括高架、地面和地下的立体化结构。其中城市高架立交、桥梁等结构相较于地面交通更容易受交通振动和噪声的影响，隧道、涵洞因通风条件受限，更导致车辆尾气集聚。

4. 交通工具动力类型

城市交通工具的动力源主要是汽油和柴油等化石燃料，这些燃料是城市空气污染的主要源头。尽管人们大力发展城市轨道交通、推广并使用新能源汽车，化石燃料汽车仍然是城市交通工具的主体。

练一练

单项选择题

下列哪项不属于城市交通拥堵的原因？（　　）

A. 城市交通供给不足

B. 城市交通需求旺盛

C. 城市交通管理水平不足

D. 城市空气污染

【解析】本题正确答案为 D。

简答题

城市交通与城市发展之间有什么关系？城市交通对城市发展有哪些重要影响？

【解析】城市交通的形成发展和城市的形成发展有着非常密切的关系，城市交通自始至终贯穿于城市的形成与发展过程之中。城市交通对城市发展的主要影响有：（1）引导城市形态布局。（2）影响城市规模扩大。（3）推动城市经济发展。

经过前面的学习，相信你已经知道了城市交通的定义和特性，能够说明城市交通对城市发展的重要影响，了解了城市交通的发展历史，并掌握了城市交通发展中存在的问题及其主要原因。请大家做好本部分的梳理总结，稍做休息，我们继续进行下一个知识点的学习。

知识点 2 城市交通系统

学前思考

通过上一个知识点的学习，我们已经对城市交通有了初步的认识。城市交通系统的构成非常复杂，按照不同的划分标准，可以分为不同的子系统。

图片中的各交通系统分别为城市交通系统的子系统，其自身构成相当复杂，包含了很多要素。比如图片中的城市轨道交通系统又可以分为轨道、线路、车辆、车站、车辆段、限界、供电系统、通信系统、信号系统和机电设备系统等。

接下来让我们通过学习了解城市交通系统的分类以及一些重要的子系统的具体构成。

知识重点

学习提示：城市交通系统是城市系统中一个重要的子系统，是城市社会、经济与物质结构的基本组成部分，是城市社会活动、经济活动的纽带和动脉。它既包含在城市社会系统之中，又与城市用地系统和市政设施系统等其他子系统相互制约和依存。城市系统结构关系图，如图 1－2 所示。

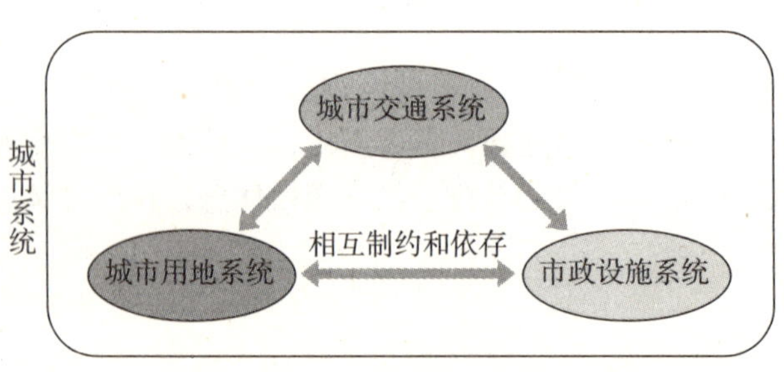

图 1－2　城市系统结构关系图

本部分重点介绍了城市交通系统的分类，常见的城市公共交通方式、城市道路系统的组成以及城市轨道交通系统的组成。通过本部分的学习，大家必须了解城市交通系统在不同分类方法下的主要构成，了解城市公共交通方式的主要形式，掌握城市道路分类和路网结构以及城市轨道交通系统的构成。

一、城市交通系统的分类

城市交通系统本身是一个高度复杂的系统，它可以划分为不同类型。

按照地域关系，城市交通可以划分为城市内部交通和城市对外交通。城市内部交通一般指城市内部各种交通方式，也泛指城市交通。城市对外交通指连接城市与外部之间的交通。城市对外交通方式主要有铁路、公路、水运、航空和管道。

按照交通方式，城市交通可以划分为城市道路交通、城市轨道交通和城市水运交通等。

按照交通形式，城市交通可以划分为城市地上交通、地面交通、地下交通、轨道交通和水上交通等。

按照运输性质，城市交通可以划分为城市客运交通和城市货运交通。城市客运交通又分为公共交通和私人交通。

城市公共交通是指在城市范围内供公众出行的各种客运交通方式的总称。城市公共交通除出租汽车外，公共汽电车、无轨电车、轨道交通等大都采用定点、定线、大容量的运营方式。私人交通是指各种私人小汽车、摩托车、电动自行车、自行车、步行等服务于家庭或个人出行的交通方式。因为私人交通服务于个人或家庭，为私人所有，所以在出行过程中就可以根据出行者需求安排时间、路线和起止点，在灵活自由方面具有明显的优势。

城市公共交通和私人交通在城市客运系统中发挥各自功能，相互竞争，又相互补充。城市正常运转需要公共交通支撑，但是公共交通不能达到应有的服务水平时，私人交通就会过量发展而损害城市整体效益。

二、城市公共交通方式

城市公共交通优先发展的目的是利用其社会化、半福利性的经济属性调控、替代非社会化的私人交通方式，充分利用城市交通资源，建设能源节约型和环境友好型的可持续发展城市。这也要求城市公共交通必须具有足够吸引力的客运服务能力和服务水平，促使居民尽可能多地选择这种大众化的交通方式。常见的公共交通的主要形式包括以下几种。

（一）公共汽车

公共汽车是城市公共交通使用最广泛的交通工具，与其他客运工具相比，在线路设置和车辆运营等方面具有高度的机动灵活性，这是任何轨道交通都不可替代的。但是公共汽车作为一种常规街道内地面交通方式，不可避免地受到城市道路条件和交通环境的影响，特别在机非混行的交通条件下影响更为明显。公共汽车作为城市最常见的公共客运交通工具，载运量较大、运输距离较长。车辆具有加速性能好、操作轻便等特点，一般速度在10~20km/h，单向输送能力为0.2~0.5万人次/小时。

（二）无轨电车

无轨电车是以直流电为动力的，除了用公共汽车的设备外，还要有架空的触线网、整流站等设备，初期投资较大，且行驶时因受架空接触线的限制，机动性不如公共汽车。无轨电车行驶时能偏移两侧各 4.5 米左右，可以靠人行道边停站，可以超越其他车辆。无轨电车的特点是噪声低、不排废气、启动加速度快、变速方便，但是在空中架设接触网会影响城市美观。

（三）快速公交

快速公交（Bus Rapid Transit, BRT）是一种介于快速轨道交通和常规公交之间的新型公共客运交通。利用现代化公交技术配合智能交通运营管理，开辟公交专用道和建造新式公交车站，实现轨道交通运营服务。BRT 的组成包括全时段、全封闭的公交专用道，大容量、高性能、低排放、舒适的车辆以及能够实时监控、设施齐备的车站。BRT 系统可以解决走廊内公交车辆的拥挤和延误等问题。BRT 的使用效果接近轨道交通，但是其投资和运营成本却要比轨道交通低得多，而且建设周期短、见效快。使用 BRT 系统对空气质量改善也有帮助。BRT 系统作为一种高品质、高效率、低能耗、低污染、低成本的交通方式，对城市居民出行、土地利用有非常大的影响作用，具备广阔的发展前景。

（四）现代有轨电车

现代有轨电车是在旧式有轨电车的基础上，利用现代技术改造和发展出的具有低噪声、低振动、节省能源、速度快的高性能新式有轨电车。现代有轨电车采用低地板车辆，线路基本上敷设于路面，实行有别于地铁的以专业路权为主、信号优先的运营模式。现代有轨电车采用电力牵引，营运时零排放、低污染，是一种节能环保的清洁交通工具。现代有轨电车的建设投资相当于地铁的 1/6~1/4，能够与道路交通混行，建设周期较短，一般为 2 年至 3 年。现代有轨电车具有诸多优点，但也存在因路权优先与其他地面交通竞争的情况。其较高的造价相对于常规公共汽车，对于一些财政收入较少的城市而言，建设投资压力大。

（五）地铁和轻轨

地铁是指在城市中修建的快速、大运量、用电力牵引的轨道交通。列车在全封闭的线路上运行，位于中心城区的线路基本设在地下隧道内，中心城区以外的线路一般设在高架桥或地面上。一般编组运行在线路上，列车编组通常由 4~8 辆组成。单向最大高峰小时客流量可达 3 万 ~9 万人次 / 小时，速度为 40~50km/h，最高行车速度可达 80~100km/h。地铁具有运输量大、速度快、准点率高、安全舒适、节能减排等优点，但其建设投资巨大，建设工期很长，后期运营费用高。每千米的地铁综合造价为 6 亿 ~9 亿元。总体来说是社会效益好，经济效益差。

轻轨是指以有轨电车为基础发展起来的电气牵引、轮轨导向、车辆编组运行在专用行车道上的中运量、中运距的城市轨道交通。轻轨的含义是指车辆对轨道施加的荷载而言，轻轨车辆与市郊列车或地铁车辆比较相对较轻。列车通常由 2~4 节编成，速度为 20~40km/h，单向运输能力为 1 万 ~3 万人次 / 小时。轻轨线路既可以在陡坡和小半径曲线上运行，也可采用地下、地面及高架的形式运行。相对于地铁的造价昂贵，轻轨是一种投资较少、建设较快的模式，一般每千米的造价仅为地铁的 25%~50%。

（六）磁悬浮列车

磁悬浮列车是一种新型的有轨交通工具，它依靠电磁吸力或电动斥力将列车悬浮于轨面上，实现列车与地面轨道间的无机械接触，再利用直线电机驱动列车运行。主要包括常导型和超导型两种。

常导型也称常导磁吸型，它是利用普通电磁铁通电后产生电磁吸力的原理，由车上常导电流产生电磁引力，吸引轨道下的导磁体使列车浮起。常导磁吸型技术较简单，产生的电磁吸力相对较小，悬浮的气隙较小，一般为 8~10mm，速度可达 400~500km/h。

超导型也称超导排斥型，它是利用超导磁体产生的强磁场在列车运行时与布置在地面上的线圈相互作用，产生电动斥力将列车悬起，悬浮气隙较大，一般为 100mm 左右，技术相当复杂，并需屏蔽发散的电磁场，速度可达 500km/h 以上。根据行驶速度的不同又可分为高速型和中低速型。

虽然磁悬浮列车具有高速、舒适、寿命长、无污染等优势，但是造价十分昂贵、建设周期长，并且线路运行需要单独空间。

（七）出租汽车

出租汽车是指可在道路上巡游揽客、站点候客，喷涂、安装出租汽车标识，以七座及以下乘用车和驾驶劳务为乘客提供出行服务，并按照乘客意愿行驶，根据行驶里程和时间计费的交通方式。随着互联网的发展，网络预约和电召出租汽车出现，其以互联网技术为依托，整合供需信息，按照约定时间和地点提供出租汽车运营服务。出租汽车是城市公共交通的补充，为社会公众提供个性化运输服务。城市应优先发展城市公共交通，适度发展出租汽车。

（八）公共自行车和共享单车

公共自行车和共享单车主要服务于居民中短距离通勤出行和与公共交通的短距离接驳换乘，兼顾休闲、旅游、健身等功能，是城市公共交通系统的补充。公共自行车一般为固定站点借还，适用于线路较为固定的用户。共享单车无须固定站点，随借随还。

（九）轮渡

轮渡是在城市被河流、港湾或海峡分割的特定条件下的城市公共客运交通工具，一般起联结两岸摆渡交通的作用。随着桥梁和隧道的兴建与发展，轮渡作为特殊的交通工具将被逐渐取代。现在部分城市的轮渡除一定通勤功能外，已经用于城市江河观光游览。

三、城市道路系统

（一）城市道路分类

根据城市道路在城市路网中的地位、交通功能以及对沿线服务功能等，可分为快速路、主干路、次干路和支路四个等级。

1. 快速路

快速路又称城市快速干道，是城市中为联系城市各组团的中、长距离快速机动车交通服务的道路，属全市性交通主干道。快速路应中央分隔、全部控制出入、控制出入口间距及形式，应实现交通连续通行，单向设置不应少于两条车道，并应设有配套的交通安全与管理设施。快速路两侧不应设置吸引大量车流、人流的公共建筑物的出入口。

2. 主干路

城市主干路是城市道路网的骨架，连接着城市中各区间及商业网点，是城市内部的交通大动脉，主要为城市范围内较长距离出行提供服务，其通行功能大于通达功能。大城市主干路多以交通功能为主，可以划分为以货运和客运为主的交通性主干路，也可以根据功能需要设置为生活性景观大道。主干路两侧不宜设置吸引大量车流、人流的公共建筑物的出入口。

3. 次干路

城市次干路是城市中为各组团内部服务的主要干道，是车流、人流主要的交通集散道路。次干路两侧可设置公共建筑物，并可设置机动车和非机动车的停车场、公共交通站点和出租汽车服务站。次干路应与主干路结合组成干路网，应以集散交通的功能为主，兼有服务功能。

4. 支路

支路是次干路与居住区的联络线，应以解决局部地区交通，以服务功能为主。支路宜与次干路和居住区、工业区、交通设施等内部道路相连接，两旁可有人行道，也可有商业性建筑。

根据《城市道路工程设计规范》(CJJ37-2012)，城市各级道路的设计速度如表 1－1 所示。

表 1－1　城市各级道路的设计速度

道路等级	快速路			主干路			次干路			支路		
设计速度（km/h）	100	80	60	60	50	40	50	40	30	40	30	20

（二）城市道路网络结构

城市道路网络结构决定了城市交通网络结构，也决定了城市的基本结构。城市道路网络结构大致分为方格式、带状式、放射式、放射环式和自由式等。

1. 方格式

方格式又称棋盘式，是我国城市道路网中常见的一种布局形式。方格式道路网布局简单、便于交通组织，各部分的可达性均等，行车路线的选择相对自由，秩序性和方向感较好，易于辨识，网络可靠性高，便于城市用地划分和建筑布置。但这种形式也有很多缺点，比如对角线交通绕行距离远，交叉口多。方格式多在地形平坦的中小城市和大城市中心采用。北京、西安、郑州等城市的老城区属于这种形态。

2. 带状式

带状式道路网络由一条或几条主要交通线路沿带状轴向延伸，并与一些相垂直的次级交通线路组成类似方格状的交通网。这种结构可使城市的土地利用布局沿着交通轴线方向延伸并接近自然，对地形、水系等条件适应性较好。兰州市受黄河和南北山脉的影响，属于典型的带状路网结构。

3. 放射式

放射式的特点是城市有明显的市中心或广场，各条干道均通向这里。单纯的放射式只有在小城镇才能适用。放射式道路网络通常用于主城与卫星城之间。

4. 放射环式

随着城市规模的扩大，城市道路网络开始由放射形和环形线路组合而成。放射形交通线路主要承担城市内外交通，并连接主城与卫星城。环形主要承担城市跨区或过境交通任务。采用放射环式的城市有天津市、北京市等。天津市的放射环式路网由内、中、外三环和 14 条放射干道构成。

5. 自由式

自由式道路网没有一定格式，多因地形、水系或其他条件限制而自由布置，主要形成在山丘地带或沿海沿河的城市。自由式道路网络的优点是较好地满足地形、水系及其他限制条件，适合于地形条件较复杂及其他限制条件较苛刻的城市。在风景旅游城市或风景旅游区可以采用自由式道路网。自由式道路网的缺点是无秩序、区别性差、占地多，城市内任何两点间道路的非直线系数较大，同时道路交叉口易形成畸形交叉。如青岛市地形起伏，三面环绕岸线曲折的大海，道路依山傍海呈不规则的自由式网络。地处平原的芜湖市，道路依湖泊和山丘也呈自由式布置图形。

总的来说，现代城市道路网络并非严格按照以上几种形态设置，单一网络形态不能满足城市发展需要，通常是几种简单形态的结合，比如方格 - 环形 - 放射式，自由式 - 放射环式等。

（三）城市道路横断面形式

城市道路在规划建设时，根据不同交通需求和道路等级设置了不同的横断面形式，也称道路路幅布置形式，即根据道路实际情况把整个道路路面用物理设施分成若干块，布置不同种类、不同方向交通的通行路面。

城市道路横断面通常分为一块板、两块板、三块板和四块板等形式，或者称作单幅式、双幅式、三幅式和四幅式。

1. 一块板

一块板是指不用分隔带划分车行道的道路横断面，整个道路作为一个整体供各种交通通行（见图 1 - 3）。一般机动车在中间行驶，非机动车靠边行驶。其具有占地小、投资省、交叉口通行效率高、道路的使用较为灵活等优点，常见于机动车专用道、自行车专用道以及大量的机动车与非机动车混合行驶的次干路和支路。这种形式存在交通混乱、交通安全性低等缺点。

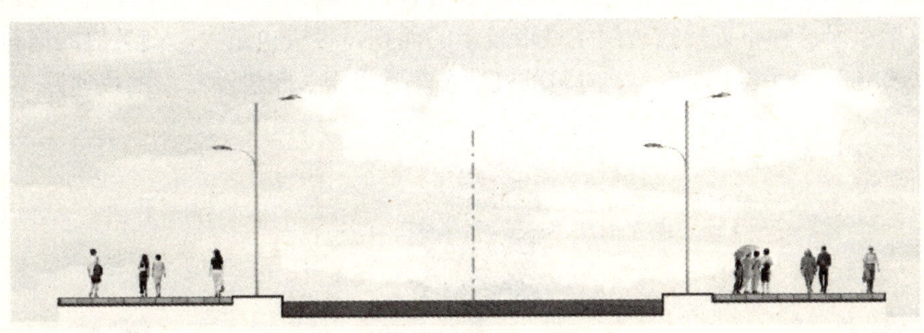

图 1 - 3 一块板道路横断面

2. 两块板

两块板是指利用物理分隔带把整个道路断面一分为二（见图 1－4）。中央分隔带实现了对向交通流的分隔，减少了彼此的干扰，所以机动车行车秩序、通行能力、行车速度都有所提高，但这种布置形式还没有把同方向的机动车交通和非机动车交通分开，机动车与非机动车存在着干扰。

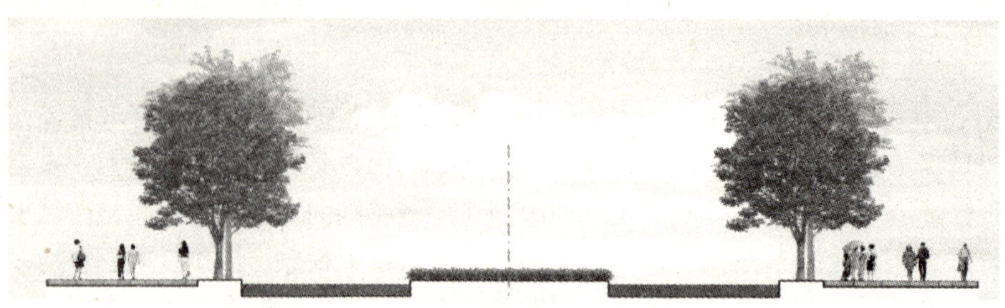

图 1－4　两块板道路横断面

3. 三块板

三块板是指用分隔带将车行道划分为三部分的道路横断面（见图 1－5）。三块板有利于机动车和非机动车分道行驶，可以提高车辆的行驶速度，保障交通安全。但对向行驶的机动车没有被隔开，机动车会车安全依然受到影响。这种布置形式适用于机动车交通量较大、非机动车多的道路。

图 1－5　三块板道路横断面

4. 四块板

四块板是指用分隔带将车行道划分为四部分的道路横断面，即在三块板的基础上，增加一条中央分隔带，把对向的机动车交通也进行了分离，达到各类车流各行其道、互不干扰的目的（见图 1－6）。同时，四块板道路上可布置多排绿化带，对改善城市道路环境有很好的效果。但这种布置形式占用了城市较多的面积，投资也很大。交叉口的通行能力较低，所以适用于机动车速度高、单向两条机动车车道以上、非机动车多的快速路与主干路。

图 1－6　四块板道路横断面

以上内容可用表 1 - 2 加以简化。

表 1 - 2 城市道路横断面形式比较

横断面形式	通行效率	交通安全	照明和环保绿化	工程造价
一块板	较低	不安全	较差	较低
两块板	一般	一般	一般	一般
三块板	较高	较安全	较好	较高
四块板	高	安全	好	高

在实际的道路建设中，应该根据实际的道路条件和交通条件，合理选择道路的横断面布置形式。

四、城市轨道交通系统

城市轨道交通系统是指在城市中使用车辆在固定导轨上运行并主要用于城市客运的交通系统。城市轨道交通系统由多个独立完成不同功能的子系统构成，包括车辆、轨道、车站、车辆段、线路、限界、供电系统、通信系统、信号系统和机电设备系统等。

（一）车辆

城市轨道交通车辆按照有无动力分为动车和拖车。动车指有牵引动力装置的车辆，又分为受电弓动车和接触轨动车。拖车指无牵引动力装置的车辆，又分为有驾驶室和无驾驶室两种。通常将各独立的车辆编组运行。

车辆本身由车体、转向架、车辆连接装置、制动装置、受流装置、车辆设备和电气系统组成。

（二）轨道

轨道是城市轨道交通运营设备的基础，直接承受列车载荷，并对列车运行有引导作用。轨道一般由钢轨、轨枕、道床、道岔及其他附属设备组成。

（三）车站

车站是供旅客乘降和换乘的场所，某些车站还具备车辆折返的功能。

按照车站与地面相对位置分为地下站、地面站和高架站；按照运营性质分为中间站、折返站、换乘站、枢纽站和终点站；按照站台形式分为岛式站台车站、侧式站台车站和混合式站台车站。

（四）车辆段

车辆段是对轨道交通车辆进行运营管理、停放和维修保养的场所，是列车运营的起始和终止场所。

（五）线路

轨道线路按照其在运营中的作用分为正线、辅助线和车场线。

正线是贯穿所有车站、区间，供车辆日常运营的线路。一般按照双线设计，全封闭。

辅助线是指为保证正线运营，供空载列车折返、临时停放、转线和出入作业的线路。一般包括折返线、临时停车线、车辆段出入线、渡线等。

车场线是车辆段内供车辆检修作业使用的线路。

（六）限界

限界是指列车沿固定线路安全运行时所需要的空间尺寸。限界可以分为车辆限界、设备限界、建筑限界、接触轨和接触网限界。

（七）其他系统

城市轨道交通系统是一个非常复杂的系统，除以上系统外，还包括供电系统、通信系统、信号系统、机电设备系统、列车运行控制系统、空调采暖系统、环控系统和给排水系统等。

练一练

单项选择题

按照交通方式划分，下列哪种交通方式不属于城市交通系统分类？（　　）

A. 城市道路交通

B. 城市轨道交通

C. 城市水上交通

D. 城市公共交通

【解析】本题正确答案为 D。

简答题

1. 城市道路根据在城市路网中的地位、交通功能以及对沿线服务功能等，可分为不同等级，请指出城市道路主要分为哪些等级，并说明各自在城市路网中承担的功能。

【解析】根据城市道路在城市路网中的地位、交通功能以及对沿线服务功能等，可分为快速路、主干路、次干路和支路四个等级。

快速路又称城市快速干道，是城市中为联系城市各组团的中、长距离快速机动车交通服务的道路，属全市性交通主干道。

城市主干路是城市道路网的骨架，连接着城市中各区间及商业网点，是城市内部的交通大动脉，主要为城市范围内较长距离出行提供服务，其通行功能大于通达功能。

城市次干路是城市中为各组团内部服务的主要干道，是车流、人流主要的交通集散道路。次干路与居住区的联络线，应以解决局部地区交通，以服务功能为主。

2. 城市道路网络结构决定了城市交通网络结构，也决定了城市的基本结构。城市道路网络结构大致分为哪几类？并简要说明其优缺点。

【解析】城市道路网络结构大致分为方格式、带状式、放射式、放射环式和自由式等。优缺点略。

学完上述内容以后，大家应该了解了城市交通系统的不同分类，了解了城市公共交通方式的主要形式、掌握了城市道路分类和路网结构以及城市轨道交通系统的构成。请大家做好本部分的梳理总结，稍做休息，我们继续进行下一个知识点的学习。

知识点 3 城市交通管理

学前思考

通过前面的学习我们知道了城市交通是什么、城市交通发展存在的问题以及城市交通系统的构成等，那么如何对城市交通实施管理，确保城市交通高效、安全、绿色可持续地运行和发展呢？城市交通管理的定义是什么？又有什么内涵？城市交通管理的对象是谁？又有什么性质呢？城市交通管理的内容包括哪些呢？

让我们带着这一系列问题开始学习吧。

知识重点

学习提示：本部分首先介绍了城市交通管理的定义和内涵；其次说明了城市交通管理的对象包括参与城市交通活动的人、车、路和环境等各种要素及其之间的关系；最后介绍了城市交通管理的内容，主要包括交通行政管理、交通法规管理、交通运行管理、交通安全管理、交通需求管理和智能交通系统管理等。通过本部分知识点的学习，大家需要对城市交通管理有初步的了解，掌握城市交通管理的主要内容。

一、城市交通管理的概念和内涵

城市交通管理是指以实现城市交通安全、畅通、高效、便捷、低公害、低耗能和可持续发展，充分发挥城市交通系统最大效益为目标，由国家行政管理部门根据相关法律法规、标准规范，采用科学的管理手段，在社会公众的积极参与下，对城市交通活动进行的有效计划、协调、组织和控制。

城市交通管理的内涵是应用行政、法律法规、经济、工程技术、教育等手段，综合协调人、车、路和环境之间的社会关系和自然关系，以保证城市交通顺畅、维护交通安全、降低交通污染和能耗，充分发挥城市交通系统的功能和作用，促进城市社会经济发展。

二、城市交通管理的对象和性质

（一）城市交通管理的对象

城市交通管理的对象包括参与城市交通活动的人、车、路和环境等各种要素及其之间的关系。

人指交通参与者，包括各种交通工具的驾驶人、行人、乘客以及其他参与交通活动的所有人员。

车是指所有城市交通系统中存在的所有交通工具，包括汽车、电车、地铁、轻轨、轮船、摩托车、自行车等。

路是指城市交通系统中的供人和车通行的交通基础设施。主要包括城市道路和城市轨道线路。

环境是指交通参与者参与城市交通活动时所处的自然环境和社会环境，统称为交通环境。其中，自然环境包括气候环境和道路环境，社会环境主要指交通参与者之间的相互关系。

需要注意的是，这些要素本身不是城市交通管理的对象，只有当其参与了城市交通活动，并产生了某种相互关系，才成为城市交通管理的对象。

（二）城市交通管理的性质

1. 城市交通管理的协调性

城市交通管理的本质是综合协调人、车、路和环境之间的社会关系和自然关系。社会关系主要指各要素之间的权利和义务关系，自然关系主要指各要素之间的时间、空间和速度等关系。协调的目的就是在各要素之间寻找某种平衡，使系统取得最大效益。

2. 城市交通管理的系统性

城市交通管理是一项非常复杂的系统工程，涉及行政、经济、工程技术、教育和文化等众多领域。城市交通管理需要具有系统思维，对研究对象进行完整全面的分析，深入探究各要素系统之间的内在联系和发展规律，从而科学决策管理。

3. 城市交通管理的动态性

城市交通系统本身是一个动态复杂的系统，各要素时刻在发生动态演化，城市交通管理必须具备适应和应变能力。要想创造高效、有序和安全的交通环境，必须打破定式思维，解放思想，动态管理。

4. 城市交通管理的可持续发展

随着可持续发展的理念深入人心，城市交通管理的目标已不再是交通参与者的个体效用最大化，而是以充分发挥城市交通系统最大效益为目标，实现城市交通安全、畅通、高效、便捷、低公害和低耗能的可持续发展。因此，城市交通管理在计划、协调、组织和控制等环节都要考虑可持续发展。

三、城市交通管理的内容

城市交通管理的内容广泛，包括城市交通行政管理、城市交通法规管理、城市交通运行管理、城市交通安全管理、城市交通需求管理和城市智能交通系统管理等。

（一）城市交通行政管理

城市交通行政管理是指各级政府和交通行政管理部门根据国家法律、法规或行政授权，依法对城市交通活动所进行的决策、计划、组织、领导、监督和控制等活动。交通涉及整个社会，从社会的每个人到社会的每各部门，并且交通是实现个人和部门生产或生活目标的基本手段，交通的这种社会性和基础性使得交通成为政府行政工作的重要内容和行政干预的主要领域之一。城市交通行政管理的内容又可以分为经济管理和非经济管理两大范畴。经济管理就是在城市交通行业中，与经营活动相关的管理，如出租汽车市场准入管理和运价管理。非经济管理包括的内容不直接和经营活动相关，如城市交通规划管理和安全管理、技术规范管理等。城市交通行政管理的具体措施有：行政命令、行政决定、行政许可、行政受理、行政拒绝、行政批准、行政确认和行政通知等。

（二）城市交通法规管理

城市交通法规管理指国家为了有效保障城市交通畅通与安全和运输市场公平，根据社会利益和人民群众意愿制定与发布一系列带有强制性的行政法规或部门规章等。主要内容有：制定或修订城市交通相关法律、法规和规章；执行城市交通相关法律、法规和规章。法规管理是城市交通科学管理的重要组成部分，法律法规不仅具有严肃的法律性质，而且也是一种科学依据。

（三）城市交通运行管理

城市交通运行管理是指运用交通技术措施对交通系统实施有组织地协调和处理活动。交通运行管理的目标是最大可能地发挥交通系统的效率，以保持并改善交通基本功能。根据其管理对象又分为道路行车管理、道路接入管理、停车管理、慢行交通管理和城市公共交通运行管理。城市公共交通运行管理又可以分为常规公交管理和轨道交通管理。

（四）城市交通安全管理

城市交通安全管理是指用系统科学的原理和方法对城市交通系统中的安全进行分析、评价和预测，并采用综合的安全管理措施进行管理与控制，以期将城市交通系统中的危险的可能性和严重程度降到最低。主要内容包括交通事故分析与预测、交通事故预警预防和交通事故的应急救援。

（五）城市交通需求管理

城市交通需求管理是指政府从宏观角度利用行政手段干预城市交通的发展，引导和调节城市交通结构，抑制不必要的交通需求，从而减少交通流量，使交通运输系统供需平衡。城市交通需求管理一方面通过对城市交通设施运行的有效管理，最大限度发挥其全部潜能。另一方面对城市交通需求从源头管理，尽可能减少非必要出行，并对必要需求合理组织引导，使之在时间和空间上尽可能和交通供给匹配。

（六）城市智能交通系统管理

城市智能交通系统管理是指在城市范围内，利用智能交通系统，建立由交通管理中心指挥下的、由各类管理设施联网组成的、高度自动化的管理体系协调管理城市交通，使城市交通运输系统时刻处于良好的运行状态。城市智能交通系统包括城市交通信息采集子系统、信息传输子系统、信息处理分析子系统和信息发布子系统。

练一练

多项选择题

城市交通管理有哪些性质？（　　）

A. 协调性

B. 系统性

C. 动态性

D. 可持续发展

【解析】本题正确答案为 A、B、C、D。

简答题

阐述城市交通管理的概念并谈一谈城市交通管理主要包括哪些内容?

【解析】城市交通管理是指以实现城市交通安全、畅通、高效、便捷、低公害、低耗能和可持续发展，充分发挥城市交通系统最大效益为目标，由国家行政管理部门根据相关法律法规、标准规范，采用科学管理手段，在社会公众积极参与下，对城市交通活动进行的有效计划、协调、组织和控制。

城市交通管理的内容广泛，包括城市交通行政管理、城市交通法规管理、城市交通运行管理、城市交通安全管理、城市交通需求管理和城市智能交通系统管理等。

经过前面的学习，相信你已经知道了城市交通管理的概念及内涵，并对城市交通管理的对象及其性质有了更加准确的认识，掌握了城市交通管理的主要内容。请大家做好本部分的梳理总结，稍做休息，我们继续进行下一个知识点的学习。

知识点 4 城市交通管理规划与评价

学前思考

城市交通管理是一项复杂的系统工程，在进行城市管理之前我们首先要知道城市交通是否需要管理、何时管理？如何实施管理？实施管理后效果如何？城市交通管理规划与评价回答了这些问题。那么城市交通管理规划是什么？又该如何去评价管理规划实施后的效果呢？

让我们带着这些问题开启本部分知识点的学习吧。

知识重点

学习提示：本部分首先介绍了城市道路交通管理规划的概念，给出了城市交通管理规划的原则；其次，阐述了城市交通管理规划的层次和内容，给出了城市交通管理规划的实施步骤；最后，以城市道路交通管理评价为例对城市交通管理的评价进行了说明。通过本部分知识点的学习，大家可以对城市交通管理规划有全面的认识，重点掌握城市交通管理规划的层次和内容以及实施步骤，对城市交通管理评价有初步的了解。

进行任何工作前都要做好规划设计，城市交通管理也不例外。制定城市交通管理规划是提高城市交通管理水平的重要途径。城市交通管理规划要回答城市交通是否需要管理、何时管理、怎么实施管理、管理效果如何等问题。它是从战略高度对城市交通管理的总体设计。由于城市道路交通管理规划在城市交通管理规划中占主要地位，因此本书重点介绍城市道路交通管理规划。

一、城市交通管理规划的概念

城市交通管理规划是指以城市总体规划、土地利用规划、交通规划为依据，科学系统地掌握城市交通各项信息，全面认识城市交通当前问题和预测未来可能出现的问题，应用系统工程、交通规划、交通工程等理论与方法，研究制定城市交通管理目标和策略，对城市交通管理行政体系、法律法规、交通运行组织方案、交通需求管理方案、交通管理科技应用等进行系统规划。通过交通管理规划综合协调城市交通规划、建设和运行的关系，最终实现安全畅通、秩序良好、环境友好的城市交通系统。

二、城市交通管理规划的原则

（一）立足当前、规划长远的原则

规划必须在当前交通调查的基础上，全面认识城市交通的问题和内在机理，从交通供需两个角度预测把握未来城市可能面临的交通问题，在战略高度上制定城市交通管理规划的目标和方案。具体做到近、中、远期规划既要层次分明，又要整体衔接，规划目标要远期可行，近期可执行。

（二）综合治理、标本兼治的原则

城市交通管理规划涉及城市管理的各个方面，要与城市规划、土地利用规划和城市交通规划紧密结合，针对城市交通管理中的政策法规、运行组织和科技应用中存在的问题进行综合治理。要意识到，城市交通管理规划的制定不能抱有“头痛医头，脚痛医脚”的思想，虽然短期效益明显，但没有解决根本问题。

（三）以人为本、可持续发展原则

城市交通管理的终极目标是服务广大人民群众，城市交通管理规划应当牢固树立以人为本的规划理念，以提高城市居住环境和人民生活品质为目标，科学设计交通管理方案，实现安全畅通、资源节约、环境友好的可持续发展城市交通体系。

（四）因地制宜、有的放矢的原则

各个地区或城市的社会发展水平、历史人文和交通现状不尽相同，城市交通管理规划应当依据各地的实际情况因地制宜，并有针对性地制订计划策略。

（五）滚动发展、动态管理的原则

城市交通系统是一个动态复杂的系统，随着城市社会的发展其本身也在不断变化，存在不确定性。因此交通管理规划必须滚动实施，动态完善，要能够适应城市交通发展中出现的新形势和新问题。

三、城市交通管理规划的层次和内容

（一）城市交通管理规划的层次

城市交通管理规划的层次应当和城市社会经济发展计划、城市总体规划以及城市交通规划保持基本一致。

按照规划实施的年限可以分为远、中、近期城市交通管理规划。

1. 远期城市交通管理规划

远期城市交通管理规划又称为城市交通管理战略规划。规划年限一般为 10~20 年。主要是确定城市交通管理发展的长远目标和未来水平，确定远期城市交通发展模式、交通结构、交通规模和管理策略，先进的交通管理技术、设备、系统的发展应用等。

2. 中期城市交通管理规划

中期城市交通管理规划年限一般为 3~10 年，主要是对远期城市交通管理规划的任务分解。比如提出静态交通系统管理方案、智能交通系统的建设方案、城市绿色交通实施方案等。

3. 近期城市交通管理规划

近期城市交通管理规划年限一般为 1~3 年，以完善交通设施、合理组织和渠化交通为主。同时结合中期管理规划，制定近期实施的措施，应当详细列出管理项目的建设时序和具体工作方案，比如城市交通安全风险评估方案、城市重点交叉口的优化设计方案、近期票价优惠策略等。

另外，按照城市交通管理规划的内容范围可分为城市交通综合管理规划和专项管理规划。

城市交通综合管理规划是在城市经济社会发展规划和城市总体规划的前提下，对城市所有交通方式及其系统协调发展进行的总体布局设计。在制定城市交通综合管理规划时应从城市交通需求管理规划、城市交通系统管理规划、城市道路交通秩序保障体系三个方面进行设计。

城市交通专项管理规划是对某些重要的管理工程进行的专门规划。比如城市拥堵治理方案规划、城市交通应急疏散专项规划等。

（二）城市交通管理规划的内容

城市交通管理规划是对城市交通管理工作的计划和具体安排，因此城市交通管理规划的内容和城市交通管理的内容大体一致。根据城市交通管理的内容，城市交通管理规划对应分为以下内容。

1. 城市交通行政管理规划

城市交通行政管理规划主要包括对城市交通行政管理体制、机制和管理队伍建设的规划。

2. 城市交通法规管理规划

城市交通法规管理规划主要包括对城市交通法律法规的制定、公布实施以及宣传贯彻等方面的规划。

3. 城市交通运行管理规划

城市交通运行管理规划主要包括对城市交通组织方案和各种交通方式运行管理的规划。

4. 城市交通安全管理规划

城市交通安全管理规划主要包括城市交通安全设施规划、安全管理系统和应急保障系统的规划。

5. 城市交通需求管理规划

城市交通需求管理规划主要包括交通需求管理策略、方案和具体实施措施的规划。

6. 城市智能交通系统发展规划

城市智能交通系统发展规划主要包括智能交通技术在城市交通各领域应用立项、实施方案和时序安排。

四、城市交通管理规划的实施步骤

城市交通管理规划的实施步骤如图 1－7 所示。

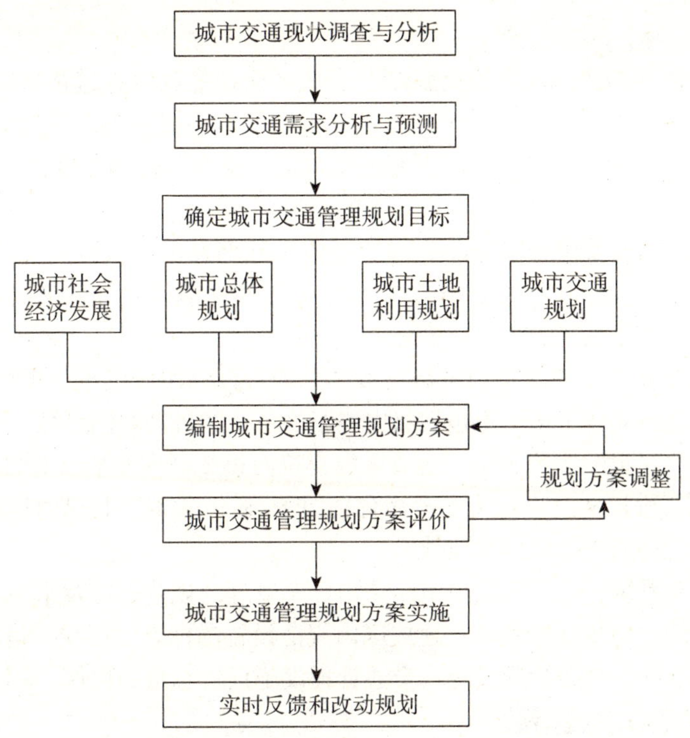

图 1－7 城市交通管理规划的实施步骤

五、城市交通管理评价

对城市交通管理进行全面评价，有助于发现交通管理工作中存在的问题，为城市交通管理规划和交通管理决策提供重要支撑，为改善城市交通系统提供决策依据。因此，研究一套科学合理的城市交通管理评价指标体系和指标计算方法，对城市交通管理工作的顺利实施有重大意义。

城市交通系统是一个复杂的大系统，由众多子系统构成，其综合评价体系是多层次和多方面的。评价指标的选取和计算方法必须广泛征求交通行政管理人员、专家学者、社会大众的意见，反复论证，修改完善。2012 年，公安部会同住建部制定了《城市道路交通管理评价指标体系》，共包括 6 大类 34 项指标。下面对城市道路交通管理评价指标进行简单介绍。

（一）道路交通管理机制指数

（1）道路交通规划体系：针对城市的交通发展，编制综合交通体系规划和专项规划，形成完善的规划体系。

（2）交通综合协调机构：建立由政府领导、有关部门参加的城市交通综合协调机构，根据交通需求、道路交通安全状况和城市发展要求，进行交通规划、建设和管理。

（3）交通影响评价：建成区内实际进行交通影响分析的项目占应进行交通影响分析项目的比例。

（4）交通秩序综合治理机制：建立多部门合作、工作职责和任务明确、决策科学的交通秩序综合治理机制。

（二）道路通行条件指数

（1）道路网密度：建成区内道路长度与建成区面积的比值（道路指有铺装的宽度 3.5 米以上的城市道路）。

（2）人均道路面积：市区拥有的道路面积（道路指有铺装的宽度 3.5 米以上的路，不包括人行道）与市区人口（包括农业人口）的比值。

（3）步行和自行车交通系统：根据城市特点（除部分山区城市外），按照有关规范的要求建设了步行道（人行道）系统、非机动车道系统和无障碍通行系统，综合考虑连续性、舒适度和安全性，加强系统的规范化管理。

（4）百辆汽车社会公共停车泊位数：市区平均每百辆注册汽车（折算成当量小汽车）占有建成区内社会公共停车场（不包括路内停车泊位）的机动车泊位数。

（5）大型公共建筑配建停车位：建成区内建筑面积 2 万平方米以上的办公建筑、商业建筑、旅游建筑、科教文卫建筑（不含体育场馆）、通信建筑以及交通运输用房等大型建筑单位面积平均配建的机动车停车位数。

（6）路内停车系统：建成区城市道路路内停车管理的规范程度及水平。

（7）交通管理设施规范设置率：建成区内规范设置的标志、标线、信号灯、行人过街设施、中央隔离设施等交通管理设施占交通管理设施设置总量的比例。

（三）绿色交通发展指数

（1）公共汽电车万人拥有量：公共汽电车标台数量与市区人口（万人）的比值。

（2）公共交通覆盖率：建成区内公共交通站点服务面积（以公共交通站点为圆心、以 300 米为半径的圆；相交部分不得重复计算）占建成区面积的比例。

（3）公共交通分担率：近年城市居民出行方式中，选择公共交通（包括公共汽电车、轨道交通）的出行量占总出行量的比例。其中总出行量包括机动化出行和自行车出行，不包括步行。

（4）步行分担率：近年城市居民出行方式（全方式）中，选择步行的出行量占总出行量的比例。

（5）自行车分担率：近年城市居民出行方式（全方式）中，选择自行车（包括普通自行车和电动自行车）的出行量占总出行量的比例。

（6）公共交通专用车道设置率：城市主干道上设置公交专用车道的道路长度占主干道总长度的比例。

（7）公共交通服务质量：城市公共交通系统的服务能力和水平。

（四）交通科学组织管理指数

（1）路口渠化率：建成区内合理渠化了的交叉路口的数量占应渠化交叉路口（车行道宽度在 6 米以上道路的路口）数量的比例。

（2）交通指挥系统应用：建立由综合信息系统、执行系统、通信系统和指挥系统平台有机结合构成的交通指挥系统，具有对交通数据采集、处理、整合、存储管理和分析能力，具有组织协调、指挥调度辅助决策能力。

（3）交通信号协调控制率：建成区内采用协调控制方式的信号交叉口占所有信号交叉口的比例。

（4）交通诱导设施设置：利用各种诱导设施对交通参与者出行、停车等行为进行诱导，有效均衡道路网上的交通需求。

（5）占用道路施工作业交通组织：长时间占用城市道路的施工作业，应采取有效的交通组织措施，保障施工现场周边道路交通安全、有序，不引发严重交通拥堵。

（6）交通事故快速处理率：市区范围内按照简易程序处理交通事故的起数（含自行协商解决事故）占事故处理总数（含自行协商解决事故）的比例。

（7）交通管理勤务机制：公安交通管理部门警力配置合理、考核目标明确、具有较高接处警水平和快速反应能力。

（五）道路交通运行安全状况指数

（1）高峰时段建成区主干道平均车速：早高峰和晚高峰时段建成区主干道上机动车的平均行车速度。

（2）高峰期交叉路口阻塞率：建成区主干道上周期性严重阻塞路口数量占主干道交叉口总数的比例。

（3）万车死亡率：全市平均每万辆机动车的年交通事故死亡人数。

（4）一次死亡多人的特大交通事故起数：辖区内一次死亡 3 人（含）以上的特大交通事故起数。

（六）交通文明素质指数

（1）主干道交通出行守法率：建成区主干道上机动车、非机动车、行人守法出行的情况，以及机动车遵守停车、减速让行标志标线和在人行横道前按规定让行的比例。

（2）严重交通违法行为导致事故比例：全市因无证驾驶、酒后驾驶、超速行驶等严重违法行为导致交通事故的比例。

（3）中小学生交通法规和交通安全常识普及率：全市中小学生掌握基本的交通法规和交通安全常识的学生数占所有中小学生数的比例。

（4）校园交通安全服务保障：校区周围根据需要设置过街设施和相关标志标线，并对交通秩序进行科学组织和管理。

（5）校车安全管理体系：针对校车安全问题，建立完善的校车安全管理制度，制定落实校车安全保障措施。

《城市道路交通管理评价指标体系》（2012 年版）、《城市道路交通管理评价指标体系说明》（2012 年版）对关于城市道路交通管理评价指标的主要评价内容、等级划分标准、指标说明和指标权重等作了详细说明。

练一练

多项选择题

按照规划实施的年限可以分为（　　）。

A. 远期城市交通管理规划

B. 中期城市交通管理规划

C. 近期城市交通管理规划

D. 专项城市交通管理规划

【解析】本题正确答案 A、B、C。

简答题

阐述城市交通管理规划的实施步骤？

【解析】城市交通管理规划的实施步骤主要包括城市交通现状调查与分析、城市交通需求分析与预测、确定城市交通管理规划目标、编制城市交通管理规划方案、城市交通管理规划方案评价、规划方案调整、城市交通管理规划方案实施、实时反馈和滚动规划等。

经过前面的学习，相信你已经知道了城市道路交通管理规划的概念和原则，了解了城市交通管理规划的层次和内容，掌握了城市交通管理规划的实施步骤，最后以城市道路交通管理评价为例对城市交通管理的评价进行了说明。

拓展阅读

1. 李瑞敏. 城市道路交通管理[M]. 北京：人民交通出版社，2009.
2. 郝瑞娜. 城市交通概论 [M]. 北京：人民交通出版社，2017.
3. 陆化普，王长君，陆洋. 城市交通拥堵机理与对策[M]. 北京：中国建筑工业出版社,2014.
4. 王晓荣. 轨道交通与大城市形态互动演化关系研究[D]. 北京：北京交通大学，2018.
5. 王庆海. 城市道路交通规划与管理[M]. 北京：中国建筑工业出版社，2007.

单元小结

本单元是城市交通管理的基础知识，主要包括城市交通概述、城市交通系统、城市交通管理和城市交通管理规划与评价四个知识点。通过本单元的学习，大家可以知道城市交通的概念、构成、分类，能够阐述城市交通发展中存在的问题及其主要原因，对城市道路交通系统和轨道交通系统有更深入的了解，了解城市交通管理的对象和内容，掌握城市交通管理规划的层次、内容以及实施步骤，了解城市交通管理的评价。

以上就是本单元的全部内容，感谢大家的辛苦努力，继续保持，加油！

第二单元

城市交通行政管理

Unit

学习导引

同学们好！欢迎你们回到“城市交通管理”课程的课堂。现在我们开始进入第二单元的学习。大家首先看一组交通行政执法的图片。

大家知道他们是什么人员吗？他们穿的衣服为什么很相似但是又不一样？他们都在做什么呢？通过本单元的学习，大家就会知晓答案。

在本单元的学习之旅中，需要大家认真学习本单元的学材，观看教学视频，完成在线学习活动以及作业。只有按照要求完成上述所有环节的内容，你才算完成了本单元的学习任务。

学习目标

学完本单元内容之后，你将能够：

（1）了解城市交通行政管理的概念和目标。

（2）了解城市交通行政管理法律体系、机构体系，以及管理体制改革。

（3）了解城市交通行政管理的具体内容。

（4）了解城市交通行政复议和行政诉讼的概念、区别和一般步骤。

知识结构图

图 2-1 是本单元内容的整体框架以及学习这部分内容的思维过程规划。此图可以帮助大家从整体上了解本单元内容的知识结构和学习路径，包括城市交通行政管理概述、城市交通行政管理体制、城市交通行政管理内容、城市交通行政复议与行政诉讼。请大家仔细品读和理解，帮助自己建立对本部分知识的整体印象。

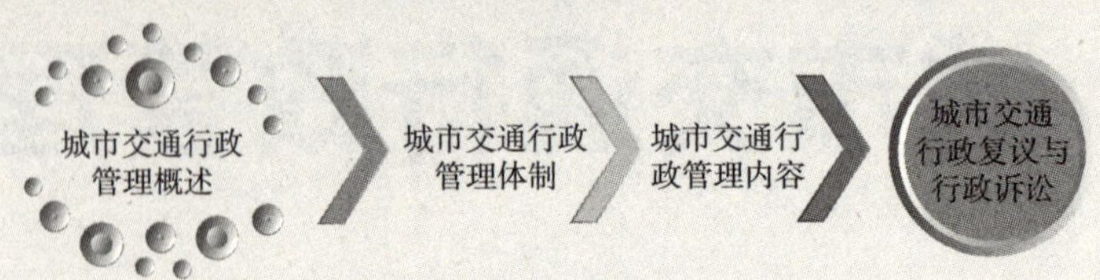

图 2-1　本单元知识结构图

看完上面的知识结构图后，大家是否已经对本单元所要学的内容以及如何学习这些内容，有了一个初步的整体印象了呢？接下来，我们在这个整体框架的指引下逐一学习每个知识点的具体内容。

知识点 1　城市交通行政管理概述

学前思考

我们经常会听到"行政"这个词语，那么行政到底是什么呢？行政是国家权力机关的执行机关依法管理国家事务、社会公共事务和机关内部事务的活动。那么，交通行业的"行政"指什么？城市交通中的"行政"又具体指什么呢？

你想好了吗？那我们带着问题学习以下内容吧。

知识重点

学习提示：本部分首先给出了行政管理的概念，并通过对我国国家机构体系的介绍，说明了只有国务院和地方各级人民政府所从事的管理活动是行政管理。在交通行政管理概念的基础上给出了城市交通行政管理的概念，并对城市交通行政管理的具体目标进行了介绍。通过本部分的学习，大家需要知道哪些国家机构的行为属于行政行为，并对城市交通行政管理的概念和目标有所了解。

接下来，让我们一起认真学习本部分的详细内容吧。

一、行政管理与城市交通行政管理

（一）行政管理

行政有广义和狭义之分。广义上的行政指国家机关和非国家机关（如企事业单位、社会团体乃至私人组织）中的计划、决策、协调、人事、后勤庶务等管理活动。狭义的行政是指政府机关对社会公共事务的管理。目前，重要的学科——行政学所研究的主要是狭义的行政。行政是国家权力机关的执行机关依法管理国家事务、社会公共事务和机关内部事务的活动。

在我国，全国人民代表大会和地方各级人民代表大会是国家权力机关，具有立法权。全国人民代表大会是最高国家权力机关，地方各级人民代表大会是地方各级国家权力机关；国务院和地方各级人民政府是国家权力机关的执行机关。国务院，即中央人民政府，是最高国家权力机关的执行机关，是最高国家行政机关。地方各级人民政府是地方各级人民代表大会的执行机关，是地方各级国家行政机关；最高人民法院和地方各级人民法院是国家的审判机关；最高人民检察院和地方各级人民检察院是国家的检察机关；国家监察委员会和地方各级监察委员会是国家的监察机关。以上国家机关，只有国务院和地方各级人民政府所从事的管理活动是行政管理。国家机关架构图，如图 2－2 所示。

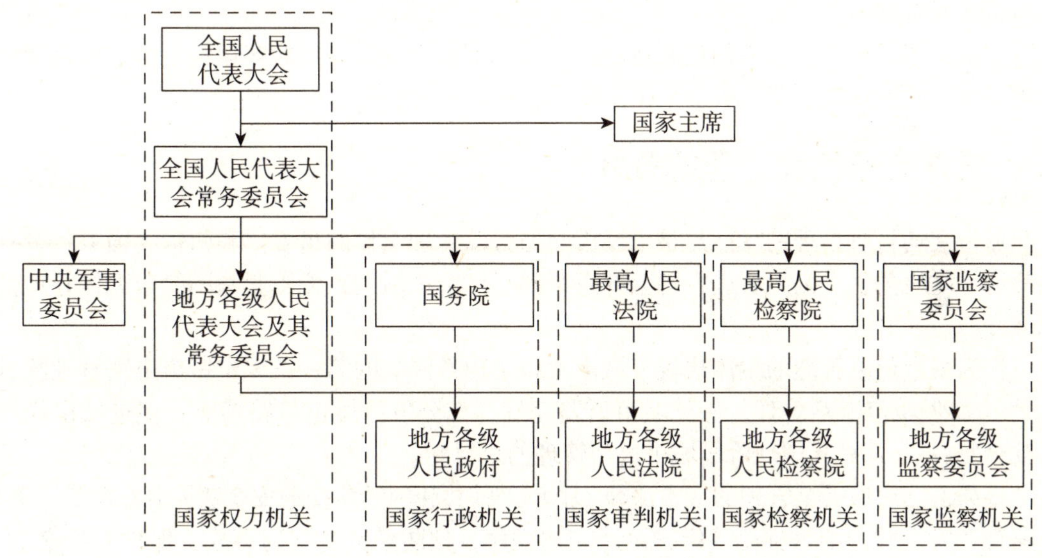

图 2－2　国家机关架构图

综上，行政管理的基本含义是指国务院和地方各级人民政府，以及其所属的行政机构基于宪法的规定，通过经济调节、市场监督、社会公共事务管理和机关内部事务管理等方式执行国家权力机关的重大决策和国家法律，履行法定职责的各种职能管理活动。

（二）交通行政管理

交通行政管理是指国家各级有关交通行政机关根据国家宪法、法律、法规、规章或行政授权，通过经济调节、市场监督、社会公共事务管理和机关内部事务管理等方式，依法对社会交通运输事务履行法定职责的各种职能管理活动。交通行政管理是一个全面而广泛的概念，包括各个层次、各种类型、各种形式的有关交通事务的管理。

交通行政管理按照交通运输方式可以分为道路交通行政管理、铁路交通行政管理、水运交通行政管理、民航交通行政管理和管道交通行政管理。按照交通行政管理内容可以分为交通设施管理、交通运输管理和交通安全管理等。

（三）城市交通行政管理

城市交通行政管理是指国家各级有关交通行政机关根据国家宪法、法律、法规、规章或行政授权，通过经济调节、市场监督、社会公共事务管理和机关内部事务管理等方式，依法对城市社会范围内的交通运输事务履行法定职责的各种职能管理活动。

城市交通行政管理包括以下要点：

（1）城市交通行政管理的主体是国家各级有关交通行政机关。

（2）城市交通行政管理的客体是城市社会范围内的交通运输事务。

（3）城市交通行政管理的主要手段是经济调节、市场监督、社会公共事务管理和机关内部事务管理。

（4）城市交通行政管理的根本原则是依法履行法定职责。

根据城市交通的内涵，本书所指的城市交通行政管理主要包括城市道路管理、城市道路交通安全管理、城市范围内的道路运输管理、城市公共交通管理、出租汽车管理以及城市轨道交通管理。

这里所述的城市范围内的道路运输指在城市范围内从事道路旅客运输经营、道路货物运输经营、站（场）经营、机动车维修经营、机动车驾驶员培训。

二、城市交通行政管理的目标

城市交通行政管理的目标是整个城市交通行政管理工作的出发点和归宿。国家各级有关交通行政机关从上到下所进行的全部决策和具体管理活动，无不紧紧围绕着总体管理目标展开。

作为城市道路管理的主体法规《城市道路管理条例》的第一条规定城市道路管理的目标是：“加强城市道路管理，保障城市道路完好，充分发挥城市道路功能，促进城市经济和社会发展”，这是我国现阶段城市道路管理的总目标。

根据道路交通安全管理的根本法律《中华人民共和国道路交通安全法》中总则第一条，道路交通安全管理的目标是“维护道路交通秩序，预防和减少交通事故，保护人身安全，保护公民、法人和其他组织的财产安全及其他合法权益，提高通行效率”，城市道路交通安全管理作为道路交通安全管理的一个子系统，其管理目标与道路交通安全管理一致。

道路运输行政主体法规《中华人民共和国道路运输条例》第一条规定，道路运输行政的目标是：“维护道路运输市场秩序，保障道路运输安全，保护道路运输有关各方当事人的合法权益，促进道路运输业的健康发展。”城市道路运输作为道路运输的主要构成部分，其管理目标与道路运输行政管理一致。

2008 年国务院大部门体制改革后，交通运输部负责指导全国城市公共汽电车行业管理工作，为履行好指导城市客运管理的职责，有必要制定出台规范城市公交的规章，明确城市公共汽电车客运的基本制度和服务要求，为规范城市公共汽电车客运健康发展提供基础支撑。2017 年 3 月，交通运输部颁布了《城市公共汽车和电车客运管理规定》，它是我国现阶段关于城市公共汽车和电车客运管理的最高效力的规章文件，其第一条规定了城市公共汽车和电车客运管理的目标是：“规范城市公共汽车和电车客运活动，保障运营安全，提高服务质量，促进城市公共汽车和电车客运事业健康有序发展。”

2016 年 8 月修改后的《巡游出租汽车经营服务管理规定》第一条对城市巡游出租汽车管理的目标做了规定："规范巡游出租汽车经营服务行为，保障乘客、驾驶员和巡游出租汽车经营者的合法权益，促进出租汽车行业健康发展。"

近年来，随着新开通运营的城市增多、运营规模快速增长、客运量不断攀升，城市轨道交通的安全保障难度越来越大，乘客的服务需求和期望也越来越高，这对提升行业管理水平提出了新的更高的要求。为适应新的发展形势和需要，更好地履行指导城市轨道交通运营的职责，交通运输部于 2018 年 5 月出台了《城市轨道交通运营管理规定》，第一条中规定了城市轨道交通运营管理的目标是："规范城市轨道交通运营管理，保障运营安全，提高服务质量，促进城市轨道交通行业健康发展。"

国家各级有关交通行政机关正是围绕上述管理目标，在各自的职权范围内依法对城市交通事务进行管理，以确保城市交通安全、高效运行，行业公平、健康、有序发展。

练一练

单项选择题

下列哪个机关可以对城市交通进行行政管理？（　　）

A. 市人大常务委员会

B. 市人民法院

C. 市人民政府

D. 市检察院

【解析】本题正确答案为 C。

下面哪些行为属于交通行政行为？（　　）

A. 某地方人民法院因民事纠纷对赵某的私家车进行了司法扣押

B. 某交警支队因赵某酒后驾车对其采取了依法拘留

C. 仲裁机构受理了赵某的运费纠纷仲裁申请

D. 某工商局给赵某办理了运输企业营业执照

【解析】本题正确答案为 B。法院、仲裁机构不属于行政机关，D 不属于交通行政行为。

简答题

城市交通行政管理主要包括哪些方面？

【解析】城市交通行政管理主要包括城市道路管理、城市道路交通安全管理、城市范围内的道路运输管理、城市公共交通管理、出租汽车管理以及城市轨道交通管理。

经过前面的学习，相信你已经知道了城市交通行政管理的概念以及目标。如果你能够辨别清楚哪些行为属于城市交通行政行为，那么恭喜你，你已经较好地掌握了本部分的内容。

请大家做好本部分的梳理总结。稍做休息，我们继续进行下一个知识点的学习。

知识点 2 城市交通行政管理体制

学前思考

通过上一知识点的学习我们知道了城市交通行政管理的概念和目标，但是城市交通行政管理的法律依据是什么？具体的行政机构有哪些呢？

你想好了吗？让我们带着问题学习以下内容吧。

知识重点

学习提示：本部分是城市交通行政管理的重点；主要介绍了城市交通行政管理法律体系，主要内容包括城市交通法的概念、城市交通行政关系、城市交通法的表现形式和法律冲突适用规则；还介绍了城市交通行政管理机构体系，主要内容包括城市交通行政主体和我国城市交通行政管理机构体系；最后介绍了城市交通行政管理体制改革，主要内容包括我国城市交通行政管理体制存在的问题和国内城市交通行政管理体制改革典型案例。

一、城市交通行政管理法律体系

党的十九大报告中，习近平总书记提出，要坚持全面依法治国，完善以宪法为核心的中国特色社会主义法律体系，建设中国特色社会主义法治体系，建设社会主义法治国家，发展中国特色社会主义法治理论，坚持依法治国、依法执政、依法行政共同推进，坚持法治国家、法治政府、法治社会一体建设。

城市交通行政与城市交通法律为一体两面，不可分割。制定城市交通法律的目的是实施城市交通行政，而实施城市交通行政，不能不以城市交通法律为依据，这是一个法治国家的根本基础。城市交通行政必须做到有法必依、有法可依、违法必究、执法必严。

（一）城市交通法的概念

城市交通法有广义和狭义之别。广义的城市交通法是指一切由国家制定并由国家强制力保证实施的城市交通事务管理规范文件的总称，包括国家各级权力机关制定的法律法规、国家各级行政机关制定的法规规章，以及国家各级有关交通部门制定的规章和规范性文件等。狭义的城市交通法律，指由全国人民代表大会及其常务委员会制定的，以城市交通法命名的，专门调整城市交通关系的法。目前，我国还没有严格意义上的城市交通法，本书所指的城市交通法律为广义的城市交通法。

（二）城市交通行政关系

法将一定的社会关系作为调整对象，不同的法调整不同的社会关系。城市交通法调整的是一定的城市交通关系。城市交通关系是人们在城市交通活动中形成的社会关系，对于城市交通法而言，城市交通行政关系是其最重要的调整对象。

城市交通行政关系，是指因城市交通行政管理活动而在城市交通行政主体与行政管理相对人之间、行政主体之间形成的关系。

1. 城市交通行政管理机关之间的关系

城市交通行政管理机关之间的关系主要包括上下级城市交通行政管理机关之间的关系和城市交通行政管理部门同其他管理部门之间的分工协作关系。比如公安部交通管理局和省公安厅交通管理局（总队）之间的关系，交通运输部和公安部交通管理局之间的关系。

2. 城市交通行政管理机关与行政管理相对人的关系

通常包括两种情况：一种是城市交通行政管理机关和从事城市交通活动事务的法人、组织和个人之间的关系，另一种是城市交通行政管理机关与城市交通事业的利用者之间的关系。比如城市交通运输主管部门和公交企业之间的关系，公安交管部门和旅客之间的关系。

（三）城市交通法的表现形式

城市交通法的表现形式，是指它由哪些法律法规形式组成，以及这些法律法规由什么立法主体制定。城市交通活动包含各个方面，各种交通方式，因此，有关城市交通管理的法律分布在不同立法主体所制定的各种法律规范中。目前，我国城市交通法的主要表现形式有宪法，法律，行政法规，部门规章，地方性法规、自治条例和单行条例，地方政府规章。

1. 宪法

《中华人民共和国宪法》（以下简称“宪法”）是我国的根本大法，由国家最高权力机关全国人民代表大会制定和颁布。宪法是其他一切形式的法律、法规的母法，具有最高的法律地位和法律效力，一切法律、行政法规和地方性法规都不得同宪法相抵触。任何组织或者个人都不得有超越宪法和法律的特权。我国现行宪法是 1982 年 12 月 4 日第五届全国人民代表大会第五次会议通过，1988 年 4 月 12 日、1993 年 3 月 29 日、1999 年 3 月 15 日、2004 年 3 月 14 日和 2018 年 3 月 11 日全国人民代表大会先后五次对宪法进行了修订。虽然宪法并没有对城市交通管理进行具体规定，但宪法作为诸法之母，是城市交通法的重要渊源，城市交通法是宪法在城市交通领域的具体化。比如宪法第八条第二款和第三款规定：“城镇中的手工业、工业、建筑业、运输业、商业、服务业等行业的各种形式的合作经济，都是社会主义劳动群众集体所有制经济；国家保护城乡集体经济组织的合法的权利和利益，鼓励、指导和帮助集体经济的发展。”第十条规定：“城市的土地属于国家所有……任何组织或者个人不得侵占、买卖或者以其他形式非法转让土地。土地的使用权可以依照法律的规定转让。”第十一条规定：“国家保护个体经济、私营经济等非公有制经济的合法的权利和利益。国家鼓励、支持和引导非公有制经济的发展，并对非公有制经济依法实行监督和管理。”这些规定，都是制定城市交通法的重要依据。

2. 法律

法律是指全国人民代表大会及其常务委员会经过一定立法程序所制定、修改并颁布的规范性法律文件，由国家主席签署主席令予以通过。法律按照其制定主体可以分为两类：一类是由全国人民代表大会制定的，称为基本法律。例如《中华人民共和国刑法》《中华人民共和国刑事诉讼法》《中华人民共和国民法总则》《中华人民共和国民事诉讼法》《中华人民共和国行政诉讼法》《中华人民共和国国际法》等；另一类是由全国人民代表大会常务委员会制定的，称为普通法律。例如《中华人民共和国行政处罚法》《中华人民共和国监察法》《中华人民共和国行政复议法》《中华人民共和国劳动法》等。基本法律和普通法律的效力仅次于宪法，高于行政法规、地方法规、行政规章等。在我国现行城市交通法律法规中，只有《中华人民共和国道路交通安全法》属于这个层次，2003 年 10 月 28 日第十届全国人民代表大会常务委员会第五次会议通过，2007 年 12 月 29 日、2011 年 4 月 22 日全国人民代表大会常务委员会先后两次修订。

3. 行政法规

行政法规是指由国家最高行政机关国务院根据宪法和法律，依照法定程序制定或批准的有关国家行政管理的规范性文件，其在效力上低于法律，由国务院总理签署国务院令公布。对某一方面的行政工作做比较全面、系统的规定，称为“条例”；对某一方面的行政工作做部分的规定，称为“规定”；对某一项行政工作做比较具体的规定，称为“办法”。目前，行政法规是我国城市交通法的重要表现形式。关于城市交通行政管理方面的行政法规主要有:《城市道路管理条例》《中华人民共和国道路交通安全法实施条例》《中华人民共和国道路运输条例》等。

4. 部门规章

部门规章是指国务院各组成部门以及具有行政管理职能的直属机构根据法律和国务院的行政法规、决定、命令，在本部门权限范围内按照规定程序制定的规范性文件的总称，是面向全国的低于行政法规的一种很重要的法规表现形式，由各部委首长签署命令予以公布。部门规章以本行业事务为管理内容，体现本行业的特点，是我国城市交通法的最主要的表现形式。例如交通运输部发布的《城市公共汽车和电车客运管理规定》《巡游出租汽车经营服务管理规定》《城市轨道交通运营管理规定》等。

5. 地方性法规、自治条例和单行条例

地方性法规是有立法权的地方国家机关依法制定与发布的规范性文件。根据宪法和立法法等有关法律的规定，省、自治区、直辖市、设区的市的人民代表大会及其常委会，根据本行政区域的具体情况和实际需要，在不同宪法、法律、行政法规相抵触的前提下有权制定地方性法规。地方性法规在本行政区域内有效，其效力低于宪法、法律和行政法规。从我国现行有效的众多地方性法规来看，不论在总体数量上，还是在实际功能上，都确立了其在中国特色社会主义法律体系中的独特地位。例如北京市实施的《北京市道路运输条例》《北京市轨道交通运营安全条例》《北京市机动车停车条例》等，江苏省实施的《江苏省道路运输条例》《江苏省机动车维修管理条例》，江苏省徐州市实施的《徐州市停车场管理条例》和苏州市实施的《苏州市道路运输条例》等。

根据《宪法》第一百一十五条规定:“自治区、自治州、自治县的自治机关行使宪法第三章第五节规定的地方国家机关的职权，同时依照宪法、民族区域自治法和其他法律规定的权限行使自治权，根据本地方实际情况贯彻执行国家的法律、政策。”第一百一十六条中规定:“民族自治地方的人民代表大会有权依照当地民族的政治、经济和文化的特点，制定自治条例和单行条例。自治区的自治条例和单行条例，报全国人民代表大会常务委员会批准后生效。”例如新疆维吾尔自治区实施的《新疆维吾尔自治区道路运输管理条例》和乌鲁木齐市实施的《乌鲁木齐市货运出租汽车运输管理条例》等。

6. 地方政府规章

地方政府规章是指由省、自治区、直辖市和设区的市、自治州的人民政府，根据法律、行政法规和本省、自治区、直辖市的地方性法规而制定规章。地方政府规章可以就下列事项做出规定：为执行法律、行政法规、地方性法规的规定需要制定规章的事项；属于本行政区域的具体行政管理事项。例如北京市人民政府实施的《北京市城市道路管理办法》《北京市城市轨道交通安全运营管理办法》，浙江省人民政府实施的《浙江省城市道路管理办法》《浙江省道路客运安全管理办法》等。

（四）法律冲突适用规则

宪法以及其他有关法律尽管对立法权限的划分、立法程序、法律解释等问题做了原则规定。但由于宪法对立法权限的划分不够具体、不够明确，难免导致有些法规、规章与法律相抵触或者法规、规章之间相互矛盾、冲突。因此，需要确立一种冲突适用规则，便于国家机关及其工作人员依法行政。目前主要包括上位优先规则、特别优先规则、新法优先规则、特殊情况处理规则。

1. 上位优先规则

上位优先规则，即上位法优于下位法。当不同层级法律规范发生冲突时，按照高层级优于低层级的原则选择适用的法律规范。根据《中华人民共和国立法法》以下简称《立法法》规定：宪法具有最高的法律效力，一切法律、行政法规、地方性法规、自治条例和单行条例、规章都不得同宪法相抵触。法律的效力高于行政法规、地方性法规、规章。行政法规的效力高于地方性法规、规章。地方性法规的效力高于本级和下级地方政府规章。省、自治区的人民政府制定的规章的效力高于本行政区域内的设区的市、自治州的人民政府制定的规章。部门规章之间、部门规章与地方政府规章之间具有同等效力，在各自的权限范围内施行。

2. 特别优先规则

特别优先规则，即特别法优于一般法。一般法与特别法是相对而言的。一般法是指在全国范围内对一般公民、法人、组织和一般事项都普遍适用，而且在它被废除前始终有效的法律，也可以称为一般规定。例如《刑法》《民法总则》等。特别法是对于特定的人群和事项，或者在特定的地区和时间内适用的法律，又可以称为特别规定。《立法法》规定：同一机关制定的法律、行政法规、地方性法规、自治条例和单行条例、规章，特别规定与一般规定不一致的，适用特别规定。

3. 新法优先规则

同一机关制定的法律、行政法规、地方性法规、自治条例和单行条例、规章，新的规定与旧的规定不一致的，适用新的规定。

4. 特殊情况处理规则

《立法法》第九十五条规定："地方性法规与部门规章之间对同一事项的规定不一致，不能确定如何适用时，由国务院提出意见，国务院认为应当适用地方性法规的，应当决定在该地方适用地方性法规的规定；认为应当适用部门规章的，应当提请全国人民代表大会常务委员会裁决。部门规章之间、部门规章与地方政府规章之间对同一事项的规定不一致时，由国务院裁决。"

二、城市交通行政管理机构体系

城市公共交通优先发展的目的是利用其社会化、半福利性的经济属性调控、替代非社会化的私人交通方式，充分利用城市交通资源，建设能源节约型和环境友好型的可持续发展城市。这也要求城市公共交通的客运服务能力和服务水平拥有足够的吸引力，促使居民尽可能多地选择这种大众化的交通方式。

（一）城市交通行政管理主体

城市交通行政管理的主体是城市交通行政管理机构，指依法享有城市交通行政管理相关行政权力，能够以自己的名义从事行政活动，并能独立承担由此产生的法律责任的社会组织。

城市交通行政管理主体的特征是：

1. 城市交通行政管理主体是依法享有相关行政权力的组织

城市交通行政管理主体的权力来自法律法规，在从事行政活动时必须有相关法律依据。另外，城市交通行政管理主体行使的是相关行政权力。

2. 城市交通行政管理主体能够以自己的名义从事行政活动，并能独立承担相应法律责任

城市交通行政管理主体能够以自己的名义从事行政活动，这是城市交通行政管理主体与行政机关内部组成单位和受行政机关委托执行某些行政管理任务的组织的区别。能独立承担相应法律责任是其具有独立法律人格的具体表现。

3. 城市交通行政管理主体是社会组织

城市交通行政管理主体是依法实施相关行政活动的社会组织，意味着城市交通行政管理主体不是其内部组成机构，也不是个人。也就是说城市交通行政管理主体的内部组成机构和工作人员都不是行政主体，都不能以各自的名义实施行政活动，也不能独立承担相应的法律责任。

在我国，城市交通行政管理主体主要包括国家有关城市交通管理行政机关以及法律法规授权的组织。

（二）我国城市交通行政管理机构体系

由于历史沿革和各地规定不同，加之我国现在又处于全面深化改革的关键时期，行政管理体制机制不断调整，以及城市交通系统构成复杂，目前还没有专一的、全面的、独立的城市交通管理机构，不同的城市交通管理机构体系也不尽相同。我国现行城市交通行政管理机构体系最主要的特点是“多部门交叉”，具体是以城市地方人民政府为统领，交通部门为主，发改、规划、建设、市政、公安等多部门交叉配合。

1. 地方人民政府

各地方人民政府负责制定全市发展目标和任务，是城市交通管理的统领，为城市交通规划、交通建设、方案设计以及运行管理指明发展的大方向，奠定战略决策基础，负责全市重大交通政策和交通建设项目的最终决策，并主持领导全市有关交通的部门协同工作。

2. 交通部门

交通部门主要包括各级交通主管部门和其所辖各类专业管理机构。交通部门是城市交通行政管理的主要部门。国家最高交通主管部门为交通运输部，各省、自治区、直辖市一般为交通运输厅或交通委员会，各设区市一般为交通运输局或交通委员会，各区县一般为交通运

输局或运输管理处。各类专业管理机构例如北京市交通委员会所辖的交通执法总队、上海市交通委员会所辖的城市交通运输处、陕西省交通运输厅所辖的道路运输管理局等。

交通部门有关城市交通的主要职能是：负责指导城乡客运及有关设施的规划、运营管理工作；负责城乡道路运输市场监管，负责运输线路、营运车辆、枢纽、运输场站等管理工作；负责指导城市客运管理，拟订相关政策、制度和标准，并监督实施；负责指导公共汽车、城市地铁和轨道交通运营、出租汽车、汽车租赁等工作；负责拟订经营性机动车营运安全标准，指导车辆维修、营运车辆综合性能检测管理，参与机动车报废政策、标准制定工作；负责机动车驾驶员培训机构和驾驶员培训管理工作。

3. 发展和改革委员会

发展和改革委员会负责从宏观角度拟订城市重大交通基础设施（如轨道交通、大型城市立交和桥梁等）发展战略、中长期规划并协调实施；依法拟订、调整城市公共交通价格和城市交通相关收费标准，并组织实施，监督检查有关价格政策的执行情况并提出相关政策建议；此外，还负责制定和监管城市交通行业的能源和污染排放问题。

4. 规划部门

城市规划委（局）组织编制、实施城市总体规划、土地利用总体规划、控制性详细规划以及特定地区规划，参与和研究制定城市综合交通规划在内的专项规划。

5. 建设部门

城市住房与城市建设委（局）负责指导城市轨道交通规划和建设，协调交通运输主管部门，确保城市轨道交通与城市公共交通整体规划建设的有效衔接。

6. 市政部门

市政部门负责贯彻执行国家有关市政公用设施运行管理。以西安市市政公用局为例，负责城市道路、排水、桥梁、隧道、城市照明设施等市政基础设施项目建设、维护和管理；负责占用、挖掘城市道路审批。

7. 公安部门

《中华人民共和国道路交通安全法》第五条规定：“国务院公安部门负责全国道路交通安全管理工作。县级以上地方各级人民政府公安机关交通管理部门负责本行政区域内的道路交通安全管理工作。”公安交通管理行政组织体系一般是公安部设交通管理局，各省、自治区、直辖市的公安厅（局）设交警总队（交通管理局），各地市公安局设交警支队，下辖区交警大队，各县公安局设交警大队。县、区交警大队之下，可设交警中队。

实际上，除上述主要部门外，与城市交通行政管理相关的部门还有很多，各城市的具体设置和叫法也不太统一。常见的比如财政局、国有资产监督管理委员会、经济和信息化委员会等都与城市交通管理有密切的关系。

三、城市交通行政管理体制改革

（一）我国城市交通行政管理体制存在的问题

1. 交通横向管理主体分散

以广州市为例，广州市直接参与城市交通管理和建设的部门有广州市交通委员会、广州市城乡建设委员会、广州市城市管理委员会、广州市规划局、广州市林业和园林局、广州市公安交警、广州市地铁总公司等多个单位，间接参与交通管理和建设的有广州市发展改革委员会、广州市财政局、广州市国土局等部门，涉及规划、投资、建设、管理、运营等多个方面。各种运输方式管理主体也不统一，城市道路、城市轨道交通、公共电汽车、出租车等不同运输方式的管理主体分散在不同部门，形成了不同类型的管理模式，包括“垂直管理模式”“块块管理模式”“条块并行模式”等。相对独立、自成体系的交通管理体制，使城市交通管理处于分散状态，不同具有交通管理职能的部门间职能交叉重叠而且存在职能盲点，已难以适应城市经济发展的需要，阻碍了城市交通的发展。对于涉及多个职能部门的交通决策，往往要多次协调才能达成共识，甚至由于部门利益，不能达成一致意见，导致决策不能顺利进行。

2. 纵向政策制定与执行分离

城市交通部门的职责一般包括决策（规划、融资和收费）和执行（建设、执行和执法）两个主要功能。然而，我国大多城市规划、建设、运营、执法和监管分散在不同部门。例如，规划局和国土局负责道路和城市土地利用规划；交通委负责公共交通运营监管；建委、交警部门和城管部门则负责执法。在交通规划、建设、收费、执法的各个环节上，需要统一采取措施，相互辅助，才能保障政策的顺利实施。但由于这些职能分散在规划局、物价局、交警、建委等不同部门，缺乏统筹协调和监督机制，使得在多个环节的工作不到位，导致政策的失效。

3. 部门设立存在空白

不同交通模式在管理上条块分割，也形成了管理上的“空白”。目前大多数城市尚未建立统一管理非营运交通的部门，对社会车辆的管理一直由交通委、交警支队、税务局、物价局等部门分散管理。这导致对非营运车辆缺乏管理，不能够应对社会车辆快速增长造成的拥堵及其空气污染、温室气体排放等负外部性问题。另外，一些政策创新或者以服务为导向的交通政策，如绿色出行、低碳交通的公众宣传和传播等，由于在部门职责上尚未有相应的定义，因而使这些政策在国内普及存在体制上的阻碍。

4. 资源分割而没有得到优化配置

城市交通基础设施建设属于资金密集型项目，但是一些城市用于这方面的资金没有被纳入城市正式预算体系，城市交通依靠有限的城建维护费难以为继，而大量的市内车辆上缴的费用等又都使用在城外公路建设上，建设资源难以共享，不能统筹调剂使用，特别是市内公交向城乡的延伸扩张越发展，公路规费的流失就越严重。此外，由于规划和运营部门的分离，资金投入缺乏全周期规划，导致城市交通的建设资金受到过多的重视，而运营和维护的资金被忽视，从而导致资金紧缺，这在城市轨道交通建设中体现得尤其明显。

（二）国内城市交通行政管理体制改革典型案例

1. 深圳一体化大交通管理体制改革

深圳是我国最早进行一体化大交通管理体制改革的城市之一。作为我国改革开放的前沿城市，其城市化水平和工业化水平都接近国际先进城市，长期以来也一直致力于建立一体化的综合交通体系，积极探索交通行政管理体制改革，历经多轮改革，最终使一体化大交通管理体制得以形成与确立。

2001 年深圳市政府正式进行交通管理体制改革，横向整合了多种交通模式，统筹负责全市公共交通、轨道交通、道路交通、道路、港口、水运、空港、物流及地方事权内的航空、铁路管理，协调邮政行业。2009 年交通局进一步整合了纵向运行职能，新组建的交通委统一负责城市交通政策、规划、设计、建设、运营、管理、服务、应急的职能。在地理范围上，深圳市交通委将职责扩展到特区外的交通运输，通过设立宝安、龙岗属地管理机构，将原区政府负责的交通、公路、城市道路规划和管理等职责统一整合，实现了城乡交通统筹。深圳市交通管理组织结构图，如图 2－3 所示。

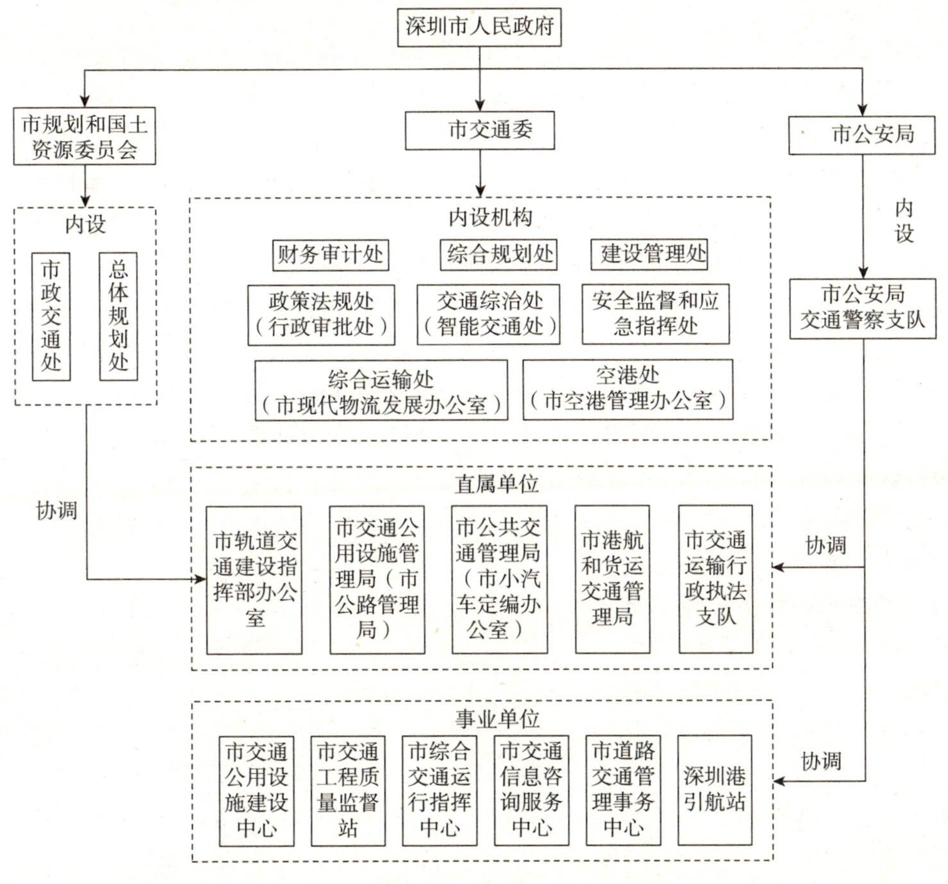

图 2－3　深圳市交通管理组织结构图

在决策层面，体现了部门间的职能重新划分与协调、不同部门间的协调。改革后的市交通委承担原规划部门负责的交通专项规划；其决策层更加注重数据支撑和分析报告；智能交通处则将原属于交通部门、交警部门、规划部门的分散资源进行整合，建立了一体化的信息平台，以加强决策的科学性和公共服务产品供给的质量。

在执行层面，市交通委也将交通经营权下放给公司，市交通委只承担制定运营标准、发放经营许可证、监督审查等职能。公共汽车的运营按直接授予或以招标的方式将线路经营权下放给各公交公司；地铁的建设运营和开发利用则由深圳市地铁集团有限公司负责。市交通委对公交公司进行评分考核，考核结果作为经营者年度财政成本收入补贴水平，以及是否对经营权收回和撤销的参考依据。

2. 北京市交通行政管理体制改革

北京市也是国内比较早进行交通行政管理体制改革的城市之一。2003 年，为建立集中统一的交通管理体制，充分发挥交通在促进首都经济和社会发展中的作用，北京市委市政府在市交通局的基础上调整组建了北京市交通委员会。

在职能调整方面，将原市交通局承担的负责本市公共交通、公路及水路交通行业管理的全部职能划入市交通委；将原由市城市管理委承担的城市道路、桥梁以及经营性停车设施的行政管理职能划入市交通委；将原由市公安局公安交通管理局承担的部分路政管理的职能划入市交通委。

在机构调整方面，撤销市交通局，将市交通局机关及所属单位整建制划入市交通委；撤销市公路局和市铁路道口安全管理办公室，组建北京市路政局，主要负责道路（含公路）方面的具体行政管理工作；撤销北京市运输指挥部，组建北京市运输管理局，主要负责交通运输（含公共交通、轨道交通、长途客运、货运、水路交通等）方面的具体行政管理工作；保留市交通执法总队，主要负责行使有关交通方面的法律、法规和规章规定的行政处罚权。

新调整组建的市交通委作为全市交通管理的决策机构，列入市政府组成部门。北京交通发展研究院挂靠市交通委，主要为全市交通事业发展决策提供支持和服务。市交通委下设市路政局、市运输管理局、市交通执法总队，均为市交通委所属副局级行政执行机构。市路政局、市运输管理局、市交通执法总队等行政执行机构的日常工作向市交通委负责。市交通委委员由专职委员和兼职委员组成，兼职委员包括市计委、市规划委、市城市管理委、市财政局等部门的主管副主任或副局长以及市公安局公安交通管理局、北京交通发展研究院的主要负责人。

北京市交通行政管理体制改革的特点是在国内首次实现了交通运输管理、道路交通设施建设、交通秩序管理的综合协调。“兼职委员制度”使得交通运输需求和交通设施建设进一步协调，为推动整个城市交通发展提供了组织保障。

北京市交通委员会机构设置，如图 2－4 所示。

改革只有进行时，没有完成时。深圳和北京等城市作为交通行政管理体制改革的先行者，其探索必将是战略性和持续性的。只有通过不断借鉴国内外先进改革经验，不断实践，不断探索，才能进一步开辟出适合自身的改革路径。

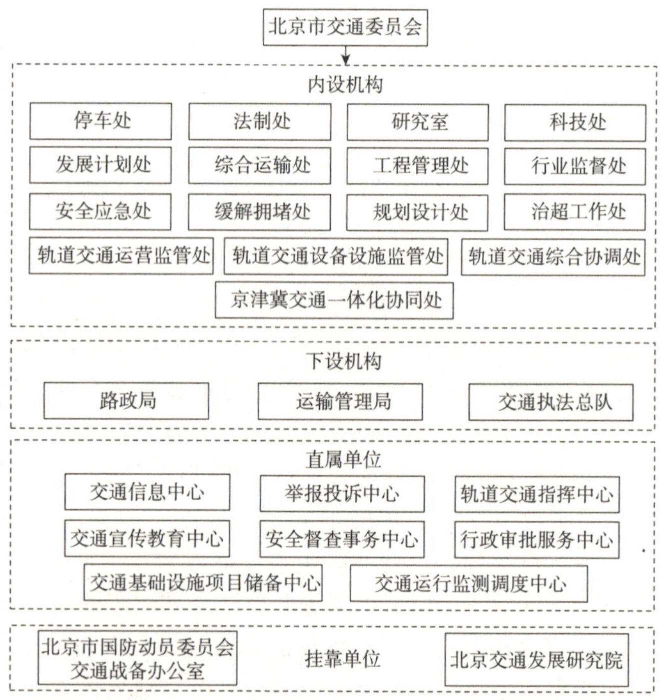

图 2－4　北京市交通委员会机构设置

练一练

单项选择题

下列哪个城市交通法的效力最高（　　）。

A.《中华人民共和国道路运输条例》

B.《城市公共汽车和电车客运管理规定》

C.《北京市道路运输条例》

D.《浙江省道路客运安全管理办法》

【解析】本题正确答案为A。A属于行政法规，B属于部门规定，C属于地方性法规，D属于地方政府规章。

简答题

1. 简述我国城市交通法律体系。
2. 简述我国城市交通行政管理机构体系。
3. 简述我国城市交通行政管理体制存在的问题以及改革方向。

经过前面的学习，相信你已经知道了我国城市交通行政管理法律体系和城市交通行政管理机构体系，对我国城市交通行政管理体制存在的问题也有了一定了认识，如果你能够根据国内城市交通行政管理体制改革典型案例，对城市交通行政管理体制改革再提出一些建议，那就太棒了！

请大家做好本部分的梳理总结。稍做休息，我们继续进行下一个知识点的学习。

知识点3　城市交通行政管理内容

学前思考

通过前两个知识点的学习我们知道了城市交通行政管理主要包括城市道路管理、城市道路交通安全管理、城市范围内的道路运输管理、城市公共交通管理、出租汽车管理以及城市轨道交通管理，也对城市交通行政法律体系和机构体系有了初步的认识。那么，城市交通行政管理的具体内容是什么呢？

让我们带着这个疑问学习以下内容吧。

知识重点

学习提示：本部分分别以《城市道路管理条例》《中华人民共和国道路交通安全法》《中华人民共和国道路运输条例》《城市公共汽车和电车客运管理规定》《巡游出租汽车经营服务管理规定》《城市轨道交通运营管理规定》为依据，对城市道路管理、城市道路交通安全管理、城市范围内的道路运输管理、城市公共交通管理、出租汽车管理以及城市轨道交通管理等，从行政主体和具体内容上进行了介绍。通过本部分的学习，大家可以对城市交通行政管理的内容有一定的了解。

一、城市道路管理

《城市道路管理条例》是我国现行关于城市道路管理的主体法规，1996 年 6 月 4 日发布，并于 2011 年 1 月 8 日和 2017 年 3 月 1 日两次修订。该条例对城市道路规划、建设、养护、维修和路政管理等做了规定。

（一）城市道路管理行政主体

国务院建设行政主管部门主管全国城市道路管理工作。省、自治区人民政府城市建设行政主管部门主管本行政区域内的城市道路管理工作。县级以上城市人民政府市政工程行政主管部门主管本行政区域内的城市道路管理工作。

（二）城市道路规划和建设

县级以上城市人民政府应当组织市政工程、城市规划、公安交通等部门，根据城市总体规划编制城市道路发展规划。市政工程行政主管部门应当根据城市道路发展规划，制订城市道路年度建设计划，经城市人民政府批准后实施。

建设资金可以按照国家有关规定，采取政府投资、集资、国内外贷款、国有土地有偿使用收入、发行债券等多种渠道筹集。城市道路的建设应当符合城市道路技术规范。城市道路施工实行工程质量监督制度，工程竣工后，经验收合格后，方可交付使用。

（三）城市道路养护和维修

市政工程行政主管部门对其组织建设和管理的城市道路，按照城市道路的等级、数量及养护和维修的定额，逐年核定养护、维修经费，统一安排养护、维修资金。市政工程行政主管部门组织建设和管理的道路，由其委托的城市道路养护、维修单位负责养护、维修。

养护、维修工程应当按照规定的期限修复竣工，并在施工现场设置明显标志和安全防围设施，保障行人和交通车辆安全。养护、维修的专用车辆应当使用统一标志；执行任务时，在保证交通安全畅通的情况下，不受行驶路线和行驶方向的限制。

（四）城市道路路政管理

城市道路范围内禁止下列行为：擅自占用或者挖掘城市道路；履带车、铁轮车或者超重、超高、超长车辆擅自在城市道路上行驶；机动车在桥梁或者非指定的城市道路上试刹车；擅自在城市道路上建设建筑物、构筑物；在桥梁上架设压力在 4 千克／平方厘米（0.4 兆帕）以上的煤气管道、10 千伏以上的高压电力线和其他易燃易爆管线；擅自在桥梁或者路灯设施上设置广告牌或者其他挂浮物；其他损害、侵占城市道路的行为。

未经市政工程行政主管部门和公安交通管理部门批准，任何单位或者个人不得占用或者挖掘城市道路。因工程建设需要挖掘城市道路的，应当持城市规划部门批准签发的文件和有关设计文件，到市政工程行政主管部门和公安交通管理部门办理审批手续，方可按照规定挖掘。新建、扩建、改建的城市道路交付使用后 5 年内、大修的城市道路竣工后 3 年内不得挖掘；因特殊情况需要挖掘的，须经县级以上城市人民政府批准。埋设在城市道路下的管线发生故障需要紧急抢修的，可以先行破路抢修，并同时通知市政工程行政主管部门和公安交通管理部门，在24小时内按照规定补办批准手续。

（五）罚则

《城市道路管理条例》还对设计、施工、养护、维修和使用，以及市政工程行政管理等方面违法违规行为的处罚做了详细规定。

二、城市道路交通安全管理

《中华人民共和国道路交通安全法》(以下简称《道路交通安全法》)是我国交通领域为数不多的真正意义上的法律，是全国道路交通安全管理的最高准则。2003年10月28日第十届全国人民代表大会常务委员会第五次会议通过，2007年12月29日和2011年4月22日全国人民代表大会常务委员会先后两次修订。在此基础上，国务院于2004年4月28日通过并公布了《中华人民共和国道路交通安全法实施条例》。《道路交通安全法》对车辆和驾驶人、道路通行条件、道路通行规定、交通事故处理以及执法监督和法律责任等方面做了规定。

（一）城市道路交通安全管理行政主体

国务院公安部门负责全国道路交通安全管理工作。县级以上地方各级人民政府公安机关交通管理部门负责本行政区域内的道路交通安全管理工作。

（二）车辆和驾驶人

1. 机动车和非机动车

国家对机动车实行登记制度。机动车经公安机关交通管理部门登记后，方可上道路行驶。尚未登记的机动车，需要临时上道路行驶的，应当取得临时通行牌证。依法应当登记的非机动车，经公安机关交通管理部门登记后，方可上道路行驶。

2. 机动车驾驶人

驾驶机动车，应当依法取得机动车驾驶证。驾驶人应当按照驾驶证载明的准驾车型驾驶机动车；驾驶机动车时，应当随身携带机动车驾驶证。公安机关交通管理部门依照法律、行政法规的规定，定期对机动车驾驶证实施审验。

（三）道路通行条件

1. 道路交通信号

交通信号包括交通信号灯、交通标志、交通标线和交通警察的指挥。交通信号的设置应当符合道路交通安全、畅通的要求和国家标准。根据通行需要，应当及时增设、调换、更新道路交通信号。任何单位和个人不得擅自设置、移动、占用、损毁交通信号灯、交通标志、交通标线。

2. 道路和配套设施

道路、停车场和道路配套设施的规划、设计、建设，应当符合道路交通安全、畅通的要求，并根据交通需求及时调整。

新建、改建、扩建的公共建筑、商业街区、居住区、大（中）型建筑等，应当配建、增建停车场；停车泊位不足的，应当及时改建或者扩建；投入使用的停车场不得擅自停止使用或者改作他用。在城市道路范围内，在不影响行人、车辆通行的情况下，政府有关部门可以施划停车泊位。学校、幼儿园、医院、养老院门前的道路没有行人过街设施的，应当施划人行横道线，设置提示标志。城市主要道路的人行道，应当按照规划设置盲道。盲道的设置应当符合国家标准。

（四）道路通行规定

1. 一般规定

机动车、非机动车实行右侧通行。道路划分为机动车道、非机动车道和人行道的，机动车、非机动车、行人实行分道通行。没有划分机动车道、非机动车道和人行道的，机动车在道路中间通行，非机动车和行人在道路两侧通行。

2. 机动车通行规定

机动车上道路行驶，不得超过限速标志标明的最高时速。在没有限速标志的路段，应当保持安全车速。机动车载人不得超过核定的人数，客运机动车不得违反规定载货。禁止货运机动车载客。

3. 非机动车通行规定

非机动车应在非机动车道内行驶；在没有非机动车道的道路上，应靠车行道的右侧行驶。

4. 行人和乘车人通行规定

行人不得跨越、倚坐道路隔离设施，不得扒车、强行拦车或者实施妨碍道路交通安全的其他行为。乘车人不得携带易燃易爆等危险物品，不得向车外抛洒物品，不得有影响驾驶人安全驾驶的行为。

5. 高速公路的特别规定

行人、非机动车、拖拉机、轮式专用机械车、铰接式客车、全挂拖斗车以及其他设计最高时速低于70公里的机动车，不得进入高速公路。任何单位、个人不得在高速公路上拦截检查行驶的车辆，公安机关的人民警察依法执行紧急公务除外。

（五）交通事故处理

公安机关交通管理部门接到交通事故报警后，应当立即派交通警察赶赴现场，先组织抢救受伤人员，并采取措施，尽快恢复交通。公安机关交通管理部门应当根据交通事故现场勘验、检查、调查情况和有关的检验、鉴定结论，及时制作交通事故认定书，作为处理交通事故的证据。交通事故认定书应当载明交通事故的基本事实、成因和当事人的责任，并送达当事人。

（六）执法监督

1. 队伍建设

公安机关交通管理部门应当加强对交通警察的管理，提高交通警察的素质和管理道路交通的水平。应当对交通警察进行法制和交通安全管理业务培训、考核。交通警察经考核不合格的，不得上岗执行职务。

2. 执法监督

交通警察执行职务时，应当按照规定着装，佩戴人民警察标志，持有人民警察证件，保持警容严整，举止端庄，指挥规范。行政执法时应当接受行政监察机关依法实施的监督，应当自觉接受社会和公民的监督。

（七）法律责任

公安机关交通管理部门及其交通警察应当依据事实和《道路交通安全法》的有关规定对道路交通安全违法行为予以处罚。对于情节轻微，未影响道路通行的，指出违法行为，给予口头警告后放行。对道路交通安全违法行为的处罚种类包括：警告、罚款、暂扣或者吊销机动车驾驶证、拘留。

交通警察受到开除处分或者被辞退的，应当取消警衔；受到撤职以下行政处分的交通警察，应当降低警衔。交通警察利用职权非法占有公共财物，索取、收受贿赂，或者滥用职权、玩忽职守，构成犯罪的，依法追究刑事责任。

三、城市道路运输管理

城市道路运输是在城市范围内的道路运输。城市道路运输管理的法律依据是道路运输管理的主体法规。关于道路运输管理，目前我国还没有专门的法律，效力最高的是国务院2004年4月30日公布、2012年11月9日和2016年2月6日先后两次修订的《中华人民共和国道路运输条例》（以下简称《道路运输条例》），主要是对从事道路运输经营以及道路运输相关业务做了规定。《道路运输条例》所称道路运输经营包括道路旅客运输经营（以下简称“客运经营”）和道路货物运输经营（以下简称“货运经营”）；道路运输相关业务包括站（场）经营、机动车维修经营、机动车驾驶员培训。

随后交通运输部在《道路运输条例》的基础上，针对具体业务出台了相关部门规章。例如《道路旅客运输及客运站管理规定》《道路货物运输及站场管理规定》《道路危险货物运输管理规定》《机动车维修管理规定》《机动车驾驶员培训管理规定》等，并先后多次修改完善。

（一）道路运输管理行政主体

国务院交通主管部门主管全国道路运输管理工作。县级以上地方人民政府交通主管部门负责组织领导本行政区域的道路运输管理工作。县级以上道路运输管理机构负责具体实施道路运输管理工作。

（二）道路运输市场准入条件

1. 道路客运经营

道路客运经营，是指用客车运送旅客，为社会公众提供服务，具有商业性质的道路客运活动，包括班车（加班车）客运、包车客运、旅游客运。

申请从事客运经营的应当具备：有与其经营业务相适应并经检测合格的车辆；有符合《道路运输条例》的驾驶人员；有健全的安全生产管理制度。申请从事班线客运经营的，还应当有明确的线路和站点方案。

2. 道路货物运输经营

道路货物运输经营，是指为社会提供公共服务、具有商业性质的道路货物运输活动。道路货物运输包括道路普通货运、道路货物专用运输、道路大型物件运输和道路危险货物运输。

申请从事货运经营的，应当具备：有与其经营业务相适应并经检测合格的车辆；有符合《道路运输条例》的驾驶人员；有健全的安全生产管理制度。

申请从事危险货物运输经营的，还应当具备：有 5 辆以上经检测合格的危险货物运输专用车辆、设备；有经所在地设区的市级人民政府交通主管部门考试合格，取得上岗资格证的驾驶人员、装卸管理人员、押运人员；危险货物运输专用车辆配有必要的通信工具；有健全的安全生产管理制度。

3. 道路运输相关业务

申请从事道路运输站（场）经营的，应当具备：有经验收合格的运输站（场）；有相应的专业人员和管理人员；有相应的设备、设施；有健全的业务操作规程和安全管理制度。

申请从事机动车维修经营的，应当具备：有相应的机动车维修场地；有必要的设备、设施和技术人员；有健全的机动车维修管理制度；有必要的环境保护措施。

申请从事机动车驾驶员培训的，应当具备：取得企业法人资格；有健全的培训机构和管理制度；有与培训业务相适应的教学人员、管理人员；有必要的教学车辆和其他教学设施、设备、场地。

（三）道路运输行政许可管理

1. 道路客运经营

申请从事客运经营的，向工商行政管理机关办理有关登记手续后，按照规定向相应道路运输管理机构提出申请并提交相关材料。道路运输管理机构应当自受理申请之日起 20 日内审查完毕，做出许可或者不予许可的决定。予以许可的，向申请人颁发道路运输经营许可证，并向申请人投入运输的车辆配发车辆营运证；不予许可的，应当书面通知申请人并说明理由。同一线路有 3 个以上申请人时，可以通过招标的形式做出许可决定。

2. 道路货物运输经营

申请从事货运经营的，向工商行政管理机关办理有关登记手续后，按照规定向相应道路运输管理机构提出申请并提交相关材料。道路运输管理机构应当自受理申请之日起 20 日内审查完毕，做出许可或者不予许可的决定。予以许可的，向申请人颁发道路运输经营许可证，并向申请人投入运输的车辆配发车辆营运证；不予许可的，应当书面通知申请人并说明理由。

3. 道路运输相关业务

申请从事道路运输站（场）经营、机动车维修经营和机动车驾驶员培训业务的，应当在依法向工商行政管理机关办理有关登记手续后，向所在地县级道路运输管理机构提出申请，并分别附送相关材料。县级道路运输管理机构应当自受理申请之日起 15 日内审查完毕，做出许可或者不予许可的决定，并书面通知申请人。

（四）道路运输市场监督

1. 道路客运经营

班线客运经营者取得道路运输经营许可证后，应当向公众连续提供运输服务，不得擅自暂停、终止或者转让班线运输。从事包车客运的，应当按照约定的起始地、目的地和线路运输。从事旅游客运的，应当在旅游区域按照旅游线路运输。客运经营者不得强迫旅客乘车，不得甩客、敲诈旅客；不得擅自更换运输车辆。

2. 道路货物运输经营

货运经营者不得运输法律、行政法规禁止运输的货物。运输危险货物应当配备必要的押运人员，保证危险货物处于押运人员的监管之下，并悬挂明显的危险货物运输标志。

3. 客运和货运的共同规定

应当加强对从业人员的安全教育、职业道德教育。从业人员应当遵守道路运输操作规程，不得违章作业。驾驶人员连续驾驶时间不得超过 4 个小时。应当加强对车辆的维护和检测，不得使用报废的、擅自改装的和其他不符合国家规定的车辆从事道路运输经营。

客运经营者、危险货物运输经营者应当分别为旅客或者危险货物投保承运人责任险。

4. 道路运输相关业务

道路运输站（场）经营者应当对出站的车辆进行安全检查，禁止无证经营的车辆进站从事经营活动，防止超载车辆或者未经安全检查的车辆出站。无正当理由不得拒绝道路运输车辆进站从事经营活动。

机动车维修经营者应当按照国家有关技术规范对机动车进行维修，保证维修质量，不得使用假冒伪劣配件维修机动车。不得承修已报废的机动车，不得擅自改装机动车。

机动车驾驶员培训机构应当按照国务院交通主管部门规定的教学大纲进行培训，确保培训质量。培训结业的，应当向参加培训的人员颁发培训结业证书。

（五）执法监督和法律责任

《道路运输条例》及相关部门规章还对道路运输管理的执法监督和法律责任做了规定。

四、城市公共交通管理

2017 年 5 月 1 日由交通部公布实施的部门规章——《城市公共汽车和电车客运管理规定》（以下简称《规定》）是城市公共汽电车客运管理的最高规范性文件。《规定》共 8 章 71 条，分别从发展方向、规划与建设、运营管理、运营服务、运营安全、监督检查、法律责任等方面做了要求。

（一）城市公共汽电车客运管理行政主体

交通运输部负责指导全国城市公共汽电车客运管理工作。省、自治区人民政府交通运输主管部门负责指导本行政区域内城市公共汽电车客运管理工作。城市人民政府交通运输主管部门或者城市人民政府指定的城市公共交通运营主管部门（以下简称“城市公共交通主管部门”）具体承担本行政区域内城市公共汽电车客运管理工作。

（二）规划和建设

城市公共交通主管部门应当统筹考虑城市发展和社会公众基本出行需求，会同有关部门组织编制、修改城市公共汽电车线网规划。新建、改建、扩建城市公共汽电车客运服务设施，应当符合城市公共汽电车线网规划。

（三）运营管理

城市公共汽电车客运按照国家相关规定实行特许经营，通过服务质量招投标方式授予线路运营权，并签订线路特许经营协议。线路运营权实行期限制，同一城市公共汽电车线路运营权实行统一的期限。线路运营权期限届满后，由城市公共交通主管部门按照国家相关规定重新选择运营企业。此外，《规定》还就城市公共交通主管部门会同有关部门落实票制票价、运营成本核算和运营补偿补贴等内容做出了相应要求。

（四）运营服务

《规定》对运营车辆、车辆服务设施和标识、站点服务设施、从业人员条件、配套要求及服务规范等做出基本要求；规定运营企业应当按照协议规定组织运营，保障基本的服务水平，不得擅自改变协议规定的服务质量要求；明确了运营企业需上报的信息和数据，便于行业主管部门及社会监督；要求运营企业应当按照协议要求提供连续服务，不得擅自停止运营。

（五）运营安全

《规定》一是明确运营企业是城市公共汽电车客运安全生产的责任主体，对运营企业的安全生产从制度建立、机构人员设置、安全生产经费投入、教育培训、安全设施设备的管理和维护等方面做了全面规定。二是明确了禁止携带违禁物品乘车，对安全检查和保卫做了规范。三是明确了城市公共汽电车客运突发事件应急预案的制定和演练、应急处置要求。四是明确了危害城市公共汽电车运营安全和破坏服务设施的禁止性行为。

（六）监督检查和法律责任

《规定》一是明确了城市公共交通主管部门监督检查的职责和权限。二是明确了城市公共交通主管部门应当建立运营企业服务质量评价制度。三是根据规章的处罚权限，对违反《规定》的行为规定了相应的法律责任。

五、城市出租汽车管理

出租汽车是城市综合交通运输体系的组成部分，是城市公共交通的补充。2014 年 9 月 30 日交通运输部发布了《出租汽车经营服务管理规定》，2016 年 8 月 26 日修改并更名为《巡游出租汽车经营服务管理规定》。

（一）城市出租汽车管理行政主体

交通运输部负责指导全国巡游出租汽车管理工作。各省、自治区人民政府交通运输主管部门在本级人民政府领导下，负责指导本行政区域内巡游出租汽车管理工作。直辖市、设区的市级或者县级交通运输主管部门或者人民政府指定的其他出租汽车行政主管部门（以下简称“出租汽车行政主管部门”）在本级人民政府领导下，负责具体实施巡游出租汽车管理。

（二）经营许可

国家鼓励通过服务质量招投标方式配置巡游出租汽车的车辆经营权。出租汽车行政主管部门应当根据投标人提供的运营方案、服务质量状况或者服务质量承诺、车辆设备和安全保障措施等因素，择优配置经营权，向中标人发放车辆经营权证明，并与中标人签订经营协议。

申请巡游出租汽车经营的，应当根据经营区域向相应的县级以上地方人民政府出租汽车行政主管部门提出申请。县级以上地方人民政府出租汽车行政主管部门对巡游出租汽车经营申请予以受理的，应当自受理之日起 20 日内做出许可或者不予许可的决定。做出行政许可决定的应当出具《巡游出租汽车经营行政许可决定书》，明确经营范围、经营区域、车辆数量及要求、巡游出租汽车车辆经营权期限等事项，并在 10 日内向被许可人发放《道路运输经营许可证》。

（三）运营服务

巡游出租汽车经营者应当为乘客提供安全、便捷、舒适的出租汽车服务。鼓励使用节能环保车辆和为残疾人提供服务的无障碍车辆。巡游出租汽车经营者应当自觉接受社会监督，公布服务监督电话，指定部门或者人员受理投诉，应当建立 24 小时服务投诉值班制度，接到乘客投诉后，应当及时受理。

（四）运营保障

出租汽车行政主管部门应当在本级人民政府的领导下，会同有关部门合理规划、建设巡游出租汽车综合服务区、停车场、停靠点等，并设置明显标识。巡游出租汽车综合服务区应当为进入服务区的巡游出租汽车驾驶员提供餐饮、休息等服务。

巡游出租汽车经营者应当规范与驾驶员签订的劳动合同或者经营合同，应当按照车辆维护标准定期维护车辆，应对驾驶员等从业人员进行培训教育和监督管理，应当制定突发公共事件应急预案等。

（五）监督管理

出租汽车行政主管部门应加强对巡游出租汽车经营行为的监督检查，会同有关部门纠正、制止非法从事巡游出租汽车经营及其他违法行为。应对巡游出租汽车经营者履行经营协议情况进行监督检查，并按照规定对巡游出租汽车经营者和驾驶员进行服务质量信誉考核。

（六）法律责任

根据规章的处罚权限，《巡游出租汽车经营服务管理规定》还对相关法律责任做了规定。

六、城市轨道交通管理

2018 年 5 月 14 日，交通运输部公布了《城市轨道交通运营管理规定》，并自 2018 年 7 月 1 日起施行。该规定明确了城市轨道交通运营管理的各项政策措施，为进一步规范城市轨道交通运营管理，切实保障运营安全，统筹协调各方关系具有重要意义。

（一）城市轨道交通运营管理行政主体

交通运输部负责指导全国城市轨道交通运营管理工作。省、自治区交通运输主管部门负责指导本行政区域内的城市轨道交通运营管理工作。城市轨道交通所在地城市交通运输主管部门或者城市人民政府指定的城市轨道交通运营主管部门（以下统称“城市轨道交通运营主管部门”）在本级人民政府的领导下负责组织实施本行政区域内的城市轨道交通运营监督管理工作。

（二）城市轨道交通运营基础要求

《城市轨道交通运营管理规定》从车站设施、设备兼容性、线网衔接等方面，细化了运营服务内容，理顺了运营与前期规划的衔接。建立城市轨道交通初期运营前、正式运营前、运营期间安全评估制度，明确了城市轨道交通试运行、初期运营、正式运营等建设与运营交接界面的工作内容和办理程序，清晰界定相关部门和单位的工作职责和义务。明确从业人员管理、设施设备准入与运行维护管理、风险隐患管控治理等相关要求。建立城市轨道交通运营信息统计分析制度，确保及时逐级报送相关信息。

（三）城市轨道交通运营服务

《城市轨道交通运营管理规定》要求运营单位要向社会公布运营服务质量承诺，城市轨道交通运营主管部门定期对运营单位服务质量进行监督考评，并向社会公布结果。建立城市轨道交通运营主管部门和运营单位的投诉受理制度，督促运营单位不断改进提升服务水平。对造成严重影响的乘客违法违规行为，明确应当依法追究责任，有效保障社会公众利益。

（四）城市轨道交通运营安全支持保障

《城市轨道交通运营管理规定》要求作业单位制定安全防护方案，并对作业影响区域进行动态监测；明确保护区作业巡查有关要求，对地面、高架线路沿线建（构）筑物等妨碍瞭望和侵界情况的处置进行规定，加强城市轨道交通线路保护；对危害城市轨道交通设施设备运行、影响运营安全的禁止性行为进行规定；明确乘客进站禁止、限制携带物品的具体要求，并要求运营单位要按规定在车站醒目位置公示禁止、限制携带物品目录；清晰界定有关部门在城市轨道交通公共安全防范上的职责分工。

（五）城市轨道交通运营应急处置

城市轨道交通所在地城市及以上地方各级人民政府应当建立运营突发事件处置工作机制，明确相关部门和单位的职责分工、工作机制和处置要求，制定并完善运营突发事件应急预案。运营单位要健全综合应急预案、专项应急预案和现场处置方案的应急预案体系。

《城市轨道交通运营管理规定》还对运营单位的应急物资、应急救援装备和队伍、应急值守和报告等提出要求。明确运营突发事件应急演练要求，建立运营安全重大故障和事故报送制度，不断提高安全防范和应急处置水平。

练一练

《中华人民共和国道路交通安全法》的管理对象包括（　　）。

A. 机动车和非机动车

B. 道路交通信号

C. 机动车驾驶人

D. 交通标志标线

【解析】本题正确答案为 A、B、C、D。

《道路运输条例》中道路客运经营包括（　　）。

A. 班车客运

B. 包车客运

C. 旅游客运

D. 出租车运输

【解析】本题正确答案为 A、B、C。

简答题

请简述城市公共汽电车客运管理行政主体。

【解析】交通运输部负责指导全国城市公共汽电车客运管理工作。省、自治区人民政府交通运输主管部门负责指导本行政区域内城市公共汽电车客运管理工作。城市人民政府交通运输主管部门或者城市人民政府指定的城市公共交通运营主管部门。具体承担本行政区域内城市公共汽电车客运管理工作。

学完上述内容以后，大家应该对城市道路管理、城市道路交通安全管理、城市范围内的道路运输管理、城市公共交通管理、出租汽车管理以及城市轨道交通管理等从行政主体和具体内容上有比较全面的了解。

请大家做好本部分的梳理总结。稍做休息，我们继续进行下一个知识点的学习。

知识点 4　城市交通行政复议与行政诉讼

学前思考

通过上一知识点的学习，我们知道了城市交通行政管理的具体内容。但是当我们认为城市交通行政管理主体做出的具体行政行为侵犯了我们的合法权益时我们应该怎么办？

让我们带着这个疑问学习以下内容吧。

知识重点

学习提示：本部分分别对城市交通行政复议和行政诉讼的概念、特点、参与人以及程序做了介绍，并对二者之间的区别进行了详细介绍。通过本部分的学习，大家要理解城市交通行政复议和行政诉讼的概念和特点，重点掌握二者之间的区别。

一、城市交通行政复议

（一）城市交通行政复议的概念

城市交通行政复议是指城市交通行政管理相对人（公民、法人或其他组织）认为城市交通行政主体做出的具体行政行为侵犯其合法权益，依法向有管辖权的行政复议机关提出行政复议申请，行政复议机关受理申请并作出行政复议决定的一种行政制度。

（二）城市交通行政复议的特点

（1）城市交通行政复议是行政机关的一种行政行为。前提是行政相对人认为行政主体做出的具体行政行为侵犯其合法权益。被申请人必须是直接做出该具体行政行为的行政主体。

（2）行政复议由行政相对人启动。遵循“不告不理”原则，只有行政管理相对人依法提出复议申请，才能启动行政复议。

（3）行政复议机关是依法有履行行政复议职责的行政主体。

（4）行政复议的程序是法定的。《行政复议法》对行政复议活动做了规定。行政复议的程序要依法连贯进行，具体包括复议申请、复议受理、复议审理、复议决定、送达和履行。

（5）复议结果是裁决不是最终裁决。行政复议是行政机关内部层级监督与救济的重要方式之一，但不是最终的救济方式。行政相对人对复议结果不满的，可以向人民法院提起行政诉讼。

（三）城市交通行政复议参与人

1. 城市交通行政复议申请人

城市交通行政复议申请人是指认为城市交通行政主体做出的具体行政行为侵犯其合法权益，依法向有管辖权的行政复议机关提出行政复议申请的公民、法人或其他组织。申请人可以按规定委托代理人参加行政复议。

2. 城市交通行政复议被申请人

公民、法人或者其他组织对城市交通行政机关的具体行政行为不服申请行政复议的，做出具体行政行为的城市交通行政机关是被申请人。

被申请人通常有以下几种情况：行政机关单独做出具体行政行为的，其单独作为被申请人；两个及以上行政机关共同做出具体行政行为的，共同作为被申请人；法律法规授权的组织做出具体行政行为的，该组织作为被申请人；行政机关委托的组织做出具体行政行为的，该行政机关作为被申请人；如果做出具体行政行为的行政机关被撤销，那么继续行使其职权的行政机关作为被申请人。

3. 城市交通行政复议第三人

城市交通行政复议第三人是指与被申请行政复议的具体行政行为有利害关系，为保护自身合法权益而参加行政复议活动的公民、法人或其他组织。

4. 城市交通行政复议代理人

城市交通行政复议代理人是指受行政复议申请人、第三人委托，在代理权限内参加行政复议的人。

（四）城市交通行政复议程序

1. 行政复议申请

公民、法人或者其他组织认为具体行政行为侵犯其合法权益的，可以自知道该具体行政行为之日起六十日内提出行政复议申请。申请行政复议，可以书面申请，也可以口头申请；口头申请的，行政复议机关应当当场记录申请人的基本情况，行政复议请求，申请行政复议的主要事实、理由和时间。

申请应符合以下条件：有明确的被申请人；有具体的行政复议请求和事实依据；属于申请复议的受案范围；属于受理复议机关的管辖。

2. 行政复议受理

行政复议机关收到行政复议申请后，应当在五日内进行审查，对不符合《行政复议法》规定的行政复议申请，决定不予受理，并书面告知申请人；对符合《行政复议法》规定，但是不属于本机关受理的行政复议申请，应当告知申请人向有关行政复议机关提出。行政复议期间具体行政行为不停止执行。

3. 行政复议审查

行政复议审查是行政复议机关对受理的复议案件进行合法性和适当性审查的过程，也是行政复议程序的核心。审查期间，申请人、第三人可以查阅被申请人提出的书面答复、做出具体行政行为的证据、依据和其他有关材料。

4. 行政复议决定

行政复议机关负责法制工作的机构应当对被申请人做出的具体行政行为进行审查，提出意见，经行政复议机关的负责人同意或者集体讨论通过后做出行政复议决定。复议决定有以下几种：

（1）决定维持。

行政复议机关认为具体行政行为认定事实清楚，证据确凿，适用依据正确，程序合法，内容适当的，决定维持。

（2）决定限期履行。

行政复议机关认为被申请人不履行法定职责的，决定其在一定期限内履行。

（3）决定撤销、变更或确认行政行为违法。

行政复议机关认为具体行政行为有下列情形之一的，决定撤销、变更或者确认该具体行政行为违法；决定撤销或者确认该具体行政行为违法的，可以责令被申请人在一定期限内重新做出具体行政行为：主要事实不清、证据不足的；适用依据错误的；违反法定程序的；超越或者滥用职权的；具体行政行为明显不当的。

（4）决定依法赔偿。

申请人在申请时一并提出行政赔偿请求的，行政复议机关对符合有关规定的，在决定撤销、变更具体行政行为或者确认具体行政行为违法时，应当同时决定被申请人依法给予赔偿。申请人在申请时没有提出行政赔偿请求的，行政复议机关在依法决定做出撤销或者变更罚款，撤销违法集资、没收财物、征收财物、摊派费用以及对财产的查封、扣押、冻结等具体行政行为时，应当同时责令被申请人返还财产，解除对财产的查封、扣押、冻结措施，或者赔偿相应的价款。

5. 行政复议决定书送达

行政复议机关做出行政复议决定，应当制作行政复议决定书，并加盖印章。行政复议决定书一经送达，即发生法律效力。

6. 履行

被申请人不履行或者无正当理由拖延履行行政复议决定的，行政复议机关或者有关上级行政机关应当责令其限期履行。

申请人逾期不起诉又不履行行政复议决定的，或者不履行最终裁决的行政复议决定的，按照下列规定分别处理：维持具体行政行为的行政复议决定，由做出具体行政行为的行政机关依法强制执行，或者申请人民法院强制执行；变更具体行政行为的行政复议决定，由行政复议机关依法强制执行，或者申请人民法院强制执行。

二、城市交通行政诉讼

（一）城市交通行政诉讼的概念

城市交通行政诉讼是指城市交通行政管理相对人（公民、法人或其他组织）认为城市交通行政主体做出的具体行政行为侵犯其合法权益，在一定期限内，依法向人民法院提起诉讼，并由人民法院裁决的活动。城市交通行政诉讼是一种司法活动，是由国家独立的司法机关——人民法院主持进行的。

（二）城市交通行政诉讼与行政复议的区别

1. 性质不同

城市交通行政诉讼是人民法院对城市交通行政机关的行政行为的外部监督和制约，本质上是一种司法活动。城市交通行政复议是城市交通行政机关内部层级监督，本质上是一种行政活动。

2. 受理机关不同

城市交通行政诉讼的受理机关是各级人民法院，城市交通行政复议的受理机关是依法履行行政复议职责的城市交通行政机关。

3. 受理范围不同

人民法院所受理的城市交通行政诉讼案件，只是行政相对人认为行政机关的具体行政行为侵害其合法权益的案件。而复议机关所受理的城市交通行政复议案件既有行政违法的案件，也有行政不当案件。凡是能够提起行政诉讼的行政争议，行政相对人都可以向行政机关申请复议，而法律规定行政复议裁决为终局决定的，当事人不得提起行政诉讼。

4. 审查力度不同

人民法院只审查具体行政行为的合法性而一般不审查其是否适当，复议机关不仅审查具体行政行为是否合法，而且还要审查其是否适当。

5. 审理依据不同

城市交通行政诉讼只能以法律、法规和地方性法规为依据。而城市交通行政复议在以法律、法规和地方性法规为依据的基础上，还可以依据城市交通有关的部门规章、地方规章以及上级机关依法制定和发布的具有普遍约束力的决定、命令等。

6 审理程序不同

人民法院审理城市交通行政诉讼案件采用两审终审制，一般公开开庭审理，具有严格、规范的特点；城市交通行政复议案件基本上实行一级复议，以书面复议为原则，程序比较简便、快捷、灵活。

7. 法律效力不同

人民法院的裁决具有最终的法律效力，因此对于行政复议不服的，可以在一定期限内提起行政诉讼，而对于已经向法院提起行政诉讼，人民法院已经依法受理的不得再申请行政复议。

（三）城市交通行政诉讼参加人

1. 原告

在城市交通行政管理中，不服城市交通行政机关或其上级复议机关做出的具体行政行为，向人民法院提起诉讼的城市交通行政相对人（公民、法人或者其他组织）是原告。

2. 被告

城市交通行政相对人（公民、法人或者其他组织）直接向人民法院提起诉讼的，做出具体行政行为的城市交通行政机关是被告。

3. 共同诉讼人

当事人（原告和被告）一方或双方为二人以上，因同一行政行为发生的行政案件，或者因同类行政行为发生的行政案件，人民法院认为可以合并审理并经当事人同意的，为共同诉讼。共同原告或共同被告被统称为共同诉讼人。

4. 第三人

同被诉的城市交通行政行为有利害关系但没有提起诉讼，或者同案件处理结果有利害关系而申请，或者由人民法院通知参加诉讼的城市交通行政相对人为第三人。

5. 诉讼代理人

当事人、法定代理人委托代为诉讼的人为诉讼代理人。

（四）城市交通行政诉讼程序

1. 起诉和受理

（1）起诉。

对属于人民法院受案范围的行政案件，公民、法人或者其他组织可以先向行政机关申请复议，对复议决定不服的，再向人民法院提起诉讼，也可以直接向人民法院提起诉讼。起诉应当符合以下条件：有原告的资格；有明确的被告；有具体的诉讼请求和事实根据；属于人民法院受案范围和受诉人民法院管辖。

（2）受理。

受理是指人民法院对城市交通行政相对人的起诉进行审查，认为符合法律规定的起诉条件而决定立案并予以审理的行为。人民法院既不立案，又不做出不予立案裁定的，当事人可以向上一级人民法院起诉。上一级人民法院认为符合起诉条件的，应当立案、审理，也可以指定其他下级人民法院立案、审理。

2. 审理和判决

（1）第一审程序。

第一审程序是指人民法院受理行政诉讼案件后第一次审理所适用的程序。包括开庭前准备、宣布开庭、介绍案情、法庭调查、法庭辩论、合议庭辩论、宣读判决等步骤。

（2）第二审程序。

第二审程序也称上诉审程序或终审程序，是指上级人民法院对下级人民法院就第一审案件所做的判决和裁定，在其发生法律效力前，由于当事人不服而上诉，对案件审理的程序。

（3）审判监督程序。

当事人对已经发生法律效力的判决、裁定，认为确有错误的，可以向上一级人民法院申请再审，但判决、裁定不停止执行。审判监督程序并不是每起行政诉讼案件的必经程序，只是对发生效力的违反法律、法规的判决和裁定，确实需要再审时所适用的一种特殊程序。

（4）行政诉讼的判决。

人民法院经过审理，根据不同情况可以做出如下判决：第一审判决通常包括维持原判、撤销判决、履行判决、变更判决、驳回原告的诉讼请求和确认判决等；第二审判决通常包括维持原判，依法改、撤销原判和发回重审等。

（五）执行

公民、法人或者其他组织拒绝履行判决、裁定、调解书的，行政机关或者第三人可以向第一审人民法院申请强制执行，或者由行政机关依法强制执行。

行政机关拒绝履行判决、裁定、调解书的，第一审人民法院可以：对应当归还的罚款或者应当给付的款额，通知银行从该行政机关的账户内划拨。在规定期限内不履行的，从期满之日起，对该行政机关负责人按日处五十元至一百元的罚款；将行政机关拒绝履行的情况予以公告；向监察机关或者该行政机关的上一级行政机关提出司法建议。接受司法建议的机关，根据有关规定进行处理，并将处理情况告知人民法院；拒不履行判决、裁定、调解书，社会影响恶劣的，可以对该行政机关直接负责的主管人员和其他直接责任人员予以拘留；情节严重，构成犯罪的，依法追究刑事责任。

练一练

单项选择题

城市交通行政诉讼与行政复议的区别不包括（　　）。

A. 行政诉讼是行政行为

B. 受理机关不同

C. 审查力度不同

D. 法律效力不同

【解析】本题正确答案为 A。

简答题

1. 请说明城市交通行政诉讼与行政复议的区别。

【解析】性质不同；受理机关不同；受理范围不同；审查力度不同；审理依据不同；审理程序不同；法律效力不同。

2. 请简述城市交通行政复议程序。

【解析】行政复议申请；行政复议受理；行政复议审查；行政复议决定；行政复议决定书送达；履行。

学完上述内容以后，大家应该对城市交通行政复议和行政诉讼的概念及两者之间的区别有了深刻的理解。

请大家做好本部分的梳理总结。

拓展阅读

1. 王润琪 . 道路交通行政管理学 [M]. 北京：人民交通出版社，2010.

2. 郗恩崇 . 道路运输行政管理学（第二版）[M]. 北京：人民交通出版社，2006.

3. 李升朝 . 道路运输行政管理学 [M]. 北京：人民交通出版社，2017.

4. 韦冬莉 . 城市交通法 [M]. 北京：中国财富出版社，2013.

5. 尹小梅 . 城市轨道交通法规 [M]. 北京：化学工业出版社，2016.

6. 黄敏 . 深圳市大交通管理体制改革实践与探索 [M]. 北京：人民交通出版社，2015.

单元小结

本单元内容是城市交通管理的主要内容之一。首先介绍了城市交通行政管理的概念以及目标。重点阐述了城市交通行政管理体制，主要包括我国城市交通行政管理法律体系和城市交通行政管理机构体系，并对存在的问题进行了分析。通过深圳市和北京市交通行政管理体制改革案例学习，让大家对城市交通行政管理体制改革有了进一步认识，其次，介绍了城市交通行政管理的具体内容。最后，分别介绍了城市交通行政复议和行政诉讼的概念、步骤，以及两者之间的区别。

以上就是本单元的全部内容，感谢大家的辛苦努力，继续保持，加油！

第三单元

城市交通管理设施

Unit

学习导引

同学们好！欢迎你们回到“城市交通管理”课程的课堂。现在我们开始进入第三单元的学习。人们常说：“没有规矩，不成方圆。”在任何一个国家，任何一个地方，乃至我们的学校、家庭，都有属于自己的法律、法规、校规、家规。只有科学地制定规则、严格地遵守规则，社会经济系统才能平稳运转，我们的教学活动才会有条不紊，也才会有和谐社会的存在。交通系统是一座城市重要的功能系统，当然也少不了规矩的存在。通过第二单元的学习，我们已经对交通法规有了大致的了解，了解到交通法规对于维护道路交通秩序、减少和预防交通事故的重要意义。但交通法规只在宏观上进行了规定，在实际道路条件下规范和约束道路交通行为还需要通过具体的交通管理设施对交通法规做进一步延伸。城市道路交通管理设施一般包括标志、标线和辅助设施。

本单元，我们将共同学习道路交通标志和标线的功能、分类、详细设计以及标志、标线在交通管理中的具体运用等内容。我们每个人都是交通系统的参与者，交通管理设施是最贴近我们日常生活的交通系统要素之一。学完之后，相信你对城市交通管理设施会有一个全新的认识。通过解析道路交通标志、标线设计背后的工程学、心理学等原理，希望你们能站在管理者和设计者的角度上，在不同场景下灵活运用标志、标线等，推动交通管理的法治化、公平化、精细化。

在本单元的学习之旅中，需要你认真学习本单元的学材，观看教学视频，完成在线学习活动以及作业。只有按照要求完成上述所有环节的内容，你才算完成了本单元的学习任务。

学习目标

学完本单元内容之后，你将能够：

（1）了解道路交通标志、标线的功能；

（2）准确辨析不同交通标志、标线的类别；

（3）了解道路交通标志、标线的设计要素；

（4）掌握道路交通标志、标线的设置要求；

（5）举例说明道路交通标志、标线及辅助设施在各类交通管理场景中的应用。

知识结构图

图3－1是本单元内容的整体框架以及学习这部分内容的思维过程规划。此图可以帮助大家从整体上了解本单元内容的知识结构和学习路径，包括道路交通标志、道路交通标线、道路交通管理辅助设施和交通管理设施的综合运用案例。请大家仔细品读和理解，帮助自己建立对本部分知识的整体印象。

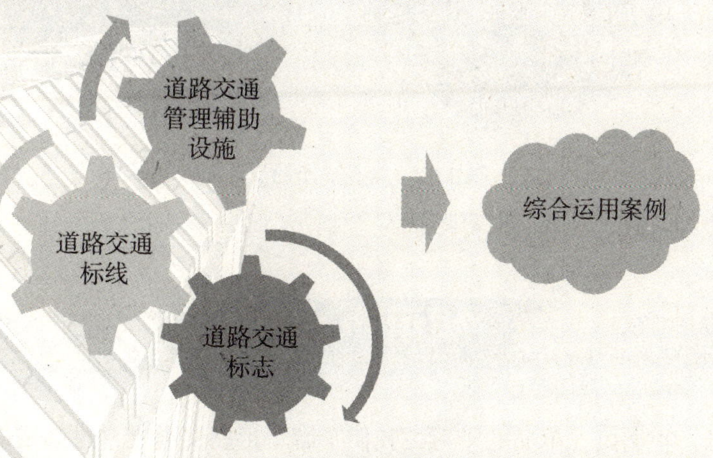

图3－1 本单元知识结构图

看完上面的知识结构图后，大家是否已经对本单元所要学的内容以及如何学习这些内容，有了一个初步的整体印象了呢？接下来，我们在这个整体框架的指引下逐一学习每个知识点的具体内容。我们需要重点学习道路交通标志和标线的功能、分类、设置要求、设计规定，并灵活掌握其在城市道路交通管理中的组合运用方法。

知识点 1 道路交通标志

学前思考

你是一位老司机吗？相信大家平常开车的时候，一定是牢记安全警示，保持全神贯注的状态。不违章是安全出行、平安回家的保证。绝大部分人都不会去主动违章，但你曾经遇到过因为疏忽认错了交通标志，虽然没造成任何交通事故，却被交警拦下来接受批评教育乃至罚款扣分的情况吗？道路交通标志和标线，是与大家关系最为密切的交通设施之一，它们属于交通法规吗？具有法律效力吗？交通标志、标线的设计理念是什么？你可以正确说出图 3－2 中两个交通标志的含义吗？

图 3－2　容易混淆的交通标志

让我们带着问题学习以下内容吧。

知识重点

学习提示：根据第二单元的学习，我们了解了道路交通中常见的法律、行政法规的分类、主要内容、制定意义等知识。在这些艰涩的条文之外，有没有更加具体并同样具有法律效力的东西，在时时刻刻规范着我们的交通秩序，保障大家的交通安全呢？

道路交通标志和标线是指设置在道路上用规定的图形、符号、文字、线条、立面标记、突起路标等来表示特定管理内容和行为规则的交通设施，需严格按国家标准进行设置。第一部相关国家标准，即《道路交通标志和标线》(GB5768-1999) 于 1999 年 4 月 5 日由国家标准局发布，同年 6 月 1 日起实施，共集录了 255 种道路交通标志、72 种道路交通标线及 15 个道路施工安全设施设置典型示例。最新的《道路交通标志和标线》国家标准 (GB5768-2009) 于 2009 年 5 月 25 日发布，同年 7 月 1 日实施，并代替了旧版标准。接下来，我们将继续学习交通管理法规的具体延伸，深入了解道路交通管理设施在道路交通管理中的作用，然后完成在线学习活动 1。

一、交通标志的功能与设置要求

（一）功能

道路交通标志是用图形、符号、颜色和形状向道路使用者传递特定信息，用于管理交通的设施。道路交通标志应结合道路及交通情况设置。通过交通标志提供准确及时的信息和引导，使道路使用者顺利快捷地抵达目的地，促进交通畅通和行车安全。

（二）总体原则

（1）交通标志设计应以道路交通管理的相关法律、法规和交通组织管理方案为依据，简明、准确地向道路使用者提供交通路权、行驶规则以及路径指示灯信息，保障交通畅达和行车安全。

（2）交通标志与交通标线等其他管理设施传递的信息应一致，互为补充。

（3）交通标志不应传递与道路交通无关的信息。

（4）隧道内的应急、消防、避险等指示标志，应采用主动发光标志或照明式标志。

（5）交通标志不得侵入道路建筑限界。

（三）设置要求

（1）标志的设置应综合考虑城市规模和特点、路网设施布局、道路等级、几何条件、交通状况、道路使用者需求、环境及气候等因素。

（2）标志的设置应优先考虑交通法规和安全要求。

（3）标志信息发布应明确、连续、系统，防止出现信息不足或过载的现象；重要的信息宜重复显示。

（4）充分考虑道路使用者在动态条件下的视认性，即考虑在动态条件下发现、判读标志及采取行动所需的时间和前置距离。

（5）交通标志一般情况下应设置在道路行进方向右侧或车行道上方；也可根据具体情况设置在左侧，或左右两侧同时设置。

（6）交通标志的设置不得被桥墩、柱、树木等物体遮挡。

二、交通标志的分类

（一）按其作用分类

1. 主标志

（1）警告标志：警告车辆、行人注意危险地点的标志。

（2）禁令标志：禁止或限制车辆、行人交通行为的标志。

（3）指示标志：指示车辆、行人行进的标志。

（4）指路标志：传递道路方向、地点、距离信息的标志。

（5）旅游区标志：提供旅游景点方向、距离的标志。

（6）作业区标志：告知道路作用区通行的标志。

（7）告示标志：告知路外设施、安全形势信息以及其他信息的标志。

2. 辅助标志

附设在主标志下，起辅助说明作用的标志。

（二）按显示位置分类

1. 路侧式

对应的支撑结构形式为柱式、路侧附着式。

2. 车行道上方式

对应的支撑结构形式为悬臂式、门架式、车行道上方附着式。

（三）按光学特性分类

（1）逆反射式。

（2）照明式，又分为内部照明式和外部照明式。

（3）发光式。

（四）按版面内容显示方式分类

（1）静态标志。

（2）可变信息标志。

（五）按设置时效分类

（1）永久性标志。

（2）临时性标志。

（六）按标志传递信息的强制性程度分类

（1）必须遵守标志：禁令标志和指示标志为道路使用者必须遵守的标志。

（2）非必须遵守标志：其他标志仅提供信息，如指路标志、旅游区标志。

三、交通标志的要素

在极短时间内易于辨别和记忆是对道路交通标志的主要设计要求，这就是道路交通标志的视认性要求。视认性决定了交通标志在形状、颜色和图符等要素上的设计要求。

（一）形状

不同形状的标志，在其辨认过程中是有差别的。实践表明，外形面积相等的标志，容易辨认的顺序是：三角形、正方形、正五边形、圆形及正八边形等。可见棱角越多，视认性越差。矩形标志容易同广告及其他结构物相混淆。因此，联合国及许多国家的道路警告标志都采用三角形。但也有些国家如美国、日本、澳大利亚采用菱形作为警告标志，原因是面积更大，增强了视认性。

（二）颜色

多数心理学专家认为，颜色对视觉的刺激是最能激起人们注意的一种刺激。不同颜色刺激人们产生不同含义的思维反映，也即产生不同的视认效果，从而提高人们的视认能力。在视认清晰度方面，颜色的组合选择也是至关重要的。一般明亮色与暗淡色搭配，视觉清晰度为最佳。

选择道路交通标志颜色时，除了从视觉清晰度上考虑外，还应从人们的心理效果上考虑。因此，各国道路交通标志颜色的选用基本上是相同的。如红色对人的视觉刺激特强，使人产生危险感，在交通上表示停止、约束之意，故红色常用于禁令标志上；黄色比较醒目，能激起人们注意，具有警戒、警告之意，这种颜色常用于警告标志上；蓝色具有宁静之意，多用于指示标志上；绿色含有沉静、通向和平之意，富有安全感，在交通上表示安全可通行，高速道路上的指路标志，如出入口标志、起终点标志、收费处标志等都采用绿色。白色和黑色主要起到颜色搭配作用，以增强色泽鲜明感。

（三）图符

图符是文字、符号及图案的简称。道路交通标志大量是以图符表示的，要求文字具有简洁性和准确性，符号具有直观性与单义性，图案具有形象性和通俗性。图符应一目了然，不易发生误解，以至外国人也能理解图符之含义。如表示十字形交叉口的标志，设置在交叉口前方，使人一看便知前方有十字形交叉口。

图符中尽量少用文字，只有在非常必要时才用。对某些道路条件复杂地段的标志，使用简洁文字能收到准确、迅速地反映标志内容的效果。如“禁止”“限制重量（或高度、速度）”等。另外，在指示标志和指路标志中都应使用简明易懂的文字。在道路交通标志中出现的数字号码，规定一律用阿拉伯数字。

四、交通标志的设计规定

（一）基本原则

道路交通标志的设计原则，主要从形状、颜色、图符等方面来考虑。它们之间既有各自的个别特征，又有结合起来统一的综合特征，总的原则是道路交通标志应易于辨认、便于记忆。

（二）设计规定

1. 警告标志

警告标志的颜色为黄底、黑边、黑图案。其形状为顶角朝上的等边三角形，它的边长和边宽需依据行车速度进行选取。

2. 禁令标志

禁令标志的颜色，除个别标志外，为白底，红圈，红杠，黑图案，图案压杠。禁令标志的形状为圆形、八角形、顶角朝下的等边三角形。其各部分尺寸的最小值根据道路计算行车速度进行选取。

禁令标志设置在需要禁止或限制车辆、行人交通行为的路段或交叉口附近。

3. 指示标志

指示标志的颜色为蓝底、白图案。其形状分为圆形、长方形和正方形，其各部分尺寸的最小值根据道路计算行车速度进行选取。

指示标志设置在需要指示车辆、行人行进的路段或路口附近。

4. 指路标志

指路标志的颜色，除里程碑、百米桩外，一般道路的指路标志为蓝底白图案，高速公路为绿底白图案。其形状除地点识别标志、里程碑、分合流标志外，为长方形和正方形。指路标志的汉字采用标准黑体（简体），汉字高度应按行车速度选取，字宽与字高相等；阿拉伯数字和拼音字母、拉丁字母或少数民族文字的高度，以及汉字或其他文字的间隔、行距等，根据汉字高度确定。

指路标志设置在需要传递道路方向、地点、距离信息的路段或交叉口附近。

5. 旅游区标志

旅游区标志分为指引标志和旅游符号两大类。

（1）指引标志。

指引标志提供旅游区的名称、有代表性的图案及前往旅游区的方向和距离，设在高速公路出口附近及通往旅游区各连接道路的交叉口附近。

（2）旅游符号。

旅游符号提供旅游项目类别、有代表性的符号及前往各旅游景点的指引，设在高速公路或其他道路通往旅游景点的交叉口附近，或在大型服务区内通往各旅游景点的交叉口。也可在指路标志上附具代表性的旅游符号，让旅游者了解景点的旅游项目。旅游符号下可附加辅助标志以指示前进方向或距离。

旅游区标志的颜色为棕色底白色字符。旅游区标志的形状为矩形。旅游指引标志的尺寸应根据行车速度确定字高，再根据字数和图案确定版面大小。

旅游区标志设置在需要指示旅游景点方向、距离的路段或交叉口附近。

6. 作业区标志

作业区标志用以通知道路交通阻断、绕行等情况。设在道路施工、养护等路段前适当位置。用于作业区的标志为警告标志、禁令标志、指示标志及指路标志，其中警告标志为橙底黑图形，指路标志为在已有的指路标识上增加橙色绕行箭头或者为橙底黑图形。

作业区标志应和其他作业区交通安全设施配合使用。

7. 辅助标志

辅助标志的颜色为白底、黑色（图形）、黑边框、白色衬边。辅助标志的形状为矩形。辅助标志的尺寸、代号同指路标志。

凡主标志无法完整表达或指示其规定时，为维护行车安全与交通畅通的需求，应设置辅助标志。

道路交通标志举例，如图 3－3 所示。

a. 警告标志举例

b. 禁令标志举例

c. 指示标志举例

南直路 2 km
八一路 15 km
G101 25 km

d. 指路标志举例

e. 旅游区标志举例

f. 作业区标志举例

除公共
汽车外

g. 辅助标志举例

图 3－3 道路交通标志举例

资料来源：《道路交通标志和标线》（GB5768－2009）.

练一练

多项选择题

交通标志需要给出行者提供准确及时的信息和引导。下列选项中，属于交通标志在设置时需要考虑的要素有（　　）。

A. 形状

B. 颜色

C. 美感

D. 图符

【解析】在极短时间内易于辨别和记忆是对道路交通标志的主要设计要求，这就是所谓的道路交通标志的视认性要求。视认性决定了交通标志在形状、颜色和图符等要素上的设计要求。本题正确答案为 A、B、D。

学完上述内容以后，大家应该了解道路交通标志设计对于交通安全的重要性，掌握道路交通标志设计应遵循的要求和规定，了解其背后的工程学、心理学、设计原理。在本部分中，如果你能够指出一些交通标志设计中存在的不足，那么，恭喜你，你已经掌握了本部分的知识。请认真完成在线学习活动 1，它将有助于你更好地巩固本部分的相关内容。

知识点 2 道路交通标线

知识重点

一、交通标线的功能与设置要求

（一）功能

道路交通标线是由施划或安装于道路上的各种线条、箭头、文字、图案及立面标记、实体标记、突起路标和轮廓标所构成的交通设施，它的作用是向道路使用者传递有关道路交通的规则、警告、指引等信息，可以与标志配合使用，也可以单独使用。

（二）总体原则

（1）标线应符合道路使用的功能要求，向道路使用者传递有关道路交通的规则、警告、指引等信息。

（2）标线可与标志配合使用，也可单独使用。

（3）材料应耐久、耐磨损、耐腐蚀，与路面黏结力强，并具有良好的辨别性和防滑性。

（4）标线应采用环保材料，不应对周围环境及施工人员产生污染与危害。

（5）标线应能清晰地识别与辨认，并符合白天、雨天、夜间视认性规定的要求。城市快速路、主干路应设置反光交通标线。

（6）交通标线的色度性能应符合国标《道路交通标线质量要求和检测方法》(GB/T 16311-2009) 的规定。

（三）设置要求

一般路段的交通标线应符合下列规定：

（1）城市道路双向行驶机动车时，对向行驶的车道间应划黄色对向车行道分界线，同向行驶的车道间应划白色车行道分界线。

（2）城市快速路应在机动车道的外侧边缘（路缘带内侧）划车行道边缘线，其他等级的道路宜在机动车道的外侧边缘（路缘带内侧）划车行道边缘线。

（3）机非分离行驶的路段当无实物隔离时，机动车道与非机动车道的分界应划车行道边缘线（机非分界线）。

（4）人行横道线的设置应根据道路等级、行人横穿需求、交通安全等因素确定。

（5）标线宽度应根据道路等级、设计速度和路面宽度确定。

二、交通标线的分类

（一）按其功能分类

（1）指示标线：指示车行道、行车方向、路面边缘、人行道、停车位、停靠站及减速丘等的标线。

（2）禁止标线：告示道路交通的遵行、禁止、限制等特殊规定的标线。

（3）警告标线：促使道路使用者了解道路上的特殊情况，提高警觉准备应变防范措施的标线。

（二）按其设置方式分类

（1）纵向标线：沿道路行车方向设置的标线。

（2）横向标线：与道路行车方向交叉设置的标线。

（3）其他标线：字符标记或其他形式的标线。

（三）按其形态分类

（1）线条：施划于路面、缘石或立面上的实线或虚线。

（2）字符：施划于路面上的文字、数字及各种图形、符号。

（3）突起路标：安装于路面上用于标示车道分界、边缘、分合流、弯道、危险路段、路宽变化、路面障碍物位置等的反光体或不反光体。

（4）轮廓标：安装于道路两侧，用以指示道路边界轮廓、道路的前进方向的反光柱（片）。

交通标志线举例，如图 3 - 4 所示。

a. 线条

b. 字符

c. 突起路标

d. 轮廓标

图 3 - 4 交通标志线举例

资料来源：《道路交通标志和标线》（GB 5768.3-2009）.

三、交通标线的要素

（一）颜色

道路交通标线的颜色为白色、黄色、蓝色或橙色，路面图形标记中可出现红色或黑色的图案或文字。

（二）形式

道路交通标线的形式分为实线、虚线、双实线、双虚线、虚实线。

四、交通标线的设计规定

（一）基本原则

道路交通标线的设计需满足视认性要求。其视认性取决于颜色对比度、标线长宽尺寸、虚线间间隔长度、导向箭头等方面的设计。

（二）设计规定

1. 道路交通标线的颜色

传统的道路交通标线采用白色，是因为白色比较醒目，尤其在沥青路面上的色度对比下，它的视认性效果较好。近年来许多国家在交通标线中使用了黄色标线，作为分隔限制道路上对方向车流的相互跨越和干扰。黄色标线主要解决了原来标线的单调色彩，使驾驶人消除长途驾驶后的疲劳感，对交通安全是一个有利的因素。但黄色标线对光的反射性比白色标线低 53%，白色标线的亮度是黄色标线的 1.3 倍。另外，黄色标线漆价格高于白色标线漆。我国目前较少使用黄色交通标线，一般在同方向有两条以上机动车道且道路照明条件较好的情况下才使用。

2. 道路交通标线的宽度

驾驶人的行车视觉对纵向和横向交通标线的宽度有着不同的要求。国外对纵向标线的研究表明：其宽度对道路交通和驾驶人的心理、生理指标没有影响。就宽度分别为 10cm、15cm、20cm 的交通标线进行测验，当时速分别为 20km/h、40km/h、60km/h、80km/h、100km/h 时，不同宽度的纵向标线对行车可见性无甚影响。各国对纵向标线宽度一般取为 10~15cm，最小和最大值分别为 7.5cm 和 20cm。标线宽度应与道路宽度成正比。

横向标线宽度应比纵向标线宽，因为驾驶人在行车中发现横向标线往往是由远到近，尤其在距横向标线较远的时候其视角范围很小，加上远小近大的原理，加宽横向标线是很有必要的，一般宽度为 20~40cm。

3. 道路交通标线的虚线间隔长度的确定

根据心理学家的研究，虚线中的实线段与间隔长度的比例与车辆的行驶速度直接有关。实线段与间隔距离太近，会造成闪现率过高而使虚线出现连续感，对驾驶人产生过分的刺激。但闪现率太低，使驾驶人在行驶中获得的信息量太少，起不到标线应有的作用。线段与间隔的尺寸对道路上的车速有一定影响，在郊外公路上线段与间隔的闪现率不大于 4 次 / 秒被认为是可以接受的，闪现率为 2.5~3.0 次 / 秒效果最好。

4. 导向箭头最佳形式的确定

车辆驾驶人在道路上行进时辨认路面上的导向箭头由于受视线高度的限制，箭头的平面形状应与观察距离成正比例拉长。所以，漆画在路面上的箭头的形状同正常的箭头形状有很大的不同。为寻求导向箭头的最佳形式，需要对各种直行、转弯、直行和转弯组合箭头进行比较，在对比试验中控制箭头的尺寸、亮度、对比度以及路面颜色不均匀所产生的干扰等因素。而上述因素的变化将会影响认读速度。试验中认读速度最快，错误率（混淆率）最小的就被认为是最佳的箭头形状。

根据认读速度和错误率试验的结果来统计分析，可以区别各种箭头形式的好坏，最终的箭头形式是根据试验结果的平均值来选用的。最好的箭头形式可归纳如下：

最好的直行箭头的特征是，箭头的宽约为箭杆宽 3 倍，箭头杆长要比箭杆短，后掠式箭头和锥形式箭头都是不好的；最好的转弯箭头的特征是，在很大程度上是由不对称的形式来显示方向的，因为它是从直行箭头演变过来的，若采用独特的设计形状，可以获得较为理想的认读效果；最好的组合箭头的特征是，保持箭头的转弯部分清晰。

可变车道地面标线如图 3－5 所示；可变车道动态指示标志，如图 3－6 所示。

图 3－5　可变车道地面标线

图 3－6　可变车道动态指示标志

练一练

多项选择题

交通标线在设计中根据适用场景不同，可以选择下列哪些形态？（　　）

A. 线条

B. 字符

C. 突起路标

D. 轮廓标

【解析】本题正确答案为 A、B、C、D。

经过前面的学习，如果你能简述交通标志、标线的功能，交通标志，标线的设计原因，那么恭喜你，你已经较好地掌握了本部分的内容。

请你做好本部分的梳理总结，稍做休息，我们继续进行下一个知识点的学习。

知识点 3　道路交通管理辅助设施

知识重点

一、隔离设施

道路交通隔离设施是交通管理部门在道路上设置的一种分隔交通流，保证车辆和行人交通安全、畅通的交通设施。它的特点是以物理实体强制分隔道路和车道，从而达到限制交通流的目的。交通管理部门在道路上设置的主要隔离设施有护栏、隔离墩、绿化隔离带及水泥体等。

（一）护栏

护栏设置在路肩的外侧、分隔带、人行道等处。设置护栏是为了防止车辆冲出路外或冲到对向车道，减轻碰撞后果，保护车辆和乘客的安全；诱导驾驶人视线，提高驾驶人注意力；限制行人横穿，保护行人安全。为实现不同的功能，可选用不同的护栏。按防护目的的不同护栏可分为路旁护栏、分隔带护栏、行人护栏三种；按结构不同护栏可分为刚性、柔性、刚柔性三种。

（二）隔离墩

隔离墩主要用钢筋混凝土制作或生铁铸造，表面涂刷红白相间油漆或贴反光膜、镶嵌视线诱导器，提高夜间行车时驾驶人的视认距离。隔离墩的高度为 0.50~1.00m，隔离墩的间距为 3~5m，中间用钢管或环链连接。在城市中，可在中心线上设置隔离墩分隔对向机动车，减少对向机动车之间的碰撞；可在同向外侧机动车与非机动车之间设置隔离墩，减少非机动车对机动车的干扰；也可在环形立交桥或交织型立交桥上设置，把机动车与非机动车充分隔离，减少因相互交织而引起的非机动车对机动车的干扰。另外，也常在城市平面交叉口各进口引道处，设置 20~60m 长的机非车道隔离墩或在中心线处设置中心隔离墩。隔离墩在城市道路中普遍采用，是一种制造简便、安装容易、移动方便的交通设施。

（三）绿化隔离带

绿化隔离带是在对向机动车道之间或同向机动车道与非机动车道之间，用水泥混凝土路缘石围砌成的一定宽度的空间，其上可以种植花草树木。绿化隔离带是分隔车辆形式的一种交通设施，同时起到美化城市或道路环境的作用。在公路干线上和城市道路上常用绿化隔离带做中心隔离带，在机动车道与非机动车道之间也常常采用此种形式。绿化隔离带的缺点是占用一定道路宽度，如过高未定期修剪，当有行人从中穿越时，易造成交通事故。

（四）水泥体

水泥体是由钢筋混凝土浇灌而成的交通分隔设施，宽 0.3~1m，高 0.3~0.5m。一般用于中心隔离，有时在机动车道与非机动车道之间设置，既起到分隔交通的作用，又起到公共汽（电）车停靠站的作用。具有安全性强，驾驶人不易受对向来车干扰等优点。

二、道路照明

设置道路照明的目的是确保车辆驾驶人和行人、骑自行车人夜间出行时能随时清楚地掌握道路交通状况，改善视觉环境，保证出行安全、迅速，减少因视线不清而引发的交通事故。照明光源分汽车前照灯和路灯两种。

英、美、瑞士等国调查表明：安装路灯后，高速道路的事故率减少 40%~60%，一般公路的事故率减少 30%~70%，城市道路的事故率则减少 20%~50%。考虑道路交通状况，照明可以是全线连续照明，也可对必要地点局部照明。夜间交通量较大的城市主干道、快速干道应全线连续照明；一般道路的重要地点如交叉口、人行横道、桥梁、铁路道口、事故多发地点等可局部照明。我国城市中，主干道、部分次干道及居民住宅小区、快速路等均设有照明设施，而绝大多数公路则不设照明设备。良好的照明设计应满足路面亮度、亮度均匀度的要求，防止眩光产生并具有较好的诱导视线的作用。

（一）路面亮度

路面亮度是道路上的障碍物经照明设施照射，在路面中形成的背影。也可定义为照明光线照射到路面上所产生的反光亮度，其平均值称为平均路面亮度。路面亮度与投射到路面上的照度以及路面材料有关。照度以光源等的亮度扩散到某个面上的大小来表示，单位为 cd/m^2。路面的照度随路面种类、干湿不同而变化，照明设计时采用干燥路面的照度。路面亮度 $1cd/m^2$ 相当于明亮的水泥混凝土路面 10~13lux，明亮的沥青路面 15~17lux，深色沥青路面 20~30lux。

（二）亮度均匀度

为使驾驶人员和行人能清晰地看到路面上的障碍物，路面除应具有足够的平均亮度外，还应有一定的亮度均匀度。路面最低亮度 L_{min} 与路面平均亮度 L_r 的比值称为亮度均匀度 U_0，一般道路需要满足 $U_0 \geqslant 0.4$。亮度均匀度差，障碍物的一部分往往被路面暗黑部分遮挡，出行者不易看清，有时会导致交通事故发生。因此，为改善亮度分布不均匀的影响，应采取必要措施提高路面平均亮度。

（三）光源与灯具

道路照明一般使用的光源有：钠光灯、荧光水银灯、荧光灯、汞灯或卤化金属灯等。钠光灯色为橙白色（高压）、橙黄色（低压），透视性较好，特别适用于多雾的山区。另外，将它用于交叉路口、急转弯处、危险地点可以唤起驾驶人的注意，效果好。荧光水银灯是道路照明中最常用的照明光源，寿命长、经济，光色为白色。光源设置既应满足充分照明的要求，还应保证不使驾驶人感到眩目。眩目与灯具种类和安装的亮度有关。灯具按配光特性分为围遮型、半遮光型、无遮光型三种。遮光型灯具使用于避免眩光的主干道上，半遮光型使用于道路两侧较明亮的道路上。灯具安装高度一般为 5~15m 较经济。为了确保路面有良好的亮度均匀度，应考虑灯具排列方法。灯具排列方式分为单侧排列、交错排列、对向排列三种。

（四）道路照明方式

照明器安装在 10~15m 高的灯杆顶端，沿道路两侧或一侧布置，此方式应用最为广泛。在 15~40m 的高杆上装有多个大功率照明灯进行大面积照明，此方式适用于复杂的立体交叉口、汇合点、停车场、收费站、广场等处的照明。在道路中央分隔带中，安置高为 15~20m 的灯杆，在灯杆之间拉钢索，把照明器悬挂在钢索上进行照明。此方式用于有隔离带的道路。在车道两侧的护栏上约 1m 高的位置设置照明器。

三、其他附属设施

（一）视线诱导标

1. 视线诱导标的概念和分类

视线诱导标是指沿车道两侧设置的，为使驾驶人夜间行车时充分看清前方道路的情况下，保持安全、畅通行驶，用以指示道路方向、车行道边界及危险路段位置的设施总称。视线诱导设施分为轮廓标、分流和合流诱导标、线形诱导标三种。一般国道、省道、县道个别路段常沿道路两侧植树，并在树干上涂白色反光漆，车灯照射下起诱导视线的作用。公路线形、路面宽度等变化处，仅以树木涂反光漆难以辨清，应设置反光性视线诱导标。

高速公路、汽车专用一级公路应设置由反射器、立柱和各种连接件、基础等组成的反光性视线诱导标，以确保高速行车安全。

2. 视线诱导标的构造及设置要求

视线诱导标一般由反射器、立柱和基础组成。分、合流诱导标和线形诱导标都是由反射器、底板、立柱、连接件和基础等组成。反射器一般为圆形或长方形，颜色有白色与橘黄色，所用材料为合成树脂、玻璃或反光镜片。立柱为铁管，颜色一般为白色，有时也可涂黑白相间线条，便于白天分辨。干线公路除视线良好的路段外，都应按要求设置视线诱导标。反射器的位置设置在行车道右侧路肩外缘、中央分隔上，高度在路面上 0.9~1.2m 范围，设置间距为 40~50m。若是小半径右向曲线，应设在外侧。在城市快速路上应设置视线诱导标，在照明设施很完善的城市主干道和一般街道上不予考虑。立交桥左右转弯匝道，在左右两侧均应设置连续视线诱导标，反射器的颜色为橘黄色，最大间距为 25m。

（二）道路反光镜

道路反光镜一般设置在道路视距不足的小半径曲线或无控制装置的小型平面交叉口、铁路道口等处。驾驶人或行人通过反光镜辨认前方道路、交通状况，便于提前采取动作，预防事故发生，属于临时措施。尤其在山岭地区拐弯处、事故多发路段根据实际情况适当设置反光镜，有一定的安全效果。道路反光镜由反光镜和立柱构成，分为圆形、方形与椭圆形，其中圆形反光镜最常用、最普遍，有单面镜和双面镜。反光镜采用凸形镜，凸形镜反映的图像必须清晰准确，其镜面半径应满足标准规定要求。圆形镜使用于纵向需要有宽阔视野的情况；方形镜或椭圆形镜适用横向需要有宽阔视野的情况。在平面交叉口通常设双面圆形镜，镜面材料有丙烯树脂、玻璃不锈钢、聚碳酸酯等。圆形反光镜的直径有 90cm、120cm、160cm 三种，常用直径为 90cm。镜面中心离地面约 1.5m，支柱用警戒色——黄色涂刷。

（三）反光道钉和反光几何体

反光道钉俗称反光路钮或猫眼道钉，由铝合金铸成或由其他材料铸成（其中铝合金占较大比重）。从结构上分为直柄式、宽体式和粘附式。反光道钉多用在城市快速路、主干路、高速公路以及汽车专用一级公路上，如城市道路中心线、分道线，或交通岗四周、道路建筑物四周、环道四周，以及立交桥上和道路转弯处。在高速公路上多用于进出口匝道的转弯处和桥梁隧道内，或部分路段设置连续反光道钉，如广州至汕头高速公路沿线设有连续反光道钉。成串反光道钉，在夜间形成夜间导向带，对驾驶人夜间视线诱导起着重要作用，有利于交通安全。反光几何体是用有色或无色的透明塑料制成，是一种与道钉功能相同的反光体。其反光原理是利用光线在几何体内折射形成的。反光几何体常用在路缘栅栏上，或是中央护栏上，也可用在道路中心的实线中间。

（四）减速垄和阻车器

1. 减速垄

减速垄由橡胶、金属材料或水泥混凝土制成，设于停车场出入口处，形状为人字形，两边有 5%~10% 的斜坡，目的是使进入、驶出停车场的车辆减速，确保安全。由橡胶材料制成的减速器，价格便宜，安装方便，其上可涂刷黄、黑相间的管理线以引起驾驶人注意。减速垄也常设置在城市主干路、快速路的出入口处。

2. 阻车器

阻车器是由生铁或其他金属材料制成的，设置于停车场内的停车泊位一端，可阻止停放车辆溜车或限制车辆倒车，以防碰撞的一种安全设施。

3. 交通岛

交通岛是为控制、引导车辆行驶，保护行人安全，在道路上设置的安全设施。交通岛按使用要求分为导流岛、安全岛等。导流岛一般采用缘石围成高于路面的实体岛。当岛面窄小时，可采用路面柱线表示隐形岛。计算行车速度大于 60km/h 的公路，平面交叉口处横穿的行人较多，且横穿距离较长时，则应设置安全岛。在无地下通道和人行天桥的城市主干道、快速路，人行横道中间应设置安全岛，以确保行人安全。安全岛由钢骨架和铁皮制成，外侧涂成黄色底漆、红色线条，并写有“安全岛”字样。也有采用钢筋混凝土结构的安全岛。安全岛一般设在路面宽度超过 24m，且车流量大、行人量也较大，行人常常不能一次通过的道路上。

此外，还有橡胶护角、护墙胶、路栏、路障、导向标、道口标柱等。

资料来源：《城市道路交通设施设计规范》（GB 50688-2011）.

练一练

多项选择题

以下哪些为常见的交通隔离设施？（　　）

A. 护栏

B. 隔离墩

C. 绿化隔离带

D. 水泥体。

经过前面的学习，如果你能简述常见的道路交通管理辅助设施，并了解每种设施的设置方法和作用，那么恭喜你，你已经较好地掌握了本部分的内容。

请你做好本部分的梳理总结，稍做休息，我们继续进行案例分析的学习。

案例分析 欧洲的交通稳静化管理

学前思考

（《深圳晚报》2018 年 7 月 25 日讯）“记者从深圳多家医院了解到，进入暑假不久，深圳已接连发生几起儿童在小区被车撞的事故。记者近日走访深圳多个小区发现，许多老旧小区和城中村由于在建造时未考虑停车位的建设，存在人车混行、车道设置不规范以及停车位紧缺等问题和安全隐患。”谁都不会希望出现这种惨剧，但是血泪教训的背后，更多的应该是反思，为什么会频繁出现这种惨案？有人认为主要责任在于家长疏于监管，也有人认为是车主驾驶不够谨慎。关于这个问题，你是怎么思考的呢？

如果你还没想好，没关系。让我们先来看看被誉为“史上影响最大的城市思想家”简·雅各布斯女士是如何看待的。她在《美国大城市的生与死》中描述道：“人行道不知所终，也不见散步的人；快速道让城市伤痕累累。这不是城市的改建，而是城市的浩劫。”你也许会发现，城市中高楼林立、车如流水，每一座城市都在诉说着它的骄傲。但伴随着现代交通业的发展，城市街区逐渐失去了人性化尺度和绿色尺度，居民改善交通安全和居住环境的呼声越来越高。请你参考更多资料和生活经验思考一下，你感受到了汽车带来的噪声、空气污染和交通安全等方面的威胁了吗?

欧洲的城市管理者很早就意识到了这一点，一场轰轰烈烈的“新城市主义”运动大幕已经拉开。他们是如何通过改进交通管理措施来守护充满活力的邻里社区的呢？让我们一起来看看下面的内容吧！

一、交通稳静化设计的历史

（一）初期萌芽

初期，交通稳静化的概念尚不明确。在德国，随着市中心步行化道路增加、地方议员不满居民区的交通状况、公众环保意识的普遍提高等因素，人们意识到交通需要稳静化管理。荷兰的设计实践源于城市规划师和交通规划师，他们发现人们的福利不仅受到住房的影响，而且受到周边街道条件的影响。仅仅改善住房条件而不改变道路的适宜性是不够的。1963 年，“交通稳静化之父”英国规划师 Colin Buchanan 在报告 *Buchanan Report* 中警告，交通增长将对城镇产生影响。20 世纪 60 年代后期，他提出的一些措施，比如划定环境区等，在英国许多城镇得到实践。

（二）早期实践

1963 年，埃蒙大学城市规划教授波尔在为荷兰新城埃蒙进行规划设计时，开始探讨如何克服在城市道路上小汽车交通与儿童游戏的矛盾。他设计了一种新的道路平面，试图使两种行为有共存的可能。他认为不同性质的道路活动共存是改善城市环境的关键。波尔的设计是口袋式尽端路，其平面布置使司机感到似乎是在自家的花园内行驶。波尔为之取名叫 Woonerf（居家庭院）。其他规划师很快加入了这一行列，并做了更加具体的补充，如设置减速路拱、路边种树等。总的观念是避免传统街道的人行道和车行道的分离，相反，将它们融入一块板路面以产生居住院落的视觉印象，并通过树、摇椅、房前小花园等来强化这种感觉，车速降至行人步行速度，迫使小车驾驶人员注意其他道路使用者。第一批庭院式设计在设计和公众参与方面取得成功之后，庭院式设计在荷兰多地纷纷出现，并在 1976 年获得法律认可。庭院式设计迅速被德国规划师接受。第一个交通稳静化项目于 1976 年始于北莱茵河—威斯特伐利亚的居民街道。人们通过前后对照试验，对庭院式效果进行了广泛的研究之后发现，庭院式道路设计在减少事故数、降低事故严重性、减少过境交通方面，效果都非常不错。

（三）快速发展

荷兰早期的交通稳静化尝试是在交通流量较低的居民区实施的，面积较小而且单位面积成本较高，需要对现有道路空间进行大规模改造，随着越来越多的居民要求实施，地方政府迅速用完了所有拨款。庭院式道路设计步伐减慢了，然而其主要思想却已广为流传，出现了简化的设计方法，即不触及传统的道路平面设计，但却通过设置限速路拱、瓶颈、抬高交叉口等，来降低机动车速。1983 年，荷兰政府引入了 30km/h 限速区，通过限速标志在更大的区域内取得了同样的效果。德国 1985 年批准了首批 30km/h 限速区试验点，并在 1990 年正式立法。在欧洲大陆首次尝试了交通稳静化概念 15 年后，英国开始争论和实施这种概念。因为在交通运输业发展的前期，政府对所有触及交通限制的建议都持反对态度，然而随着正面的效果越来越明显，来自政府的阻力减少了。1992 年，英国启动了大量有关交通稳静化的研究项目，这比德国晚了 12 年，比荷兰晚了 16 年。

二、交通稳静化的定义和实施依据

（一）定义

1997 年 3 月，在佛罗里达会议上，交通工程师协会（Institute of Transportation Engineering，ITE）对交通稳静化给出了明确的定义：通过系统的物理设施、政策法律、技术标准等措施，减少机动车使用的负面影响，改变驾驶员的不良驾驶习惯，从而改善行人和非机动车环境，以达到交通安全、环境宜人等目的。

（二）实施依据

每一种交通稳静化措施的实施都有其具体的依据，通用的实施依据有：

（1）最小机动车交通量。

（2）利用当地街道抄捷径机动车交通量的百分率。

（3）85% 位运行车速。

（4）行人过街交通量。

（5）事故率。

三、交通稳静化措施的分类

（一）按目的分类

交通稳静化措施根据其主要目的可以分为两类。

1. 车速控制措施

典型的车速控制措施有速度障碍（减速带、路拱）、速度瓶颈、减小转弯半径、人行道凸起、交叉口凸起、环形交叉口等。

2. 交通量控制措施

交通量控制措施中最具代表性的包括道路窄化、道路全封闭、道路半封闭、路口对角封闭、强制转向导流岛等。

然而，因为一些车速控制措施经常迫使车辆改变行驶路线，而交通量控制措施也常常能起到减速的作用。因此，也有学者把组合控制措施单独作为一类。

（二）按实施位置分类

交通稳静化措施根据实施的位置划分为两类。

1. 路段稳静化措施

路段上的常用设施包括圆顶路拱、平顶路拱、速度缓冲带、路凹、加高路面、停车振动带、窄化行车道、中央保留区、减速弯道、路边分隔带、交通岛、共享空间、公共汽车道、自行车道、铺砌式公交站台等。

2. 交叉口稳静化措施

交叉口常用的设施包括入口闸道式处理、加高交叉路口、环形道、斜坡式路肩等。

除了以上措施之外，还要通过树木、灌木、花坛、灯柱、自行车架、长凳、喷泉、街头艺术等景观设计和禁行、限行、限速、停车标志设置的配合来强化交通稳静化效果。

四、典型的交通稳静化措施

（一）速度瓶颈（车道窄点）

汽车在宽而直的道路上行驶时，由于道路的行驶条件优越，驾驶员自然会提高车速。而速度瓶颈通过在路段的一侧或两侧设置窄点可以缩小车道宽度，使得汽车只能在两个方向上缓慢的并行通过，以达到减小速度的目的。更普遍的是设计每次只允许通过一辆车的窄点，并配合优先与让行标志，使得司机自行排队通过（见图 3－7）。

优点：降低车速的效果好；道路两边可以进行绿化，对街道景观的营造起到很大作用；是公共汽车较多的道路上的最佳选择。

缺点：窄点不适合运用在交通量大的道路上，否则可能会陷入堵死的状态；也不适合用在交通量小的道路上，因为两车在窄点会车的可能性太低，汽车单独通过时可能不减速。

（二）速度障碍

1. 路拱

路拱是英国最常用的交通稳静化措施，包括圆顶路拱、平顶路拱、钟形路拱等形式。路拱只允许使用在限速 30km/h 的道路上，且不能使用在干道上。研究发现，只有高度介于 75~100mm 之间的路拱才能发挥良好的减速效果。路拱越低，效果越差；路拱越高，对公共汽车、救护车的正常行驶的影响越严重。为了阻止大多数汽车在两个路拱之间的路段加速，路拱之间最理想的距离不应超过 50m（见图 3－8）。

优点：造价相对较低；设计适当时不会影响自行车和行人通行；对降低车速非常有效。

缺点：路拱必须能够经受高强度的剪切力，因此对材料的要求很高。欧洲一般采用高强度的沥青碎石或者鹅卵石，而国内一般采用铸钢，但这些材料的路拱通过车辆时产生的噪声往往比较大。如果车辆以不合理的过快速度在路拱之间频繁刹车与加减速有可能增加噪声与空气污染。此外，路拱还影响路面的平整度，破坏了路面的美感。

图 3－7　速度瓶颈

图 3－8　路拱

2. 联合路拱

在德国，一些地方的公交运营商拒绝使用设置了路拱或者速度缓冲带的线路，原因是这种设计可以让公交车的前轮通过，但使公交车后轴上的内后轮承受了更重的负荷，并带来打滑的危险。在丹麦，公共汽车比较容易接受的是联合路拱。它由两道重叠的路拱组成，一道是为小汽车设置的，另一道是为公共汽车设置的。公共汽车的路拱，其弦长和半径更大，因此平顺性更好。

3. 路凹

在瑞典，一种独特的交通稳静化措施是路凹。它们没有横跨整个车行道，因此公共汽车可以“跨”过它们，而小汽车则不得不减速从中驶过。

优点：在于相对路拱，不会对低底盘的汽车造成磕碰的危险。

缺点：需要打碎原有路面，并进行排水设计。冬季会被冰雪覆盖，不但降低其有效性，还会造成车辆打滑。

（三）减小转弯半径

过大的道路转弯半径既不利于土地的高效利用，也不便于控制行车速度保证安全。减少转弯半径是指在街道交叉口的转角处，将原设计的转弯半径减小，迫使机动车辆在转弯时减速。减少转弯半径，如图 3－9 所示。

优点：使驾驶员在穿越交叉口时有更多的反应时间保障行人安全；为行人提供更大的驻留空间；改善步行环境。

缺点：对大型车辆，特别是公交车辆的正常转弯行驶造成不便；发生拥堵式交通事故时，车辆疏散难度大幅增加。

改造前

After

改造后

图 3－9　减小转弯半径

（四）环形导流岛

环形导流岛凸显于路面之上；设置减速带等配套设施，保障通行安全；对可能出现的机动车占道，设计时可以是入口适当偏移一定角度，迫使机动车减速保障公众安全。环形导流岛，如图 3－10 所示。

优点：可以根据实际情况进行设计，不一定设置在交叉口。环形车道可以有效地减少交叉口处的冲突，使得通行更加安全，通过调查环形交叉口可以减少 50%~90% 的交叉口事故；有效降低行车速度，这主要归功于驾驶员看到前方的导流岛后，有意识地降低车速；环形导流岛范围内可以进行景观设计，吸引驾驶员的注意力更加关注道路情况。

缺点：可能会限制大型车辆的通行；若没有其他的速度控制措施，步行和骑自行车通行会有一定的安全问题；调查显示环形交叉口不利于应急车辆通行，会耽误时间。

图 3－10 环形导流岛

（五）组合措施

1. 路拱与斑马线组合

英国一些地方政府在平顶路拱上设置了斑马线，在赋予行人优先权迫使汽车减速让行上，其效果远胜过普通斑马线（见图 3－11a）。这种斑马线一般被提升到与人行道相同的高度，从而方便残疾人和弱势人群通过。

研究发现，斑马线被加高以后，不容易被靠近的司机发现，地面能见度在 30m 以外下降了大约 11%，斑马条纹的视觉角度下降了大约 13%。

2. 速度缓冲带与安全岛组合

德国对速度缓冲带的设计具有丰富的经验。双向街道上常并排设置两道速度缓冲带，有时速度缓冲带位于人行横道的任一侧，与之结合的还有一个交通岛，这样不仅能引导司机放慢行车速度，而且可以阻止司机为了躲避缓冲带而突然转向（见图 3－11b）。

3. 减速弯道与窄点、街心花园的组合

减速弯道的基本设计思想是，直道可以提高机动车速度，而弯道可以降低速度。如果街道是直的，就要使用减速弯道化直为曲，一般的方法是与窄点、交通岛、街心小花园结合（见图 3－11c）。

减速弯道的主要问题在于，如果设计的不够缜密，街道的线性会显得杂乱无章，不仅失去美感，更会分散驾驶员的注意力。同时，减速弯道不适合消防车、公交车通过。

4. 共享空间

共享空间是欧洲最古老的的交通稳静化方法之一，荷兰率先采用了庭院街道的设计（见图 3－11d）。共享空间摒弃了车道与人行道之间的传统界限，把车道和人行道放在一个平面上，而机动车的最快行驶速度被限制在步行速度上。共享空间适合用在交通量仅有 100veh/h 左右的居民区街道上。这种街道环境应该鼓励儿童在街道上玩耍或参加其他社会活动。

a. 路拱与斑马线组合

b. 速度缓冲带与安全岛组合

c. 减速弯道与窄点的组合

d. 庭院街道

图 3 - 11　组合措施

五、交通稳静化措施的效果分析

（一）交通量和车速

ITE/FHWA 搜集了许多实施交通稳静化措施前后的试验数据，得到了各类稳静化设计对于车速的影响（见表 3 - 1）。

从表 3 - 1 中可以看出，圆顶路拱和平顶路拱的减速效果最好。

各类稳静化措施减少过境交通量的效果是不同的，它对交通量的影响主要通过采取措施前后日交通量变化的绝对值和变化率来评价，如表 3 - 2 所示。从表中可见，交通量减少最多的是全封闭和半封闭控制措施，而减速台和对角分流岛控制措施也会使交通量明显减少。在实际运用中，交通量控制措施和速度控制措施的界限在缩小。

表 3 - 1　各类稳静化措施的减速效果

路拱类型	样本量	平均速度（km/h）	平均变化量（km/h）	平均变化率
圆顶路拱	179	44.1	–12.2	–22%
平顶路拱	58	48.4	–12.4	–23%
凸起的交叉口	3	55.2	–0.5	–1%
交通环岛	45	52.0	–6.3	–11%
窄化路面	7	52.0	–4.2	–4%
半封闭	16	42.3	–9.7	–19%
对角分流岛	7	44.9	–2.3	–3%

表 3 - 2　　各类稳静化措施降低流量的效果

路拱类型	样本量	平均日交通变化量	平均日交通变化率
减速丘	143	–355vpd	–18%
减速台	46	–529vpd	–22%
交通环岛	49	–293vpd	–5%
路面窄化	11	–263vpd	–10%
全封闭	19	–671vpd	–44%
半封闭	53	–1611vpd	–42%
对角分流岛	47	–501vpd	–35%

英属哥伦比亚保险公司出版的《稳静化设计的安全效果》报告在研究了 43 个全球案例后发现，稳静化设计后冲突的频率降低了 8%~100%，没有一个地方在使用稳静化措施后冲突增加。在这些措施中，交通环岛和曲折车道减少冲突的效果最为显著，平均减少了 82% 的冲突。交通环岛之所以取得这么显著的效果是因为交叉口处的交通冲突较多。采用环岛后不仅降低了速度，而且将交叉口的冲突点从 21 个减少到了 8 个。曲折道路因为 S 形路线使得驾驶员提高注意力，从而降低了冲突产生的可能性。另外，减速拱也能减少 75% 的冲突，这种效果则是因为降低速度带来的。由于经过这些减速点交通流会产生广泛的速度差，而速度差和速度都是引起交通冲突的原因。

（二）对不同出行方式的影响

稳静化措施对不同出行方式的影响是不同的。除了在设计上会着重考虑公交之外，也在尽量减少对自行车和步行的影响。测试不同措施下机动车、非机动车、行人的速度变化，得到如下结果：

对比图 3 - 12，我们可以发现，在有稳静化措施的道路上，机动车的速度有了明显的降低；自行车的速度也略有降低，但幅度不是很大；行人的速度基本上不受影响。尽管行人速度没有大的变化，但是由于机动车及自行车速度的降低，此时行人的心理安全间距增大，步行环境安全感提升，尤其是在减速丘和路段窄化的情况下，机动车速度及自行车速度控制在 11km/h 和 8km/h 的安全界限范围内。因此，稳静化措施为促进机动车向绿色交通方式转变提供了支持。

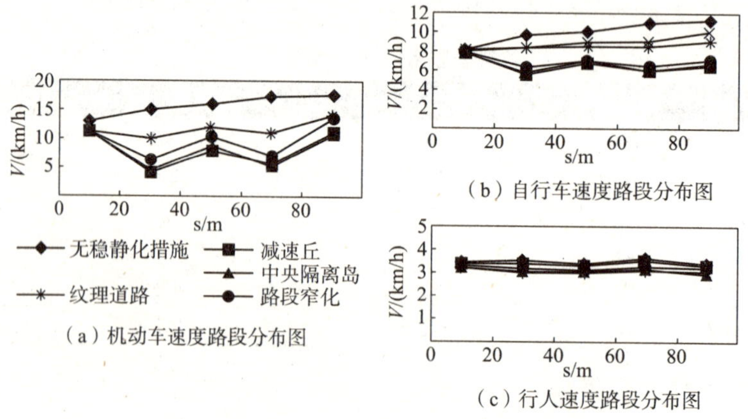

图 3 - 12　机动车、自行车、行人速度路段分布图

（三）改善噪声与空气质量的效果

交通稳静化措施能提高居民的居住环境，并且这些措施具有减少尾气排放。改善空气质量的作用。稳静化措施能通过减少该地区的过境交通量来减少尾气的总排量，而对单一车辆而言，稳静化措施带来速度方差的增加反而会加重能耗和废气的排放。德国的布克斯特胡德（Buxtehude）地区在实施交通稳静化设计措施后，空气中的二氧化碳含量较实施前减少了20%，氮氧化物含量减少了33%，碳化氢含量减少了10%，从而使该地区的空气质量得到明显的改善。结果还显示，公交车比例越大，噪声增加越多；圆顶路拱消除噪声的效果最好；不同形式的路拱对小汽车噪声的降低作用都十分显著。

六、交通稳静化措施评价

（一）积极作用

交通稳静化项目的大规模实施反映了欧洲在交通运输本质问题的认识上的进步。交通稳静化设计中把路权乃至道路空间从小汽车使用者手中重新还给其他绿色交通方式出行者，体现了对公共交通、自行车和行人交通的重视。

在稳静化措施的设计过程中，首先要明确目标，即通过减低机动车速度、减少对于机动车流的吸引来改善慢行交通的环境，这不可避免地会与交通效率产生矛盾，因此应对研究区域在安全和效率间仔细权衡，分清主次。一般稳静化设计应用于居住街区等慢行交通比例较高的地区，旨在营造宜人的交通环境。其次要意识到稳静化措施不仅仅是物理设施，从评价中影响效果显著性的因素中我们发现，还应考虑稳静化设计布设的间隔以及对于分流过境交通替代路径的选择。由于稳静化措施是“以人为本”的交通措施，因此，在设计这些措施前一定要充分调动当地区民的积极性，通过调查、协商的形式使这些真正的使用者参与到设计规划中。

（二）局限性

交通稳静化的目的之一是为行人和儿童创造更多的空间。为了实现这个目标，可能必须减少停车位的数量。如果居民区的停车空间已经不足，那么这种做法将遭到居民反对。但是，即使交通稳静化措施不影响停车位的数量，汽车用户数量的增加也可能打破经过精心安排停车设施和交通稳静化设计之间的平衡。特别具有讽刺意味的是，交通稳静化街道易于吸引那些家庭富裕的居民，而他们的汽车拥有水平恰恰更高。

如果交通稳静化措施是针对个别线路的，那么汽车司机往往会放弃经过交通稳静化的路线而转向另一条道路，而地区性交通稳静化可以防止出现这种状况。如果降低了车速并且使过境交通回到了主要道路上，那么区域性交通稳静化就是有效的。然而，这可能导致主要道路上发生交通拥堵，增加了负面影响。

拓展阅读

1. 王建强，刘东波，顾金刚 . 浅议城市道路交通标志标线设置 [J]. 道路交通管理 . 2013(6): 36–38.

2. 王运霞，刘东波，顾金刚，等 . 浅析道路交通标线设置常见问题 [J]. 中国公共安全（学术版）. 2014(4): 79–83.

3. *Department for Transport*, UK. Traffic Calming. 2007.

单元小结

本单元主要讲述了道路交通标志、标线及辅助设施，以及这些手段在具体实践领域的应用。我们学完本单元，应该能够认识到交通管理的复杂性，了解到其背后涉及的政治学、法学、管理学、交通工程学、心理学等方面的基本原理。十九大报告明确全面推进依法治国的总目标是建设中国特色社会主义法治体系、建设社会主义法治国家。作为一种综合性的社会管理活动，城市交通管理要通过良好的立法、公正的执法，以及科学地规划道路交通管理措施，实现城市交通的安全性、舒适性、公平性的全面提升。

以上就是本单元的全部内容，感谢大家的辛苦努力，继续保持，加油！

第四单元

城市交通运行管理

Unit

学习导引

同学们好！欢迎你们回到“城市交通管理”课程的课堂，现在我们开始进入第四单元的学习。我们先来看右面这张复原的古代道路的图片，你能猜到这是哪里吗？如果你能猜到庞贝古城，那么恭喜你答对了！

庞贝古城的发掘再现了古罗马时期的城市建设和市民生活风貌。古罗马文明已经有将近 3 000 年的历史，“条条大路通罗马”的谚语流传至今。古罗马最初的道路建设主要满足其军事需要，但久而久之也成了城市居民便捷生活的重要基础设施。贯穿古罗马城的南北大道宽 15 米左右，路面分成三部分，两侧行人，中间行车马，路侧有排水边沟。至公元 1 世纪末，城内干道有些已经宽达 30 米，人行道与车行道用列柱分隔，行人与车马各行其道，互不干扰。

现代城市的交通系统是一个负担着居民出行、交通运输、休憩交往等多种功能，包含步行、自行车、小汽车、公交车、轻轨、地铁等多种交通方式使用者的庞大系统，其复杂程度远甚于古罗马道路。不同的交通方式，在交通特性、出行规律、占用空间、所需设施等诸多方面具有迥异的特点，那么在这种情况下，不同要素是如何整合、不同交通方式是怎么协调，以实现整个交通系统的高效运行的呢？请带着想象的翅膀，共同进入本单元的主题。

在本单元，我们将共同学习行车管理、道路出入口管理、停车管理、慢行交通管理、公共交通优先管理等内容。学完之后，相信你对不同的城市交通运行管理措施会有全新的认识。更进一步的，结合对城市交通问题及其成因的认识，希望你们能够站在一定的战略高度对一个城市不同交通方式的发展定位和管理策略进行全盘思考，灵活采用工程设计、经济手段、政策措施等对不同交通方式进行差异化管理，科学、合理配置时空资源，限制不符合城市可持续发展的交通工具的拥有量和使用，并鼓励公共交通和慢行交通的发展。

在本单元的学习之旅中，需要你们认真学习本单元的学材，观看教学视频，完成在线学习活动以及作业。只有按照要求完成上述所有环节的内容，你才算完成了本单元的学习任务。

学习目标

学完本单元内容之后，你将能够：

（1）了解城市交通运行管理包含的内容；

（2）了解国内外城市在交通运行管理方面的实践案例，总结其经验启示；

（3）阐述车速管理、车道管理、道路出入口管理、停车管理、慢行交通管理、公交优先管理的原则；

（4）掌握一些常用的交通运行管理手段，包括限速管理、单向交通管理、变向交通管理、交叉口管理、停车供给管理、停车收费管理、自行车专用道管理、公交专用道管理的设置条件与实施要点；

（5）举例说明车速管理、车道管理、道路出入口管理、停车管理、步行管理、非机动车管理、常规公交优先管理、BRT管理的具体措施。

知识结构图

图4-1是本单元内容的整体框架以及学习这部分内容的思维过程规划。此图可以帮助大家从整体上了解本单元的知识结构和学习路径，包括小汽车管理、道路出入口管理、慢行交通管理和公共交通优先管理。请大家仔细品读和理解，帮助自己建立对本部分知识的整体印象。

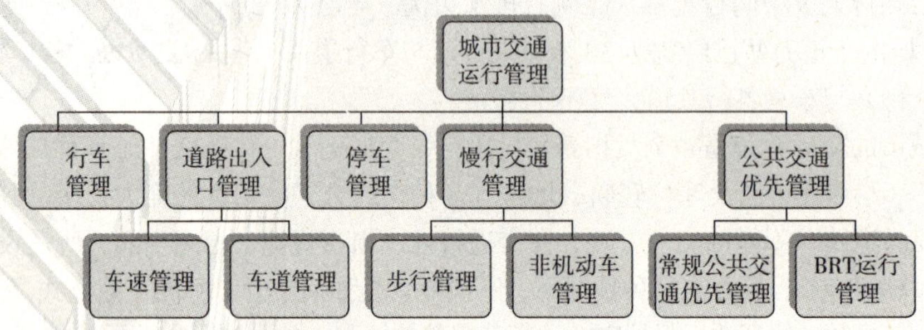

图4-1 本单元知识结构图

看完上面的知识结构图后，大家是否已经对本单元所要学习的内容以及如何学习这些内容，有了一个初步的整体印象了呢？接下来，我们在这个整体框架的指引下逐一学习每个知识点的具体内容。我们需要在学习国内外城市交通运行管理实践经验教训的基础上，总结出对不同交通方式实施交通运行管理可以采取的主要措施，并归纳及其优缺点，最终掌握不同交通运行管理措施的设置条件与实施原则，达到科学、灵活运用的目的。

知识点1 行车管理

学前思考

我国平原地区的高速公路普遍限速 120km/h，城市主干道限速 40~60km/h。你觉得这个标准是高还是低呢？“德国的高速公路不限车速”的说法可能大家都听过，“车神”迈克尔·舒马赫也是出生在德国，难道在这个国家真的人人都是“艺高人胆大”的赛车手吗？事实上，在德国，确实有小部分设施良好的道路不限车速。德国汽车优良的品质、严格的车辆检验标准、系统的驾驶训练等都是这些道路在管理上不设限速的重要保障。不过，从世界范围来看，对社会道路限制最高行驶速度是通行的做法，你能思考一下这其中的原因吗？

假如你想清楚了要严格禁止超速的理由，那么为什么高速公路上有时候还要限制最低速度呢？难道不是速度越慢越安全吗？带着这个矛盾，让我们来一起学习以下内容吧。

知识重点

学习提示：车辆交通分为静态与动态两种，行车管理是对动态交通的管理。在道路上运行的交通工具包括机动车和非机动车等。与机动车相比，非机动车等慢行出行处于弱势地位，因此有必要对机动车车速进行管理；此外，驾驶员相对于车辆也处于弱势地位，这也是实施车速管理的原因之一。

不同交通工具的交通特性不同，这就要求城市交通管理者对各种交通工具在路段、交叉口等区域的通行空间进行合理划分，以保障交通安全和运行秩序；更重要的是，不同交通工具在城市发展战略中的定位不同，因此在资源环境等条件限制下，必须对其赋予不同的优先级，从而实现时空资源的合理配置；同时，考虑到城市交通时空分布的不均衡性，还应采取动态措施对车道进行管理，进一步提高时空资源利用效率。

车速管理和车道管理，构成了行车管理的核心。接下来，让我们一起认真学习行车管理的详细内容吧。

一、车速管理

（一）车速管理的动机与含义

从世界各地发生的交通事故情况分析来看，由于违章超速行驶所造成的交通事故占有很大比重。这就使我们不得不对行驶车速进行严格的管理和控制。

车速管理是指运用交通管制的手段，强制性地要求机动车按照规定的速度范围在道路上行驶，以确保道路交通安全。车速管理通常是限速管理，即根据不同的道路等级制定不同的限速范围。例如，对于城市快速路，在稳定的交通流状态下，车辆既不能以低于50km/h的速度行驶，也不能以高于80km/h的速度行驶。

完善的车速管理，有助于提高交通效率，保障交通安全，降低交通能耗等。

（二）车速与交通安全的关系

1. 车速影响驾驶员信息的处理过程

我们把驾驶员视为有限能力的信息处理器，当行驶速度不断增加时，在驾驶员所要处理信息总量不变的情况下，所处理各种信息的速度就要相应的增加。车速越快，驾驶员处理信息的速度也要相应的增加。当单位时间内提供给驾驶员的信息量超过其处理能力时，就很有可能发生事故。

2. 事故率与车流中车辆间的速度差有关

有关研究发现，如果驾驶员以比平均车速高很多或低很多的车速驾驶车辆，就很有可能遇到更多的冲突。1997年，澳大利亚学者Kloeden使用事故再现技术研究了车速与事故率的关系，结果表明随着车速高于限速的差值的不断增加，发生事故的可能性增大，当车速高于限速5km/h时，发生事故的可能性会提高两倍。因此，车速差会导致事故，道路上车速越离散，事故率越高。

3. 驾驶员的驾驶期望车速与实际路况的允许车速之间的矛盾会引发交通事故

驾驶员在驾驶过程中，总是在不断地调整车速以便适应道路的环境。因此，实际的危险与预期的危险是否相一致是引起事故的根本原因。以较高的速度行驶不一定危险，危险源于驾驶员对环境的误判、对自身驾驶技术的错误估计而引发的行驶速度与允许速度的不协调。

（三）限速依据

在工程实际中，由于地质条件、地形、地物等限制，存在一些不能完全按照设计技术标准建设的路段。对于此类路段，必须严格采取限速措施以确保行车安全。

1. 停车视距的影响

对于因受条件限制，实际通视距离不能满足最小视距要求的路段，应按实际通视距离测算该路段的限制车速。

我们已经知道汽车停车视距 S_s 为：

$$S_s=\frac{v}{3.6}t+\frac{v^2}{2g\times(\Phi\pm i)\times3.6^2}+l_0 \quad (4\text{–}1)$$

其中：S_s——停车视距（m）；

v——汽车行驶速度（km/h）；

t——反应时间（其中取判断时间1.5s，操作时间1.0s）；

g——重力加速度（9.8m/s）；

Φ——汽车轮胎和路面的纵向摩阻系数；

i——道路纵坡；

l_0——前后两车的安全距离（m），通常取5m。

公式（4－1）中的前两项分别表示反应距离和制动停车距离。制动停车距离在路面湿滑的情况下，Φ 取0.29~0.44。进行道路限速设计时，应考虑潮湿路面上的实际车速，按设计车速的85%~100%计算，参见表4－1。

表 4－1　在水平路段上路面湿滑时的制动停车距离与停车视距

设计车速（km/h）	行驶车速（km/h）	Φ	反应距离 $S_1=0.694v$（m）	制动停车距离 $S_2=0.00394v^2/\Phi$（m）	S_s（m）
120	102	0.29	70.7	141.3	217.0
100	85	0.30	58.9	94.8	158.7
80	68	0.31	47.1	58.7	110.8
60	54	0.33	37.4	34.8	77.2
50	45	0.35	31.2	22.8	59.0
40	36	0.38	24.9	13.4	43.3
30	30	0.44	20.8	8.1	33.9
20	20	0.44	13.8	3.5	22.3

对于迎面驶来的车辆，采用表 4－1 中所列停车视距值的 2 倍，即会车视距 S_h 为：

$$S_h=2S_s \tag{4–2}$$

（1）在弯道、凸形竖曲线路段中间有严格实物分隔设施时，应测算该路段停车视距。实际通视距离小于设计停车视距时，须按实际通视距离计算该路段应采取的限制车速。

（2）路段中间无严格的实物分隔设施时，应测算该路段会车视距。实际通视距离小于设计会车视距时，须按实际通视距离计算该路段应采取的限制车速。

2. 道路设计的影响

在该设而未设或不便设超高的小弯道上，应按弯道的转弯半径测算可通过的安全行驶车速，并将其作为通过该弯道的限制车速，即

$$V_l=\sqrt{127(\mu-i_0)R} \tag{4–3}$$

其中：V_l——限制车速（km/h）；

μ——路面横向力系数；

i_0——路面横坡度；

R——转弯半径（m）。

另外，在住宅区内道路上，为保障住宅区内居民在路上行走时的安全，维护住宅区的安静，限制过路车辆穿越住宅区道路，也可在住宅区道路上规定极低的限制车速。

3. 驾驶员视野的影响

驾驶员在驾驶过程中经常会产生视错觉现象，速度错觉是其中较常见的一种。驾驶员在驾驶过程中，对于速度的判断并不是依据车速表，更多的是以观察到的景物变化作为参考条件。随着车速的提高，驾驶员的视野明显变窄，注视点随之远移，两侧的景物变得模糊，这种现象叫“隧洞视”。同时视焦距变长，视认景物模糊，视认能力减退，导致事故率上升。表 4－2 反映了驾驶员注视点、视野与行驶车速间的关系。

表 4－2　驾驶员视野范围与行车速度的对应关系

行驶车速（km/h）	注视点（前方）（m）	视野（°）
40	183	90~100
72	366	60~80
105	610	40

为降低行车速度增加时形成隧洞视现象的影响，除了采取在道路线形设计中适当加入弯道等措施外，还要在交通管理和控制上采取限速措施，或者配合视错觉减速标线（如鱼刺形标线）等的使用，以确保车辆行驶安全和畅通。

（四）限速值的确定

1. 正常条件下行驶速度限值选取

最高行驶车速的限制是指对各种机动车辆在无限速标志路段上行驶时的最高行驶车速的规定。它是由道路设计车速或实际地点车速的累计频率分布曲线上（见图 4－2）的 $V_{85\%}$ 值等因素确定的。

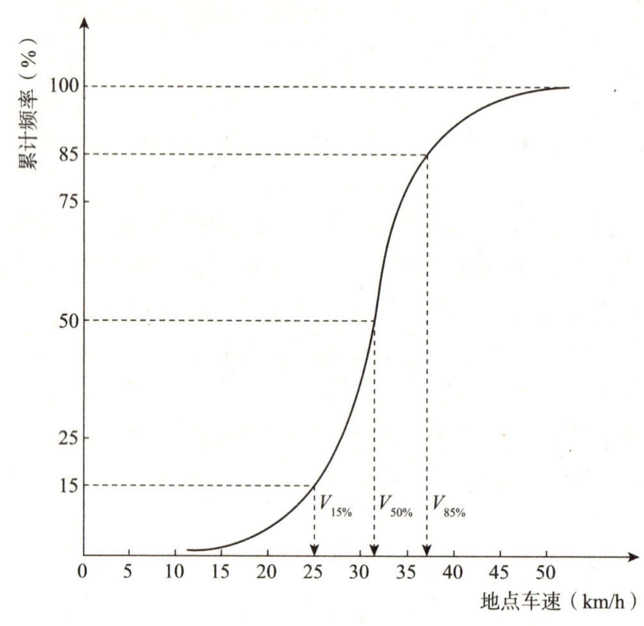

图 4－2 地点车速的累计频率分布曲线

道路上某时间点的平均车速是单位时间内各辆车在该点上的地点车速分布平均值，这种地点车速分布平均值可通过车速频率分布曲线及车速累计频率分布曲线来确定。地点车速频率分布曲线及累计频率分布曲线反映了所观测路段上地点车速的统计特征。从中选出以下特征指标：

（1）车速上限。

$V_{85\%}$（85% 位地点车速）：地点车速累计频率分布曲线图中，对应累计频率为 85% 的地点车速，记为 $V_{85\%}$。它表示观测路段中有 85% 的行驶车辆，其地点车速≤ $V_{85\%}$。它被用来确定路段的最大限制车速，简称为车速上限。$V_{85\%}$ 被确定后，实际上仅对 15% 的驾驶员进行了限制。

（2）车速下限。

$V_{15\%}$（15% 位地点车速）：地点车速累计频率分布曲线图中，对应累计频率为 15% 的地点车速，记为 $V_{15\%}$。它表示观测路段中有 15% 的行驶车辆，其地点车速≤ $V_{15\%}$。换言之，有 85% 的车辆，其地点车速高于 $V_{15\%}$。它被用来确定路段的最小限制车速，简称为车速下限。此指标在高速道路上尤为重要。

2. 特殊场景下行驶速度限值选取

在道路条件与交通条件的影响下（如交叉口、街巷，穿越铁路、下陡坡等），对行驶车速应有一定的限制。如在交通信号控制系统（线控、面控等）中的车辆要求以适应“绿波带”的“推荐车速”行驶；当车辆运行中发生故障（如喇叭、灯光、机体等损坏但仍能行驶）时，根据交通法规进行现场限速管理；当天气条件恶劣（如遇到风、沙、雨、雪、雾天气，道路能见度在 30m 以内，或者道路结冰、有积雪等情况）时，依据交通法规进行现场限速管理。

（五）限速措施

1. 传统的限速措施

（1）法规控制。

法规控制是指根据交通法规中的规定对车速加以限制。如通过交通信号、标志、标示对车速进行限制，道路上的最高限速和高速公路上的最低限速等都属于这类情形。

（2）心理控制。

心理控制是指利用人的心理作用对车速加以控制。它是通过人们的心理特点起到对车速有所限制的作用的。运用视力判断方法，使驾驶员对前方道路条件产生不良反应，本能地降低车速。如在急转弯处路面上画有斑马线、横线，在下陡坡处画有鱼骨刺形条纹，使驾驶员产生不安全感及道路条件不良感，自觉地放慢驾驶速度；在接近有横向干扰的交叉路口，有意识地使道旁树木的树梢互相靠近，从心理上给驾驶员造成道路狭窄之感，从而促使驾驶员自动减速。

（3）工程控制。

工程控制是指通过道路工程设施对车速进行强制减速的控制。如在住宅区道路或高速公路、快速道路的出口处设置颠簸路面、波状路面、齿状路面和分隔岛（设置障碍物强迫车辆减速绕行）等。

2. 先进的限速管理解决方案——可变限速控制①

（1）可变限速控制的发展历史。

20 世纪 50 年代，可变限速控制思想首次应用于实践，高速公路交通管理部门在雨雪等恶劣天气时，人工更换路侧限速标志牌。随着科学技术的发展，可变限速系统日趋完善，集成了交通流自动检测技术、电子通信技术、自动控制、LED 可变限速板等，可为车辆提供实时的交通引导。

（2）可变限速控制的基本原理。

可变限速控制是依据交通流状态、道路条件、气候状况等因素，以提高道路的通行能力、道路运行的安全性，降低行程时间等为目标，通过建立可变限速模型，确定能够允许的最大交通量下的最佳速度，并通过可变限速标志或可变限速板将限速信息传达给驾驶员，从而实现对高速公路或快速路的主线交通流的速度控制。

（3）可变限速控制的作用。

1）在保证安全的前提下，尽可能提高道路的运输效率。即在条件允许的情况下，尽可能地提高可变限速的限速值，使车辆以较高的速度行驶，降低车辆的行程时间，提高道

① 范海龙. 城市快速路可变限速控制策略研究[D]. 北京：北京交通大学，2012.

路的运行效率和道路的通行能力。

2）尽量减少车辆车速的标准差，提高道路交通的稳定性。即对运行速度进行合理控制，使得在各种交通情况（自由流条件下、交通流接近通行能力情况下、发生拥堵情况下）下，交通流尽可能平滑，提高道路行驶的安全性。

3）尽量使车辆的速度接近最低燃油消耗的速度，提高车辆运行的经济性。即在满足道路运行效率和安全的前提下，达到最佳的燃油经济性，实现节能环保的目的。

4）当交通处于非高峰时段时，可变限速系统可以作为一种交通预警系统来预防交通事故的发生。比如在事故现场以及交通障碍物之前设置一定的合理速度限制值，从而提醒在该路段行驶的驾驶员前方行车有危险，需要小心行驶。此外，在雨、雪、雾等恶劣天气条件下，通过可变限速标志牌给出能保证安全行驶的最高车速，引导驾驶员的安全驾驶。

5）当由于道路需要维护施工或者由于道路本身几何线形的设计缺陷而使得道路上出现了瓶颈路段时，可以利用可变限速系统在这些区域依次设置逐步递减的行车速度限制值，从而保证道路交通流的稳定性及行车安全，确保道路施工人员的安全。

（4）可变限速在世界各地的实践。

世界各地可变限速控制策略的实践应用见表 4－3 及图 4－3、图 4－4。

表 4－3　可变限速控制策略的实践应用

城市及道路名称	限速板间距	可变限速控制策略
美国科罗拉多州：I–70	3.5km	根据相关法规调节限速
美国亚拉巴马州：I–10	0.6km	根据道路能见度、车辆速度调节限速
英国：M25，M4	1km	根据交通流量、车辆排队情况调节限速
澳大利亚：F6	0.9km	根据能见度、下游车辆行驶速度调节限速
德国：A8，A3，A5	1~2km	根据天气状况、交通流速度、流量调节限速
法国：A7，E15	0.8km	根据交通流平均速度、道路环境条件调节速度
美国佛罗里达州：I–4	0.8km	根据占有率和速度，设置阶段性的限速调节阈值与恢复阈值
中国山东：济广高速		根据能见度、积雪厚度调节限速
中国浙江：杭甬高速		设置交通流检测器和气象站，进行实时限速

资料来源：谷情晴．面向城市快速路的可变限速控制策略研究 [D]. 北京：北京交通大学，2017.

图 4－3　可变限速管理在中国的应用

图 4－4　可变限速在美国的应用

二、车道管理

车道管理又称车辆交通组织管理。车道管理分为单向交通管理、变向交通管理、禁行管理、专用车道管理等。

(一)单向交通管理

1. 单向交通管理的含义

单向交通又称单行线，采用单项交通管理，道路上的车辆只能按一个方向行驶。单向交通组织是交通运行管理的一个部分，它是以提高交通流的畅通性和道路通行能力为目的，对交通流在道路网络上进行优化组织，以充分利用道路网络的资源，最终实现交通流运行的安全、通畅。

2. 单向交通管理的发展历史

20 世纪初，在美国的一些城市（费城、纽约、波士顿）中，开始在两条毗邻的街道上实行单向交通，到 20 世纪 20 年代，还出现了整个区域内的单向街道交通系统。这种方式得以广泛地推行，是因为它不需要很多投资就能较容易地达到改善交通条件的目的。到了 20 世纪 30 年代，仅纽约的单向交通街道总长度就已超过了 2 000km。与此同时，在欧洲各国也开始推广这种单向交通组织方式。苏联在 20 世纪 50 年代开始推广组织单向交通，已在莫斯科等许多城市取得了成功。

我国从 20 世纪 50 年代就开始使用单向通行来管理城市交通。近年来，北京、上海、广州、天津、重庆、南京等许多大中型城市积极推广应用单向交通管理。我国香港特别行政区道路并不宽，但车流量很大，依靠单向交通使城市交通有序运行。单向交通成了这些城市和地区解决交通拥挤的有效交通管理措施之一。单向交通管理的应用见图 4－5、图 4－6。

图 4－5 中国的单向交通管理

图 4－6 美国的单向交通管理

3. 单向交通的种类

（1）固定式单向交通。

对道路上的车辆在全部时间内都实行单向交通称为固定式单向交通。常用于一般辅助性的道路上，如立体交叉桥上的匝道交通多是固定式单向交通。

（2）定时式单向交通。

对道路上的车辆在部分时间内实行单向交通称为定时式单向交通。如在城市道路交通高峰时段内，规定道路上的车辆只能按重交通流方向单向行驶，而在非高峰时内，则恢复双向运行。所谓重交通流方向，是指方向分布系数（KD）大于 2/3 的车流方向。必须注意，实行定时式单向交通时，应给非重交通流方向的车流安排出路，否则会带来交通混乱。

（3）可逆性单向交通。

可逆性单向交通指的是道路上的车辆在一部分时间内按一个方向行驶，而在另一部分时间内按相反方向行驶的交通。这种可逆性单向交通常用于车流流向具有明显不均匀性的道路上，其实施时间应依据全天的车流量及方向分布系数确定，一般当 KD 大于 3/4 时，即可实行可逆性单向交通。同样，应注意给非重交通流方向的车流以出路。

（4）车种性单向交通。

车种性单向交通是指仅对某一类型的车辆实行单向交通。这种单向交通常针对具有明显的方向性及对社会秩序、居民生活影响不大的车种实行，如货车。实行这类单向交通的同时，公共汽车和自行车仍可维持双向通行，目的是充分利用现有道路的通行能力。

4. 单向交通的优点

单向交通在路段上减少了与对向行车的可能冲突，在交叉口上大量减少了冲突点，故单向交通在改善交通方面具有以下较为突出的优点：

（1）提高平面交叉口通行能力。

在道路平面交叉口，由于车辆的行驶方向和交汇方式不同，会形成许多冲突点和交织点。实施单向交通后，可以大大减少在交叉口的冲突点数和交织点数。机动车与机动车、机动车与非机动车之间的干扰也明显减少，因而也提高了交叉口的通行能力。

（2）提高路段通行能力。

由于单向交通减少了对向行车的可能冲突及减轻了快慢车之间的干扰，故道路通行能力将会有明显的提高。美国相关资料显示，宽为 12m 的街道，在禁止路旁停车的情况下，双向交通的通行能力为 2 800 辆 / 小时，单向交通的通行能力可达 3 400 辆 / 小时，提高了 20% 以上。

（3）降低交通事故。

由于单向交通能起到大量减少冲突点数的作用，即一些交通事故的可能发生点将不存在，相应的，行车的安全性将会有明显的提高。单向交通情况下发生的事故多为追尾事故，故恶性事故率也将下降。此外，双向交通改成单向交通后，可消除对向来车的眩光影响，降低了驾驶员的紧张度。对行人来说，过马路时只需注意一个方向而无须左顾右盼，事故率也会有所下降。

（4）提高行车速度。

实行单向交通可使行车速度得以提高，行程时间得以缩短，这些都已被实践所证明。如英国伦敦的一些街道实行单向交通后，平均行驶车速从 13km/h~16km/h 提高到了 26km/h~32km/h；美国实行单向交通的城市，其车速也提高了 20% 以上。

（5）减少道路建设投资。

单向交通可以充分利用狭窄的街巷，降低主干道上的交通负荷，从而有助于充分发挥金字塔式路网级配结构的优势，有效平衡路网交通量分布并提高路网容量。此外，这在一定程度上可以从粗放式的道路建设转向精细化的交通管理，减少道路建设投资，提高经济效益。

5. 单向交通的缺点

（1）增加了车辆绕道行驶的距离，增加附近道路上的交通量。

（2）给公共车辆乘客带来不便，增加步行距离。

（3）在指路信息不完善的情况下，不熟悉道路情况的驾驶员容易迷路。

（4）增加了辅助单向管制所需的道路公用设施。

6. 单向交通的实施条件与设置要求

（1）实施条件。

总的来说，单向交通对于改善交通条件，其优点多于缺点。但并非无论什么道路条件与交通条件，都可实施单向交通。国内外实行单向交通的经验表明，实行单向交通一般应具备以下条件：

1）具有相同起终点的两条平行道路，它们之间的距离在 350m~400m 以内，棋盘式路网是最适合实施单向交通管理的道路网络形式。

2）具有明显潮汐交通特性的街道宜设置单向交通，其宽度不足 3 车道的，可实行可逆性单向车道。

3）通达性较好、密度较高的路网，路口间距不宜过大，实施单向交通后绕行距离尽量控制在 600m 以内。

4）复杂的多路交叉口，某些方向的交通可另有出路的，可将相应的进口道改为单向交通。

（2）设置要求。

当现有的道路系统出现负荷过大，但尚未到达超负荷之前时，就应根据条件着手考虑组织实施单向交通，规划出完善、合理并设置易于识别的交通标志的单向交通系统。例如在单向交通与双向交通的过渡段，提前设置预告标志、夜间照明及反光标志等。

（二）变向交通管理

1. 潮汐交通概述①

（1）潮汐交通的含义。

所谓潮汐交通，指的是像潮汐一样的具有规律性、周期性、单向性的交通现象。如图 4－7、图 4－8 所示。

图 4－7　早晚高峰城市道路上的潮汐现象

图 4－8　节假日高速公路上的潮汐现象

（2）潮汐交通的特征。

潮汐交通具有明显的时间性和地域性：

1）时间性：指在上下班的早晚高峰期内，在较短的时间内迅速增加的潮汐交通流在道路上所体现出来的分布不均匀性。在一天中的大部分时间内，道路上的双向交通是均衡的，只有在上下班早晚高峰表现出不均衡性。

---

① 苑敬雅，周彤梅，朱茵. 潮汐车道交通管理与控制方法研究[J]. 交通企业管理，2015（12）：41–43.

2）地域性：潮汐交通发生的地点一般是固定的，典型的潮汐交通路段多为城市郊区到城市中心区域的主干道。

潮汐交通的时间特性和空间特性使得潮汐交通导致的交通拥堵在固定路段和固定时间段内反复发生。

（3）潮汐交通的成因。

理解潮汐交通的成因可以从直接和间接两方面来看：

1）直接原因。职住分离是导致潮汐交通的直接原因。我国城市的规模逐渐扩大，大城市的各区域慢慢向组团化发展，这种发展模式导致了各分区功能单一，而城市中心为第三产业聚集区，包括金融、娱乐、就业的中心区域，吸引了周围各区及卫星城的大量人口。与此同时，城市中心区域越来越高的房价导致多数居民不得不选择在城市外围房价或租金水平较低的区域居住。这种模式促成了居民职住分离，即形成白天在市中心上班，晚上回到郊区的居所居住的规律性出行模式。职住分离导致的居民出行潮汐化，是形成潮汐交通的根本原因。

2）间接原因。诸如私家车的高使用率，公共交通的低服务水平，道路网建设跟不上城市发展步伐等，这些原因进一步加重了居民出行的潮汐特征，是导致潮汐交通产生的间接原因。

2. 变向交通管理的含义

变向交通管理是指通过在不同的时段内变换某些车道上的行车方向或行车种类来管理潮汐交通的方式。采用变向交通管理，常常设置潮汐车道。

3. 变向交通管理的发展简介

在国外，潮汐车道系统是一种常用的交通管理和组织手段。早在 1928 年，美国洛杉矶就对潮汐车道进行了测试并运行。在美国，潮汐车道在桥梁、隧道中较为常用。具有代表性的潮汐车道是旧金山金门大桥，通过特种车辆左右调节中央可移动护栏，实现早晚高峰进、出城车道数量的变化。当前，国外潮汐车道的应用已有近百年历史，国外应用的有益经验为解决我国潮汐车道在实际运用中的问题提供了重要思路和方法。

2004 年，沈阳市开通了我国首条潮汐车道，随后，上海、北京、大连、贵阳、深圳等城市相继应用。2009 年，《道路交通标志和标线》首次明确了潮汐车道标线的具体标准，为潮汐车道的应用和推广打下了良好基础。2012 年，我国首条自动化潮汐车道在石家庄市和平路红军街至友谊大街路段设置。2013 年，北京市首条潮汐车道在京广桥和慈云寺桥路段设置并应用，同年，广州等城市也陆续启用了潮汐车道。

4. 变向交通的种类

变向交通按其作用可分为以下两类：

（1）方向性变向交通。

在不同时间内变换某些车道上行车方向的交通称为方向性变向交通。这类变向交通可使车流量方向分布不均匀现象得到缓和，从而提高道路的利用率。

（2）非方向性变向交通。

在不同时间内变换某些车道上行车种类的交通称为非方向性变向交通。又可进一步分为车辆与行人、机动车与非机动车之间相互变换使用的变向车道。

这类变向交通对缓和各种类型的交通在时间分布上不均匀性的矛盾有较好的效果。例如在早晨自行车出行高峰时间，变换机动车外侧车道为自行车道，到了机动车出行高峰时间，则变换非机动车道为机动车道。另外，在中心商业区变换车行道为人行道及设置定时步行街等都是非方向性的变向交通。

5. 变向交通的优缺点

变向交通的优点是合理使用道路，充分提高道路的利用率，从而提高了道路的通行能力，这对解决交通流方向和各种类型的交通在时间分布上的不均匀性矛盾都有较好的效果。变向交通的缺点是增加了交通管制的工作量和相应的设施，且要求驾驶员有较好的素质，注意力集中，特别是在过渡地段。

6. 变向交通的实施条件与设置要求[①]

（1）实施条件。

方向性变向交通是最常见的变向交通管理技术。其实施条件如下：

1）交通拥堵路段为典型的潮汐交通路段。即需要设置潮汐车道的路段长期存在时间性和方向性的不均衡的双向交通流。

2）双向道路实际交通方向分布系数 K_D 必须大于一定阈值，见表 4－4。例如，对于双向四车道道路，K_D 应大于 0.75。

表 4－4　设置潮汐车道的临界方向分布系数

双向车道总数	轻交通流方向车道数	重交通流方向车道数	临界方向分布系数K_D
3	2	1	0.80
4	2	2	0.75
5	3	2	0.69
6	3	3	0.67
7	4	3	0.64
8	4	4	0.63
9	5	4	0.61
10	5	5	0.60

3）设置潮汐车道以后，即轻交通流方向减少车道数量，重交通流方向增加车道数量之后，轻交通流方向的道路服务水平不低于重交通流方向，两个方向的通行能力都能满足各自的要求。

4）双向车道总数在 3 条及以上。设置潮汐车道的双向道路车道总数最少应为 3 条，在城市主干道上，一般为 5 条车道以上。

5）双向道路上应没有电车轨道等设施。

6）潮汐车道实施的路段不宜过长。由于潮汐车道对交通管理和驾驶员素质等方面的要求比较高，另外，潮汐车道在交叉口处的处理也是一个难题，故不宜在较长的路段上设置潮汐车道。

---

① 孟志广. 交通拥堵及潮汐车道技术的研究[D]. 西安：长安大学，2015.

（2）设置要求。

1）标线设置：应采用双黄色虚线来表示潮汐车道的位置（见图 4－9）；

2）标志设置：应采用龙门架式或悬臂立柱式的潮汐车道指示牌（见图 4－9），并辅以潮汐车道提醒标志牌（见图 4－10）；

3）辅助设施：应采用电子控制自动式可移动护栏、车辆牵引式移动护栏或人工移动式护栏。

4）管理保障：在变换车道上应配备警力，有警车巡逻，清除、处罚违章者，以确保交通安全。

图 4－9　潮汐车道地面标线及悬臂立柱式动态指示标志

图 4－10　潮汐车道提醒标志

（三）禁行管理

1. 禁行管理的含义

为了调节道路上的交通流，或将一部分交通流均分到其他负荷较低的道路上去，或满足某些特殊的通行要求，根据道路条件和交通条件，实行对机动车和非机动车的某种限制通行的管理，称为禁行管理。

2. 禁行管理的类别

（1）时段禁行。根据机动车和非机动车出行的不同高峰时段，安排其不同的通行时间，如上午 7：00 至下午 7：00 禁止载货车辆进入城市中心地区的道路。示例见图 4－11。

（2）错日禁行。如规定某些车辆单日通行，某些车辆双日通行；或牌照号为单数的车辆规定单日通行，双数的车辆双日通行。示例见图 4－12。

（3）车种禁行。如禁止某几种车（载货车和各类拖拉机）进入城市道路和城市中心区。示例见图 4－13。

（4）转弯禁行。在某些交通拥挤的交叉口，禁止机动车和非机动车左（右）转弯。应注意，在禁止左转弯交叉口的邻近路口必须允许左转弯，尤其是自行车，如可安排它们在支路上完成左转或变右转为左转。当然，这些措施应依据交通流量及道路、交通条件而定。示例见图 4－14。

（5）重量（高度、超速等）禁行。规定机动车和非机动车按规定的吨位（高度、速度）通行。示例见图 4－15。

图 4－11　时段禁行

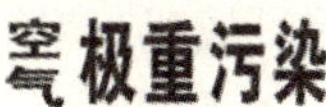

图 4－12　错日禁行

图 4－13　车种禁行

图 4－14　转弯禁行

图 4－15　高度禁行

3. 禁行管理的实施要求

与车速管理、车道管理等行车管理方法相比，一些禁行管理措施如车种禁行、错日禁行、时段禁行是全局性管理措施，牵一发而动全身，在实施中应尽量避免“一刀切”的做法。

以北京市尾号限行政策为例，其在缓解交通拥堵、减少开车上下班时间、减少空气污染方面取得了一定的短期成效。近两年来也出现了不少从经济学视角对尾号限行措施的影响进行的相关研究，包括对小汽车特殊需求、城市房价、尾气污染经济估算、成本收益理论、小汽车外部性等方面。但从公平性的角度来看，有能力的市民为保障个人或家庭的出行率多次购车，继而增加了汽车保有量，导致出行车辆总数迅速赶超限行前总量，损失多由无能力拥有多辆机动车的家庭或个人承担。根据 2009 年在采取限行政策后的交通调查结果，在限行一年后，50.7% 的有车者购买了第二辆车，甚至有 20.8% 的无车者决定购买两辆车，而无车者中只有 32.3% 的人取消或延迟购车计划。

北京的尾号限行管理

北京 2017 — 2018 年机动车尾号限行表

日期	星期一	星期二	星期三	星期四	星期五
2017 年 4 月 10 日至 2017 年 7 月 9 日	3 和 8	4 和 9	5 和 0	1 和 6	2 和 7
2017 年 7 月 10 日至 2017 年 10 月 8 日	2 和 7	3 和 8	4 和 9	5 和 0	1 和 6
2017 年 10 月 9 日至 2018 年 1 月 7 日	1 和 6	2 和 7	3 和 8	4 和 9	5 和 0
2018 年 1 月 8 日至 2018 年 4 月 8 日	5 和 0	1 和 6	2 和 7	3 和 8	4 和 9

北京的尾号限行日历

因此，在对存量机动车进行管理的同时，必须充分考虑到民众与政策间的博弈，一方面要制定相关配套政策限制增量机动车的增长，另一方面要加强对合理使用机动车的正确诱导。比如提高中心城区非居住区停车收费标准，完善“P+R”换乘设施并采取低收费标准，加大公共交通的建设力度并提高其乘坐舒适度，增加城市公共自行车和共享自行车的供给并通过宣传手段鼓励绿色出行。只有这样，交通管理政策才能产生持久的积极效果。

（四）专用车道管理

规划专用车道（或专用道路系统）是缓解城市交通问题的途径之一。专用车道包括高乘坐率车道、公交专用道和自行车专用道等。

1. 高乘坐率车道

（1）高乘坐率车道的定义 ①。

世界上第一条高乘坐率车道于 1969 年诞生在美国弗吉尼亚州的 Shirley 快速路上，但那时仅允许大型客车使用，还不能称为真正意义上的高乘坐率车道，经过 4 年的跟踪研究，才由大型客车专用过渡到允许小型客车使用，成为通行理解中的高乘坐率车道。

高乘坐率车道是指为多乘员车辆（HOV）提供专门通行的车道。可使用 HOV 车道的车辆包括公共汽车、乘坐 2 人（或 3 人）以上的小客车、乘坐 2 人（或 3 人）以上的货车以及出现紧急事件的车辆。有时为将公交车与 HOV 其他类型的车辆进行区分，也将公交车与 HOV 分开。图 4 - 16~ 图 4 - 18 为几种 HOV 车道。

图 4 - 16　深圳 HOV 车道

图 4 - 17　HOV 车道的巡检

图 4 - 18　有物理分隔的 HOV 车道

在美国，HOV 车道并不仅仅局限于“多乘员车道”的概念。在现行法律中，扩大了可以使用 HOV 车道的车辆种类，包括乘员达 2 人及以上的车辆、摩托车、公交车、大型客车、安装自动收费设备的车辆以及新能源车辆。以上授权车辆哪怕车内只有 1 人，也可使用 HOV 车道。此外，在一些设置了收费车道的城市，为了节约道路资源，也会将 HOV 车道与收费车道合并设置，即缴纳费用的独乘车辆也可以使用 HOV 车道。

（2）高乘坐率车道的设置意义。

高乘坐率车道为高承载车辆提供专用的通行空间，缩短多乘员车辆的运行时间，吸引更多的人采用该种方式出行，从而减少道路上机动车总出行量，缓解道路拥堵程度。同时，HOV 车道受外界因素影响较小，可以提供较为可靠的服务。这种车道较多地应用在高峰期道路上拥堵最为严重、时间节约显得尤为重要的路段。

（3）HOV 车道的类别。

根据与普通车道间是否有分隔，可将 HOV 车道分为以下三类：

① 陈玮，陈白磊. 将HOV优先引入我国城市交通规划的管理[J]. 城市规划，2003（6）：93–96.

1）物理分隔型：HOV 车道与普通车道间以物理设施隔离。这种类型的 HOV 车道主要设置在道路中央位置（即道路中间分车带位置），适用于 HOV 车辆较多、道路合流与分流量较大且 HOV 车道较长的情形。

2）缓冲标线分隔型：HOV 车道与普通车道间以双实线分隔。这种类型的 HOV 车道一般是双向两车道，设置在道路内侧（即靠近中间分车带的车道），在运营时段内不允许同向普通车道的车辆进入。

3）无分隔型：HOV 车道与普通车道间无任何隔离，仅用一条标线来划分车道。这种类型的 HOV 车道一般不适用于高速公路，主要在干线道路上设置。

（4）高乘坐率车道的实施条件①。

我国 HOV 车道的建设尚处于初步阶段，还未形成完善的建设标准，因此在实施 HOV 车道管理时只能以参考国外经验为主。美国城市在设置 HOV 车道后，会对 HOV 车道进行年度评价与分析，以保证其运行效率最大。经过多年的实施与研究，积攒了许多有关 HOV 车道的设置经验，并制定了相应的规范。总结如下：

1）设置 HOV 车道时，应考虑普通车道的交通量或平均车速，当高峰交通量较大或平均车速较低时可选择设置。

2）HOV 车道的设置长度必须保证高载客车辆在高峰时段至少节省 5 分钟的出行时间。

3）HOV 车道的运营要保证其利用率不可过低，同时要保证 HOV 车道的拥堵程度不可过高，这可通过调节其最低载客率来实现。

4）HOV 车道的运营时段应随道路高峰时段的变化而变化，一般分时段服务于高峰方向。在高峰时段和高峰方向不明显的道路上，HOV 车道应全天 24 小时运营，服务于双方向。

HOV 车道还需要配合交通标志标线使用。交通标志标线应标明 HOV 车道的使用时间和准许车辆，以保障 HOV 车道的连续性，一方面清晰准确地传递驾驶员信息，另一方面为执法提供充分依据。

2. 公交专用道

（1）公交专用道的定义。

美国早在 20 世纪 30 年代高速公路系统设计之初就已提出在高速公路和快速路设置公交专用车道的设想。1969 年，紧邻美国首都华盛顿的弗吉尼亚州 395 号联邦高速公路开通了第一条真正意义的高速公路公交专用道。

公交专用道是指在特定路段上，通过标志、标线等画出一条或几条车道供公交车专用，其他车辆不得随意驶入的车道。同时，公交车还享有在其他车道行驶的权利。公交专用道是 HOV 车道的特殊形式。

（2）公交专用道的设置意义。

公交专用道作为公交车优先的重要手段，在公交出行保障层面，能为公交车提供独立路权，减少其与机动车流的交织冲突，是改善公交车运行效率和服务水平最有效的途径。公交专用道的地面标线及标志见图 4－19、图 4－20。

① 张南. 公交优先通行系统研究[D]. 成都：西南交通大学，2003.

图 4－19　公交专用道的地面标线举例

图 4－20　公交专用道的指示标志举例

公交车专用道的设置是对公交出行群体的人文关怀和照顾，体现了对公共利益、公共文化和公共意识的重视，同时有助于促进大众形成选择公共交通出行的偏好。

（3）公交专用道的类别。

按照使用的道路权限，可以分为完全独立路权和半独立路权公交专用道两大类。

1）完全独立路权公交专用道。

——高架公交专用道：在城市中修建专门供公交车使用的高架道路。其优点是路权独立，为封闭式道路，不受城市其他交通系统的影响。可像轻轨或地铁那样采用编列行车方式运营，如果配合上专门的新型车辆，其运量和速度可以和轻轨相比。

——高速公路上的公交专用道：为方便主城区与卫星城、相邻较近的城市之间的居民日常上下班等主要出行而开通的高速公交专用道。公共汽车在此高速路上享有独立路权。其特点与高架公交专用道相似。

——普通城市道路中的公交专用道：是指不需要新建专门的高等级道路，而采用普通城市道路的某一部分路段作为公交专用道。设置于路面较窄或行人较多，不适于机动车行驶，但为了居民出行方便只允许公共汽车通行的路段，如步行街上的公交专用路。

2）半独立路权公交专用道。

按照公交专用道在路段上所处的位置，基本上可以进一步分为三大类：路中型公交专用道、路侧型公交专用道、次路侧型公交专用道。

——路中型公交专用道：是指将公交专用道设置在路段中央，即将位于道路中间的车道作为公交专用道使用。路中型公交专用道的独立性相对较高，横向干扰少，几乎不受其他车辆的干扰，运行速度较快。其缺点有：直行公交车与其他左转车辆易发生冲突；乘客进出站台区条件相对较差，一般需设置天桥或地下通道等，增加了设置成本。

——路侧型公交专用道：是指将公交专用道设置在路段的两侧，即将位于道路最外侧的车道作为公交专用道使用。路侧型公交专用道占用道路资源少，可以使用目前已有的公共交通系统，投资较低，且车辆行驶和乘客上下车都符合原来的习惯，易于接受。但公交车辆会受到路边停车的影响；直行时会受到右转车辆的影响。

——次路侧型公交专用道：是路中型公交专用道和路侧型公交专用道的折中方案。

3. 自行车专用道

（1）自行车专用道的发展历史。

自行车专用道来源于欧洲，在德国及一些国家被称为“自行车高速路”，是荷兰首先提出并投入使用的，多分布在公园、河堤等开放空间，主要功能是满足人们出行、休闲、健身需求。

骑行在自行车专用道上的哥本哈根市民

自行车专用道是为自行车使用者专门设立的道路，将其与机动车道及人行道隔离开，为骑行者免去了车辆与行人穿越的干扰，让骑行者享受安全、舒适、快速的骑行体验。

（2）自行车专用道的分类[①]。

1）按路权分类。

——独立的自行车专用道：不允许机动车辆进入，专供自行车通行，又称自行车专用路。该类型多用于自行车干道和各交通区之间的主要通道。规划时，应将城市各级中心及交通枢纽等端点连接起来，应尽可能与城市主要交通流向相一致，以利于减轻高峰时自行车流对机动车干道的干扰。

——定时型自行车专用道：为减少自行车专用道的设置对居民小区内部机动车正常行驶的影响，同时提高道路的利用率，可将自行车专用道设置为定时型，即在某段时间内禁止机动车通行，其他时段内机动车和非机动车均可行驶。

——用实体分隔的自行车专用道：用绿化带或护栏将自行车道与机动车道分开，不允许机动车辆进入，专供非机动车通行。这种自行车专用道在路段上能消除自行车与其他车辆、行人的冲突，但在交叉口，自行车无法与机动车分开，多用于全市性的自行车干道和各交通区之间的主要联系通道。

——用划线分隔的自行车专用道：在单幅路上，将自行车道与机动车道用划线分隔，布置于机动车道两侧。虽然该类型较为经济，但由于自行车与机动车未完全分开，故不太安全，良好的路面标识系统可提高安全度。交通量较小的交通区之间或各交通区内的自行车道多采用此类型。

2）按功能分类。

——自行车廊道：自行车廊道作为自行车交通网络的骨架道路，依托城市干路建设，作为慢行区之间自行车交通主廊道，贯穿城市主要的居住区、就业区，以满足城市相邻功能组团间或组团内部较长距离的通勤、通学联络需求。自行车廊道具有自行车通行快速、干扰小、通行能力强的特点。作为自行车道路网络的骨干通道，自行车廊道的设置应具有连续性和贯通性，为自行车提供相对舒适、安全的通行空间。为处理好自行车与机动车之间的冲突，廊道路段应结合人行横道设置自行车过街空间，交叉口设计时应考虑自行车的优先通行。

——自行车集散道：自行车集散道主要是服务于分区内部短距离出行，经过分区内部主要客流聚集点，承担分区内部主要客流。作为慢行区内连通各廊道的次级自行车道，自行车集散道具有分流和汇集廊道上的自行车交通流的作用，主要为功能区内部自行车交通需求服务，并保证各交通区与自行车廊道之间的联系，是区域与常规公交换乘枢纽的联系通道。其线路贯通性、车道宽度、隔离设施等建设标准均低于自行车廊道。

---

① 过秀成，等. 城市步行与自行车交通规划[M]. 南京：东南大学出版社，2016.

——自行车连通道：自行车连通道是联系住宅、居住区街道与干线网的通道，是自行车路网系统中最基本的组成部分，对增强自行车的“达”的作用明显。主要作用是连接慢行区内各个地块，不需要考虑贯通性，只需要保证连通性。以城市支路网和街巷道路为基础，要求路网密度较大，深入片区内部。

——自行车休闲道。连接公园绿地、滨河绿地，具有弱交通性、强休闲性的自行车道。可以在既有道路上改建形成，也可以在风景区、沿河绿化带内新建。主要服务于较长距离的休闲、健身、旅游出行。自行车休闲道要求较高的自行车道遮蔽率，建设成为林荫大道。

——自行车巷道：一些老城区、历史城区的支路网和街巷路网密度较大，支路系统主要由支路和弄堂组成，设置自行车巷道，主要为构建自行车微循环路形成专用网络，充分挖掘小街小巷的自行车交通潜力。

设置自行车专用道前

设置自行车专用道后

学完上面的内容后，你是否对行车管理有了一个清晰的认识呢？

练一练

综合题

请看一则新闻：

为有效应对重污染天气，控制机动车尾气排放，最大限度地保障人民群众的生命财产安全及生态环境安全，按照吉林市重污染天气应急的有关要求，自 2017 年 10 月 19 日 12 时起，全市启动重污染天气一级响应。

重污染天气一级响应期间，决定对吉林市绕城高速合围区域道路（桥梁）实行机动车限制通行交通管制措施，现就有关事宜通告如下：

一、本通告适用于吉林市重污染天气一级响应期间对绕城高速合围区域道路（桥梁）实行机动车限制通行交通管制。

二、吉林市绕城高速合围区域道路（桥梁）按日期实行机动车号牌尾号单双号限制通行交通管制措施（除执行紧急任务的警车、消防车、救护车、工程救险车和邮政快递车辆、新能源汽车以及公交车、出租车、校车、客运旅游车辆外）。机动车号牌尾号数字为 0 按日期双号通行，尾号为英文字母的，以字母前一位数字为准。

三、外埠机动车途经吉林市绕城高速合围区域的适用本通告。

四、全市重污染天气一级响应期间启动、解除市绕城高速合围区域道路（桥梁）实行机动车限制通行交通管制由市政府统一规定。

五、对违反通告行为的，公安机关交通管理部门依据道路交通法律法规的有关规定，对机动车及驾驶人予以处罚。

根据上述新闻内容，请回答以下问题：

1. 请逐一指出通告中采取的具体禁行管理措施。

2. 自从大气污染问题受到大众广泛关注以来，全国大中城市先后制定了重污染天气应急响应法案，其中禁行管理是普遍的措施之一。你如何评价这种管理方式？如果你觉得这一措施仍不够完善，应如何改进？

【解析】 1. 错日禁行、车种禁行。

2. 优点：缓解交通拥堵，减少开车上下班时间，减少空气污染等；缺点：效果随着实施的深入而降低，刺激有能力的家庭为保障出行存在继续购买车辆的可能性。

改进措施：与其他机动车限制措施结合使用，如总量控制、停车管理等；加大对公共交通的扶持力度并提高其服务水平，同时完善城市慢行交通系统，促进机动车出行者的方式转移。

经过前面的学习，相信你已经知道了行车管理包含车速管理和车道管理两方面内容。对于车速管理，如果你从车速对交通安全的影响机理出发，阐述车速管理的意义，并能在不同条件下清楚判断限速依据并能说出相应的限速措施，那么恭喜你，你已经较好地掌握了本部分的内容。对于车道管理，你要能说出单向交通管理、变向交通管理、禁行管理、车道的含义并区分不同的设置类型，此外，还应了解不同交通管理措施的优缺点，掌握它们的设置条件与实施要求，并灵活运用到实践中。

请你做好本部分的梳理总结并完成在线学习活动 1。稍做休息，我们继续进行下一个知识点的学习。

知识点 2 道路出入口管理

学前思考

“不识庐山真面目，只缘身在此山中。”生活在城市林立高楼中的我们，很难有机会一览城市的全貌。阡陌纵横的道路，将大地切割成一个个单元。道路，体现着一座城市的秩序与品位，更影响了每一个城市居民的生活。我们的祖先，很早就开始探索理想城市的道路布局。《周礼·考工记》记载道：“匠人营国，方九里，旁三门，国中九经九纬，经涂九轨，左祖右社，前朝后市。”在这一朴素的理念中，道路网必须是四方形的，反映中国人“天圆地方”的世界观，并且，天子要居其中，周围以墙作界，严格按照南北轴线布置。不过，这样的道路网布局显然没有把实用性考虑在内。20 世纪初，法国建筑大师柯布西耶曾经规划过一个按照现代规划理念建造的城市。柯布西耶把它按照方格状划分，一共有 60 个小方格，每个约为 1.5km × 1.5km，依序命名为第 1 区至第 60 区；道路规划则遵循"7V"原则：V1 为国道；V2 为城市主干道，道路沿线分布着商业机构、文教场所、体育场等；V3 起到分区的作用，是高速机动交通专用道路，总长可达 4 000 米；V4 是横向的商业街；V5 由 V4 导出，将缓行的车辆引入各区内部；V6 是循环网络的毛细末端，通往住宅的门前；V7 是由草木构成的宽阔绿化带中间展开的道路。我们不禁要问这些问题：柯布西耶是不是真的设计出了一座完美的城市？这样的路网可以支持一座完美的城市的发展吗？它是不是只存在于人们的想象中？

读完这些素材，你是不是也开始浮想联翩了呢？那让我们赶快一起学习下面的内容吧。

知识重点

学习提示：可以看出，上面的例子已经蕴含了道路分级的思想，虽然这一思想源自道路规划者对于秩序、美学的追求，但研究表明，道路分级同样是有效实现路网实用性功能的必要条件。我国一般将城市道路分为快速路、主干路、次干路、支路四个等级。国外有时候会进行更细的划分。不同等级道路的机动性和可达性不同，见图 4－21。确定道路等级后，工程中常通过调整不同等级道路的比例，使其在路网中的长度随等级降低呈金字塔形分布。不同等级的道路在路网中不是独立运行的，而是通过合理的衔接才能充分发挥各自的功能和整体的效率。本部分要学习的道路出入口管理，就是关于不同等级道路衔接设计的知识。从规划的角度来看，出入口管理是实现道路等级功能系统化的方式。我们将从其实施的必要性、实施原则、实现技术等方面对道路出入口管理进行系统学习。

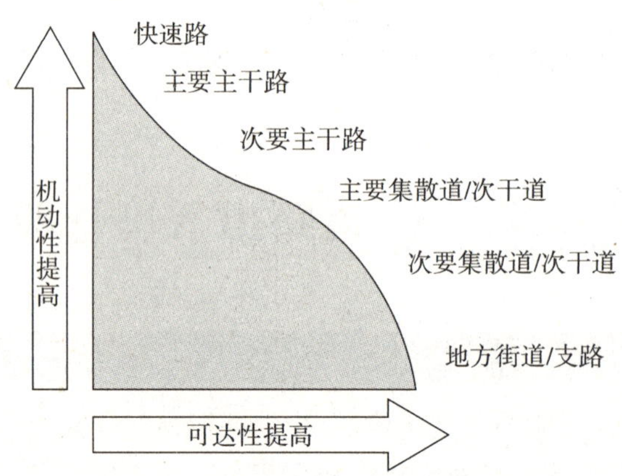

图 4－21　机动性与可达性随道路等级的变化

一、道路出入口管理概述

（一）发展背景

20 世纪初，美国就有了道路出入口管理（Access Management，AM）思想的萌芽。1930 年到 1940 年，随着工业化的蓬勃发展，汽车交通大量出现，使得公路上交通事故层出不穷。人们开始注重交通与土地使用的相互关系，并且开始通过严格控制公路与城市主干道的出入口来保证道路的通行效率。在1940年开通的宾夕法尼亚州收费公路是道路出入口管理应用的里程碑，由此开始对公路出入口进行全面控制。

1981年，美国科罗拉多州公路局颁布了关于道路出入口控制标准和方法的法令，明确了道路出入口管理的概念，规定将AM策略同时应用于公路与城市道路，并且提出根据道路等级的不同实施不同道路出入口管理策略的要求，指出道路出入口管理策略必须适应土地发展战略和城市规划目标。2000年，美国交通研究委员会和美国联邦公路局共同完成了《道路出入口管理手册》，成为道路出入口管理技术在策略、实践和标准方面最全面的文献。

（二）概念

美国联邦公路总署对道路出入口管理的定义为：一种战略性方法，它为道路周边地块提供出入口通道，同时保证通道周边路网中交通流的安全、速度和效率。这种战略性方法从实践意义上说，要在不妨碍地块可达性的基础上，控制道路出入口通道数量和位置，并且将慢速和转向车辆从干道车流中分离出来。

具体来说，道路出入口管理是一种对接入道路的位置、间距、设计和运行，以及对中央分隔带、立交和街道与道路的连接的系统性管理控制。从规划的角度来看，道路出入口管理是一种实现道路等级功能系统化的方式。与道路等级相匹配的出入口等级见表4-5。

表4-5　与道路等级相匹配的出入口等级

出入口等级	道路功能	直接出入口的设置属性	主要公共道路上的出入口类型	在其他出入口连接处转向许可情况
1	高速公路	不设置	互通式立交	都不允许
2	快速路	不设置	立交或是平面交叉	都不允许
3	国道	限制或拒绝	立交或是平面交叉	只允许右转
4	主干道	限制或拒绝	平面交叉	允许右转和左转进入、右转离开
5	其他	可以设置	平面交叉	都允许
6	次干道	可以设置	平面交叉	都允许
7	道路连接处和次要街道处的辅路	可以设置	平面交叉	都允许

（三）道路出入口管理的必要性

当缺乏道路出入口管理时，不同等级道路的功能和特性会迅速恶化，并产生以下不良的社会、经济、环境的影响：

（1）机动车事故增加；

（2）与更多行人和自行车产生冲突；

（3）道路效率迅速降低；

（4）商业区带状开发影响美观；

（5）自然景色、地貌消失；

（6）由于主干道负担过重，导致居民区附近的随意穿行行为；

（7）由于不断地拓宽道路，使得商业区和居民区受到严重影响；

（8）由于大量的接入道和交通信号灯，使得主路的拥堵和延误增加，同时会延长往返时间，增加车辆的油耗和尾气排放。

（四）实施意义

通过对道路出入口的管理，政府部门能够延长一般道路和高速公路的使用寿命，增加公众的安全性，减少交通堵塞，并且改善环境的外观和质量。对社区来说，道路出入口管理不仅保证了道路的交通功能，同时有助于保证长期的财产价值和相邻开发区的经济水平。从驾驶员的角度来说，道路出入口管理可以减少行驶过程中的冲突点，提高驾驶的安全性，减少延误并能更快地到达目的地。从环境的角度来看，交通流的改善可以减少尾气排放，尤其对于环境敏感区域而言，合并出入口道路比大量单独的接入道路带来的破坏性更小。

二、道路出入口管理的实施原则

美国道路出入口管理委员会对道路出入口管理策略的实施提出了几点原则性要求，这些要求是在对交通流特性的充分理解的基础上提出来的，体现了道路出入口管理的基本思想。

（一）明确道路等级

不同等级的公路提供不同的道路使用功能，因此，无论是对设计还是管理来说，道路出入口管理都必须以道路的预期使用功能为基本的出发点，保证各个等级道路的功能与作用。

（二）限制在公路主干道上直接接入出入口

公路主干道由于需要具备较高的通行能力和服务水平，因此需要更加严格地进行出入口控制。一方面，频繁地直接在道路两侧接入出入口的做法，将极大地降低服务水平；另一方面，提高了道路的可达性，因此更加适合于城市道路。

（三）适当提高交叉口管理等级

这里的交叉口所包含的范围广泛，泛指道路之间的交汇和衔接。如高速公路与其他主干道的衔接，多采用立交的形式；而普通支路与干路的交汇可能仅仅是非信号控制的平面交叉口。一般来讲，由于交叉口总是道路系统的瓶颈，因此适当提高交叉口管理等级是非常必要的。

（四）为最大限度地满足通行而对信号控制交叉口进行合理布局

统一布局方式，并适当拉大交叉口间距，能够保证交通流持续地以期望速度行驶。相反，交叉口布局欠缺考虑，或是中央分隔带在不适当的地方开口，都会增加不必要的延误。而且，由于糟糕的交叉口布局而带来的额外延误是很难通过优化配时等手段解决的。

（五）保护平面交叉口和立交的有效作用区域

交叉口处由于存在不同程度的交织，交通现象复杂，经常是交通运行的拥堵点和交通事故的频发区。因此，在交叉口的作用区域以内接入道路出入口，将会带来更复杂的冲突，也将极大地降低通行能力。

（六）限制冲突点数量

由于驾驶员在面临多个冲突点时，更容易犯错，导致发生事故，因此，减少交叉口的冲突点数量，或者降低冲突的程度，将非常有助于提高行车安全。

（七）分离冲突区域

由于驾驶员在同一时间内只能处理一个冲突点，因此，将驾驶员面临的冲突点（区域）隔离，使驾驶员有足够的反应时间，能够降低驾驶难度，提高行车安全。

（八）将转向车辆从直行车道上分离出来

专用转向车道能够使转向车辆以逐渐减速的状态从直行车中驶出，在特定车道上等待转向，极大地减少了对直行车辆的干扰，有利于提高交叉口的运行效率和行车安全性。

（九）通过设置中央分隔带对左转车辆进行适度控制

统计数据证明，交叉口处的左转车辆是影响交通运行和行车安全的一个最为主要的因素。而中央分隔带的设置以及中央分隔带开口位置的选择，可起到引导转向车辆的作用，因此需要慎重考虑。

（十）提供内部街道循环系统

内部街道循环系统为骑车者、行人和驾驶员提供了可供选择的路线。互相连接的街道和循环系统可以支撑多种可选的交通方式并可为骑车者、行人和驾驶员提供可选路径。相反，在商业区带状开发模式下，每一处店铺都需要设置单独的接入道，使得主路上出现频繁的交织车流。

不同等级道路间的接入示例见图 4－22。

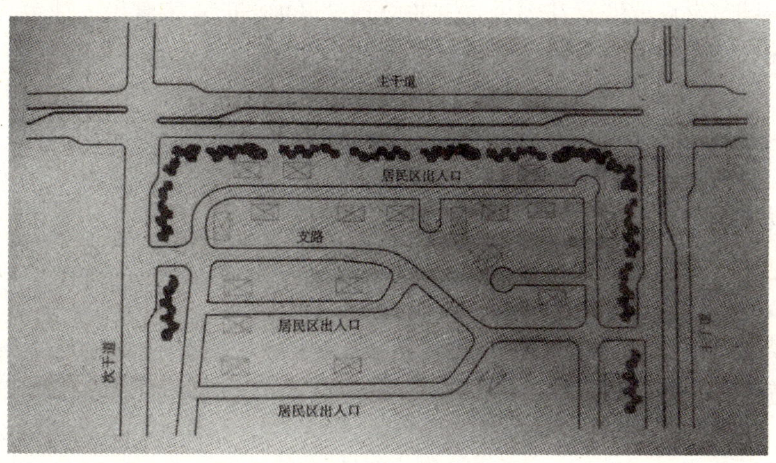

图 4－22　不同等级道路间的接入

三、道路出入口管理的实现技术

具体应用道路出入口管理策略时，采用的出入口管理技术涵盖的范围非常广，可以将所有的技术分为两大类：政策管理与运营设计。政策管理主要是从宏观上制定各项标准以及和土地使用相关的规划方面的工作；运营设计主要指微观上的交通工程设施的设计和交通组织方案的研究等。

（一）政策管理

1. 制定标准

在确定了道路等级和对应的道路出入口管理等级之后，需要对每一等级制定各项布局的标准。

（1）交通控制信号灯设置最小间距。

统计数据证明，加大信号灯设置距离，可以降低事故率，同时保证车流较为稳定地以期望车速运行。

（2）非信号控制出入口最小间距。

道路出入口都存在一个有效作用区域，即转向合流车辆与原本直行车辆的相互作用影响距离，与车辆长度、驾驶员感知反应距离等因素有关。若非信号控制出入口距离过短，相邻出入口的有效作用区域重叠，则会给行车安全和运行效率都带来额外的麻烦。

（3）转角净空最小距离。

干道的上游 / 下游转角净空是指干道上交叉口与上游 / 下游方向最近地块出入口的距离。控制转角净空最小距离就是强调地块出入口不宜设置在交叉口的有效作用区域内。这一距离与感知反应距离、停车视距、排队长度等因素有关。控制转角净空最小距离可减少交叉口车辆与出入口进出车辆之间的冲突，因而保证了交叉口的通行能力与交通安全。

（4）高速公路立交匝道落地点与邻近交叉口或出入口的最小间距。

高速公路由于其设计车速一般远高于其他道路，其衔接没有足够的距离作为缓冲，将有发生事故的潜在可能。另外，如果交叉口或出入口距匝道落地点过近，那么由交叉口复杂交织所引起的常发性或偶发性拥挤有可能影响匝道车辆的正常驶出，甚至将这一影响一直延续到高速公路主线上。

保证各出入口的最小间距，是道路出入口管理策略的核心技术之一，其对改善交通的效果也是较为明显的。然而从我国已有的应用现状来看，较为缺乏这方面的规范或标准，路网规划主要以路网密度等指标为主，结合主观经验进行。

2. 土地使用规划

主要包括地块的划分、布局规划，地块附近出入口数量的确定，地块内部微循环路网系统的预留或重新设计等方面内容。

土地使用的合理规划，能够使车辆出行路径尽量短，运输费用尽量少，出行危险性尽量低，对提高道路通行能力和行车安全都有着积极的意义。土地规划布局对后期的交通综合规划、交通专项规划、交通控制管理等都有着显著影响，因此，道路出入口管理策略将其纳入系统中进行全盘考虑。目前，我国这方面工作比较零散，各成一体，没有形成一种连续性。

（二）运营设计

运营设计以道路主要要素划分包括立交、前沿道路、中央分隔带及左转控制、右转控制、出入口布局、交通控制管理与出入口设计等。

1. 立交

包括立交位置的选择、立交形式的设计、匝道落地点布局等。由于立交多为高等级公路的交汇，因此出入口控制比较严格，交织现象也相对简单，处理好与邻近交叉口的衔接问题是关键所在。我国目前对立交的设计研究偏重于线形设计方面，而对立交与其他道路的衔接问题较少关注。然而由衔接问题造成的交通拥堵越来越严重，城市快速高架尤为突出，已经不断有学者开始重视这一问题。

2. 前沿道路

前沿道路是在主要道路红线与沿街建筑群落红线间设置的一条辅助道路，其目的是将原本与主干道直接相连的出入口转移到前沿道路上，使前沿道路代替主干道承担集散交通的责任。

3. 中央分隔带及左转控制

中央分隔带作为主要的交通安全设施之一，其作用主要是分隔对向车流以及绿化、防眩等。但由于中央分隔带的开口实际上也起到了引导左转车流的作用，因此，经常将各种因素结合起来考虑。这一技术可以再细分为以下三个方面：

（1）中央分隔带形式设计。

中央分隔带可采用交通标线、连续双向左转车道、固体分隔设施等形式。交通标线方式是仅仅用标线分离对向车流；连续双向左转车道是在道路中间开辟一条双向左转专用车道；固体分隔设施是用护栏或绿化带等分隔设施进行交通分离。从分离交通和保障安全行车作用来看，由低到高排序依次为交通标线、连续双向左转车道、固体分隔设施。一般道路出入口管理等级越高，要求设置交通分离能力越高的中央分隔设施。

（2）左转港湾式车道的设置。

左转港湾式车道的设置可以通过偏移车道中心线与改造中央分隔带实现。由于实施道路出入口管理策略的一个重要原则是将转向车辆从直行车道中分离出来，因此采用专用的左转车道可以为左转车辆提供一个减速和安全行驶的空间，保证了车辆的视距，并且有助于容纳排队车辆，在多相位信号控制路口尤其如此。

（3）结合远引掉头的中央分隔带开口设置。

在禁左路口可以采取“远引掉头”技术，引导左转车辆。即左转车辆在禁左路口右转后，在下游中央分隔带开口处掉头直行，间接实现左转。这一方法简化了路口配时，同时分离了冲突区域，减少了冲突点。确定开口位置，保证左转车辆有足够的交织距离，是实施这一技术的关键。

中央分隔带形式在我国以交通标线和固体分隔设施为主，其设置形式多以道路等级为依据。然而左转港湾式车道和结合远引掉头的中央分隔带开口设置在我国应用比较少见。少数城市采用该项技术，但对微观的设计要素，如左转车道的长度、中央分隔带开口点的选择等，缺乏细致的研究，多以实际工程中得到的感性经验为主。

4. 右转控制

同左转控制类似，设置右转港湾式车道，可以将右转车辆从直行车道中分离出来。右转港湾式车道减少了出入口处右转车辆与直行车辆的速度差，从而提高了交通安全程度。右转港湾式车道同左转港湾式车道类似，在我国已有一定的应用，然而对其微观的设计要素欠缺细致地考虑。

5. 出入口布局

通往临近地块的出入口布局在已经形成的情况下，仍然可以通过合并、建立微循环路网、移位等方式得到优化。

（1）联合出入口。

联合出入口是指将通往两个或多个地块的相邻出入口合并。出入口的合并，减少了主干路的冲突，也减少了出入口之间的相互影响，但要求有更加完善的地块内部交通微循环系统与之匹配。

（2）考虑与对侧出入口相互影响后的出入口布局移位优化。

当公路两侧的出入口相距过近，且中央分隔带并非固体分隔设施时，对向穿插车辆有可能发生交织，产生不必要的冲突点。而保证两侧出入口维持最小错位距离后，可以将这些冲突点消除。

6. 交通控制管理

道路出入口管理策略中的交通控制管理技术，多为常规传统技术，已经得到了成熟应用。常用技术包括：

（1）在高流量路口设置信号灯。

（2）通过限速控制流量，保障行车安全。

（3）将双向行驶路线改为单行线。

（4）路口限制左转。

（5）路侧停车管理。

7. 出入口设计

出入口设计是以保证出行效率、提高行车安全为目标，通过标线渠化、路口拓宽等手段，实现增大通行能力和减少延误的目的。具体包括：

（1）拓宽转向车道，以防止转向车辆占用直行车道。

（2）划定出入口渠化岛。出入口渠化岛是设置在出入口处的方向岛，可以用于部分或完全地限制出入口通道处的左转行为，同时起到分离冲突区域的作用。这一技术使得出入口区域只存在车辆分流与合流这两种交织现象，消除了冲突点，提高了交通安全性。

（3）通过设置临时固体分隔设施，对地块出入口进行控制。

（4）保证交叉口最小停车时距，改善转角处视距。

（5）加大转向空间，增大转向半径，使车辆能以较高车速完成转向。

练一练

绘图题

考虑两条在平面上相互正交的道路，假设这两条道路的交叉口未进行渠化设计且不设信号灯，车辆通过交叉口有直行、左转、右转三种选择。据此，请画出该交叉口各个行驶方向车辆之间的全部冲突点，并指出每个冲突点所属类型（合流点、分流点、冲突点）。

【解析】详见本书配套学习资源课件 4 中的视频 10。合流点 8 个，分流点 8 个，冲突点 16 个。

学完上述内容以后，大家应该了解道路出入口管理的概念与意义，理解道路出入口管理的实施原则，熟练地指出实际道路出入口设计和管理中的缺陷及不足，掌握道路出入口管理的常用实现技术。请认真完成在线学习活动 2，它将有助于你更好地理解本部分的相关内容。

知识点 3　停车管理

学前思考

在汽车不太多的时代，汽车开到哪里就停在哪里，对路上行驶着的汽车没有多大影响，停车不成问题，所以不会受到重视。随着汽车数量的增长，原有的道路越来越不能满足交通量增长的需要，路上随便停车对行驶车辆的影响也越来越严重，停车问题开始受到人们的重视，人们逐步认识到必须对停车问题予以研究。让我们先来思考几个小问题：

1. 在哪些情形下我们有停车的需求？在不同需求下，停放距离、停放时间、停放费用等有什么区别？

2. 允许停放车辆的场所有哪些？你怎么判断一个地点是否允许停车？

3. 不同场所、不同时间的停车费用是否存在差异？你注意过吗？为什么会存在这种差异？

知识重点

学习提示：在本单元知识点 1 的学习中，我们了解了车辆交通分动态与静态两种，并学习了行车管理的内容，这里将进入停车管理的学习。欧洲城市普遍采用紧凑发展的模式，土地资源紧张，曾经停车问题突出，因此很多城市对这一问题展开了深入研究和实践，并在很大程度上改善了城市交通状况。这里将首先对欧洲的停车管理经验启示进行总结，从根本上认识停车问题，反思过去的一些停车管理理念。其次，介绍停车管理的内容，形成解决停车问题的系统性分析框架。最后，从需求管理、供给管理、行为管理和收费管理四个角度学习具体的停车管理实现技术。

一、停车管理概述

（一）停车管理的必要性

机动车保有量的快速增长带来的“行车难”是世界各地交通管理者最头疼的问题。交通有动静之分，机动车的一次出行始于停车也终于停车，事实上，一辆车停放的时间要远远长于在路上行驶的时间。由于采用了粗放式的增加停车位供给的办法，有的城市局部“停车难”问题更为突出。此外，由于寻找停车位而绕行所产生的交通量也经常被忽视。据统计，欧洲约 50% 的交通拥堵是由于车主想要寻找更便宜的停车位绕行而产生的。

然而，“停车难”问题不可能单纯地通过增加停车位供给来缓解，有限的道路资源永远无法满足无限的车辆需求；同时，停车设施供给增加还将刺激交通量进一步增加，进而加剧交通拥堵和空气污染问题。从表面上来看，一个停车位占用的土地面积并不大，然而事实上，停车位却耗费着巨大的土地资源。因为单个停车位起码需要占地 30 平方米 ~35 平方米（包括坡道和行车空间），而一辆车每天可能需要使用 2~5 个车位。土地资源的有限性和稀缺性使之不能大量地用于建设停车设施，因为这些资源还需满足居住、商业和办公这些更为必需、土地价值也更高的城市功能发展。

国外城市，尤其是欧洲城市，也曾经面临同样的停车难和机动化矛盾。这些城市通过改革停车政策和使用先进的停车管理手段成功地解决了这个难题，它们的经验教训值得我们借鉴。

（二）欧洲的停车管理经验

1. 经济调节机制

（1）路内停车收费高于路外停车，且限制路内停车时间。欧洲绝大多数城市对不同地区采取差别化的停车价格和时间，使停车位始终保持在 85% 的占用率，同时规定市中心路内停车一般不允许超过两个小时，这些措施极大地抑制了城区交通拥堵。

（2）基于排放标准的停车收费。阿姆斯特丹、伦敦开始基于二氧化碳气体排放水平不同对停车进行差别化收费，清洁能源汽车停车可以享受优惠甚至免费。

（3）严格控制工作单位为员工提供免费停车位，对每个免费停车位增加相应的税费。

（4）利用停车收费反哺公共交通。西班牙巴塞罗那、法国斯特拉斯堡、英国伦敦等城市将停车收费收入投入到公共交通项目，支持城市可持续交通发展目标。

英国伦敦格罗夫纳广场路内付费停车措施实施前后对比见图 4－23。

（a）改造前　（b）增加停车“咪表”　（c）停车费用翻番

图 4－23　格罗夫纳广场路内付费停车措施实施前后对比（1958 年）

2. 配建控制机制

（1）设置停车供给上限。巴黎规定公交车站 500 米范围内不允许建设停车场。如果要建设新的路外停车场，则必须对路内停车泊位进行削减，把道路资源用于拓宽人行道和自行车道。苏黎世规定如果在城市中心区外建设停车场必须通过交通影响评价，以确保新建停车场不会吸引更大交通量而导致交通拥堵，且空气污染不会超标。正是得益于这项政策，苏黎世被称为全世界最宜居的城市之一。

（2）设置停车配建标准上限。传统的交通规划都是设置最低停车配建标准，这也是一直以来亚洲、欧洲等国家的大多数城市采取的措施。目前，瑞士、意大利、英国、荷兰等国家开始建议以最高配建标准取代最低标准。

（3）规定停车场位置。欧洲国家的一些城市经常采取这种强制性规定，鼓励使用公交，建设充满活力的街道。

3. 交通工程设计

（1）设置物理隔离装置。一些城市设置了隔离桩，防止小汽车驶入人行道和公共广场对行人和自行车造成伤害，有些建筑的入口和走道还设置了可自动升降的隔离桩。

（2）重新调整公共空间。欧洲国家的很多城市开始削减历史街区或市中心的停车位。

（3）合理布置街道空间。合理布置现有停车位有助于让现有的街道空间更加舒适。苏黎世在道路两侧交叉设置停车位，形成一个急弯，车辆穿行时必须降低速度。巴黎和哥本哈根将停车位设置在机动车道和自行车道中间，形成一道隔离带以保护骑自行车的人。

4. 技术服务与创新①

（1）电子停车诱导系统。通过道路上的可变信息板为驾驶员提供附近停车场的实时信息，可减少驾驶员寻找车位的时间。目前，德国所有的主要城市都实现了停车诱导功能，以后将逐渐普及车内停车实时信息导航技术。

（2）手机收费技术。手机收费有方便和高效的特点，由第三方负责收费系统开发，代为收取停车费，并扣除少量的服务费。

（3）智能“咪表”（电子计时表）计时收费。采用磁感应技术能够快速识别超过规定时间停车的车辆，执法的督导员和驾驶员均能收到停车超时短信，使执法更有效。

（4）巡逻车执法。采用车牌识别技术和巡逻车监控停车管理可有效改善停车秩序。阿姆斯特丹就采用具有车牌识别技术的巡逻车用于停车执法，车顶装有 6 个摄像头，当车辆以每小时 40 千米速度行驶时，每秒钟可拍摄超过 160 张照片，车辆识别精准度可高达 98%。

（三）停车设施的分类

1. 按车辆性质分类

（1）机动车停车场。

（2）非机动车停车场。

2. 按管理方式分类

（1）免费停车场。

（2）限时（免费）停车场。

（3）收费停车场。

3. 按停车位置分类

（1）路外停车场：指在城市道路红线之外单独开辟的停车场地。

（2）路内停车场：指在城市道路红线内划定的车辆停放场地。

4. 按建筑类型分类

（1）地下停车库。

（2）地面停车场。

（3）停车楼：指专用或兼用停放机动车的固定建筑物。

---

① 戴帅，虞力英. 城市停车管理的启示与建议[J]. 道路交通管理，2013（7）: 46–47.

5. 按服务对象分类

（1）公共停车场：指为社会车辆提供停车服务的停车设施。

（2）专用停车场：指专业运输部门或企事业单位所属建设的停车场地，仅供有关单位内部自有车辆的停泊。

（3）配建停车场：一般是大型建筑物的业主及修建单位，按照《城市建筑物配建停车场（库）设置标准》的规定，为公共建筑和居住区配套建设的停车场所，主要为与该建筑物和居住区、生活活动相关的驾车者提供服务。配建停车场服务对象包括主体建筑的停车车辆及主体建筑所吸引的外来车辆。

二、停车管理的内容[①]

（一）停车需求管理

停车需求管理是指通过交通和停车管理政策对停车的需求进行有效管理，以保障城市交通系统正常发展和出行者正常需求的管理过程。目前，国内外对于停车的需求管理主要是从城市公共停车设施的需求和城市交通发展政策这两个方面来进行宏观调控。作为城市交通管理的一个环节，停车需求管理的方式和政策对于城市停车供给以及具体停车行为的实现都有一定的影响。可以看到，停车需求管理是实现有效的停车设施管理的必要前提，需要依据相关的城市交通发展政策来制定相应的停车需求管理法规和措施。

（二）停车供给管理

停车供给管理是指通过合理规划、规范经营、综合协调的手段，结合城市实际的经济发展、交通发展和土地利用情况，制定有效的停车设施供给政策，在保障合理的停车需求的前提下，明确相关管理权限和建设政策、法规，对各个规划阶段采取不一样的供给方案，并落实具体要求的过程。停车供给管理主要是针对停车设施的运营者和相关规划部门，因此需要综合协调两者的关系，政府及相关部门需要通过一系列激励政策，鼓励促进停车设施的经营发展以保障合理的停车需求。

（三）停车行为管理

停车行为管理是指通过停车管理相关法规制度的执行，在对停车者进行约束和管理的同时，改进现有管理技术设施，如引进停车诱导系统、改良停车人工收费模式等方式，引导驾驶员的停车行为，以达到有效的停车行为管理的决策过程。在这一过程中，需要注意影响停车者停车行为的因素，包括道路拥堵情况、等待和寻找停车位的消耗时间、停车便捷性、停车费用和停车设施的安全性等，因此，在停车行为管理的整个过程中必须周全地考虑，规避可能出现的问题和对管理效率产生影响的风险。另外，法规制度的可行性以及监管执行的力度与停车行为管理的效率也直接相关。

（四）停车收费管理

停车收费管理是指对各类社会车辆停放的收费标准、操作流程等提出相应政策和规定，以约束和规范停车设施责任人的经济行为的管理过程。停车收费行为是控制城市交通需求量的重要经济杠杆之一，停车收费管理就是通过价格的杠杆作用来减少相对来说并不十分必要的停车需求，缓解城市的交通压力，引导人们选择更合理的出行方式，使停车的供需

① 王景玲. 长沙市城市公共停车设施管理存在的问题及对策研究[D]. 湘潭：湘潭大学，2017.

趋于平衡。目前，停车收费标准主要有政府指导和市场调节两种，均是为了更好地体现公平、效率原则，实现有效的停车行为管理和合理的交通需求利用。

三、停车管理的实现技术

（一）停车需求管理技术

1. 停车需求的特点

根据城市出行目的的不同，城市停车需求可划分为回家停车、通勤停车、购物停车、就医停车、学校接送停车、枢纽接送停车、物流配送停车等。不同类型停车需求的特点如表 4－6 所示。

表 4－6　不同类型停车需求的特点

停车目的	车位距离要求	停放时间	收费敏感性	停车规律性	车位专属性
回家	中	长	强	强	强
通勤	中	长	强	强	强
购物	短	中	弱	弱	弱
就医	短	中	弱	弱	弱
学校接送	中	短	中	强	弱
枢纽接送	中	短	中	弱	弱
物流配送	短	短	中	中	中

2. 停车需求管理的主要方式①

停车需求管理是交通需求管理的内容之一。停车行为是动态交通的派生需求。所以，交通需求管理在解决城市中心区路外停车问题上将发挥重大作用。交通需求管理的方式有以下三个层次：

（1）第一层次：通过用地规划来实施交通需求管理。

交通需求是人类活动引起的。人类活动的分布和强度，是决定交通需求量多少的最为重要的因素。如果要从源头上解决交通拥挤问题，就要在土地利用规划阶段进行需求管理，通过土地利用的规划配置综合控制城市各行业在不同区域地块里的发展规模，合理引导人们出行活动的方式和方位，将人们的活动在空间上进行合理分布，减少不必要的出行和长距离出行以有效地降低出行需求总量。

（2）第二层次：通过改变交通方式来实施交通需求管理。

当交通需求总量基本确定之后，交通方式结构就成为道路上机动车交通需求量大小的决定因素。所以，要合理地引导适合的交通方式，如加强公共交通吸引力，将大量的个人交通转变为高效节能的公共交通，可有效地降低道路上的机动车数量，改善交通状况。

（3）第三层次：通过调整交通发生的时间和空间来实施交通需求管理。

交通发生的时间和空间的相对集中，是产生高峰路段、高峰时间交通拥挤的原因之一。通过对车辆使用管理、引导公交出行、均匀交通流时空分布、实施静态交通管理等，可分

① 吴涛，晏克非. 停车需求管理的机理研究[J]. 城市规划，2002（10）：85–88.

散高峰路段、高峰时间的交通量，从而缓解道路交通拥挤。

实施停车需求管理后，会给交通产生、交通分布、交通方式选择和交通分配以及驾车者的停车选择行为都带来变化：

1）放弃出行；

2）改变停车设施类型（例如，缩短路边停车时间限制将使更多停车者选择路外停车设施）；

3）改变停车地点（例如，对中心区停车的限制将导致外围区停车需求的增长）；

4）改变停放时间（例如，停车收费的变化或规定最长停放时间将导致停车者缩短停车时间）；

5）改变出行目的地（例如，对某一区域进行停车控制将导致购物者或其他弹性出行者改向其他区域）；

6）改变出行方式（更多的人将选择公共交通、自行车或步行）；

7）改变出行频率（例如，停车控制会使人们减少乘小汽车的购物或其他弹性出行的次数）；

8）改变出行时间（例如，更严格的高峰期停车控制会使部分驾车者避开这一时段出行）；

9）改变出行路线（例如，人们有可能选择能到新的停车地点的出行路线）。

3. 停车共享管理

（1）停车共享的含义。

停车共享指的是不同停车者通过共享车位的方式满足在一天、一周以及一个月内不同的时间及特殊场合的停车需求。例如，居住区在晚上的停车需求高于工作时间，而办公区则恰恰相反。

（2）停车共享管理的潜力。

各地的土地利用管理条例往往规定停车位的配建必须根据项目的用地性质来决定。但不同的土地使用方式，其停车需求高峰时段也不同。这导致城市空间未被充分利用，减少了开发更具活力和更加紧凑的设计项目的可能性。

（3）停车共享管理的意义。

1）节省城市有限的土地资源；

2）促进现有停车设施的高效和最优化使用；

3）减轻开发商建设更多停车位的负担；

4）平衡停车供需关系；

5）支持公共交通导向的发展。

（二）停车供给管理技术

停车设施按位置分为路内、路外和配建三类，其中对道路交通影响最大的是路内停车。2010 年 5 月，中华人民共和国住房和城乡建设部、公安部、发展和改革委员会联合发布《关于城市停车设施规划建设及管理的指导意见》（建城〔2010〕74 号），确立了“严格控制占道停车位的数量，逐步形成配建停车为主、路外停车为辅、占道停车为补充的城市停车格局”工作目标。

1. 路内停车管理[①]

路内停车是指机动车在道路红线范围内的路上或路内停车，或人行道边的自行车停车。路内停车管理的目的是使道路在行车及停车两方面能够得到最佳的使用。

（1）禁止路内停车的管理

《道路交通安全法》规定，机动车应当在规定地点停放。在道路上临时停车的，不得妨碍其他车辆和行人通行。所以，车辆必须停放在停车场或准许停放车辆的地点，且依次停放，不准在车行道、人行道和其他妨碍交通的地点任意停放。

有些国家的交通法规中，对于禁止停放车辆的地点规定得非常明确。例如，美国的《统一车辆法规》中规定：除人行道、桥梁、隧道内不准车辆停放外，在距交叉口、车辆进出口、人行横道、消防栓、停车标志、让路标志、信号灯等一定距离内的道路内不准停车。

（2）允许路内停车的管理。

1）允许路内停车路段的确定。能否路内停车，取决于该地区的道路条件及行车与停车需求的相对重要性。

2）规范和完善路内停车标志标线。在路段设置醒目的交通标志标线，明确是否允许停车以及停车收费标准、收费时间等，从而为出行者提供完善的信息，为执法部门提供执法基础。在路面上用标线画定停车车位，并选用最合理的停车位划分形式，节约道路资源。

3）限时管理。在路内停车需求量超过可供停车车位的地区，为提高停车地点的停车周转率，可采取限时停车的管理措施。

4）差异化的收费管理。按次收费的策略不利于停车设施结构的合理化发展。路内停车收费应高于路外停车，并根据区域、时间的不同采取差别费率。

5）加强路内停车执法管理。

2. 路外停车管理

路外停车设施由停车泊位、停车出入口通道以及其他设施（如给排水、防火栓、修理站、电话通信设施和绿化等）组成。

（1）政策管理。

1）用地严格控制，不得随意改变用地性质；

2）政府可给予路外社会公共停车场政策、资金倾斜，吸引社会资本参与建设、经营，加快公共停车场建设步伐；

3）加强立体停车楼的推广应用，同时解决建设当中的法规障碍、车库产权、资金等问题；

4）通过停车收费政策调整路内、路外停车比例，当路内泊位利用率下降幅度较大时，可以考虑取消部分路内停车泊位，还道于机动车或非机动车，以缓解道路拥堵；

5）针对目前停车难、停车乱的现状，鼓励社会单位开放空闲停车位，并收取一定费用，以此改善停车位不足的局面；

6）加大乱停车管理处罚力度，加强公务用车改革；

---

① 戴帅，顾金刚，刘金广. 路内停车管理对策[J]. 城市交通，2012（5）: 36–40.

7）提高公共交通竞争力，降低小汽车使用量，适当抑制车辆停放需求。

（2）出入口管理。

布置停车场（库）出入口时应考虑以下几点：

1）在停车场出入口设置禁停区域，避免对车辆进出的干扰；

2）出入口必须在道路交叉口净空区域外；

3）出入口不应面向交通干道，应设在背向干道的支路或次要道路上；

4）出口和入口最好分开；

5）进出车辆应“右进右出”，即不准左转进出停车场。

3. 配建停车位管理①

停车场（库）配建管理从业务环节上主要分为规划、建设、竣工验收、经营管理四个阶段。从各个阶段来看，可以采取的优化策略有：

（1）规划阶段。

1）停车配建标准中的建筑分类应综合考虑用地性质、建筑类型及停车需求等，以贴近规划需要；

2）加强停车配建标准与控制性详细规划的有效衔接，保证配建标准的严格执行；

3）取消新建项目停车配建指标的下限规定，实现上限管理；

4）停车配建指标的确定应考虑与城市公共交通系统的协调，在轨道交通站点覆盖的区域内，住宅停车配建指标应适当降低。

（2）建设阶段。

1）强化配建停车标准的严肃性，严格审查，从源头上控制不符合停车配建标准的建筑物产生；

2）在初步设计审查环节加强对停车位设计技术细节（泊位尺寸、转弯半径、净空、通道宽度等）的把关。

（3）竣工验收阶段。

1）建立完善配建停车场（库）验收程序，避免在建设过程中不建、缩建或改建配建泊位的现象；

2）对于不符合停车配建标准的现象，制定具体明确的行政处罚措施，严格执法，加大处罚力度；

3）完善统计档案制度，建立建筑物停车泊位数据库并纳入交通行政主管部门的行业管理平台，为后期的日常监督管理提供依据。

（4）经营管理阶段。

1）停车场（库）的日常监管部门加强使用跟踪及信息反馈，实现联动管理，建立健全停车场（库）长效管理机制；

2）定期对建筑物配建停车场（库）展开巡查，对擅自将停车场（库）或停车位挪作他用的行为加大处罚力度，采取强有力的法律手段实施制约和管理。

---

① 喻军皓. 上海市停车场（库）配建管理机制研究[J]. 城市规划，2015（4）：76–81.

（三）停车行为管理技术

1. 临时停车行为管理

（1）临时停车的影响。

在交通繁忙的道路上，临时停车会形成道路上的临时“瓶颈”，导致交通堵塞。在一些危险路段如陡坡、急转弯处，临时停车会造成额外的安全隐患。此外，对于消防、加油站等特殊设施，临时停车会对其正常使用造成干扰，故应禁止临时停车。《道路交通安全法实施条例》对禁止临时停车的地点进行了明确规定。

（2）允许临时停车地点的确定。

除《道路交通安全法实施条例》规定禁止停车的地点外，可视道路交通条件，设置允许临时停车的地点。一般应考虑以下几点：

1）在交通繁忙的干道上应禁止临时停车，但在有商店、库房、工地等因装卸货物必须临时停车的地方，可规定时间允许临时停车；

2）在酒店、地铁口、对外交通枢纽、学校等有较多乘客上下车需求的地方，可允许临时停车，但只准上下乘客，限制装卸货物，同时限制允许临时停车的时间；

3）为方便出租汽车乘客上下车，除规定的不准临时停车之外的路段上，可考虑允许上下乘客的短时停车。

（3）临时停车行为的管理。

在允许临时停车的地点，为保证临时停车的安全及不影响其他车辆行驶，应规定按顺行方向靠道路右边停车，驾驶员不准离开车辆，妨碍交通时，必须迅速驶离；车辆没有停稳前，不准开车门和上下乘客，开车门时不准妨碍其他车辆和行人通行。

2. 停车诱导管理

（1）停车诱导系统的概念。

停车诱导系统（Parking Guidance and Information System，PGIS）是以促进停车场及相邻道路的有效利用为目的，通过多种方式向驾驶员提供停车场的位置、使用状况、路线以及相关道路交通状况等信息，诱导驾驶员最有效地找到停车场的系统[①]。

（2）停车诱导系统的功能。

1）提高停车者的使用方便性：通过全面的停车场信息提供，使得驾驶员容易找到停车场，了解停车场的有关情况并使用停车场；

2）促进交通顺畅，确保交通安全：通过提高现有停车场的使用效率，减少停车等待排队和迂回行驶，减少路侧违法停车，从而达到减少道路交通障碍，最终实现畅通的交通流，确保交通安全的目的；

3）提高停车场使用效率：通过向驾驶员提供及时、准确的停车场使用状况信息，化解由于停车需求和停车场在时空上分布不均所产生的问题，提高停车场的使用效率，同时提高停车场的经营效率；

4）增加商业区域的经济活力：通过建立停车诱导系统，树立商业区域“安全、便利、舒适”的形象，从而达到吸引更多到访者，提高商业区域活力的目的。

---

① 关宏志，刘兰辉，廖明军. 停车诱导系统的规划设计方法初探[J]. 公路交通科技，2003（1）: 136–139.

（3）停车诱导系统的构建[①]。

停车诱导系统由信息采集、信息处理、信息传输、信息发布等部分组成，如图 4－24 所示。其大致的工作原理是，通过一定的设备采集停车场内所有剩余空车位数、周边道路交通状况信息，经由控制中心计算、处理后，形成便于驾驶员使用的信息，通过数据传输设备发布到路边动态显示板等设备，供使用者接收或查询。

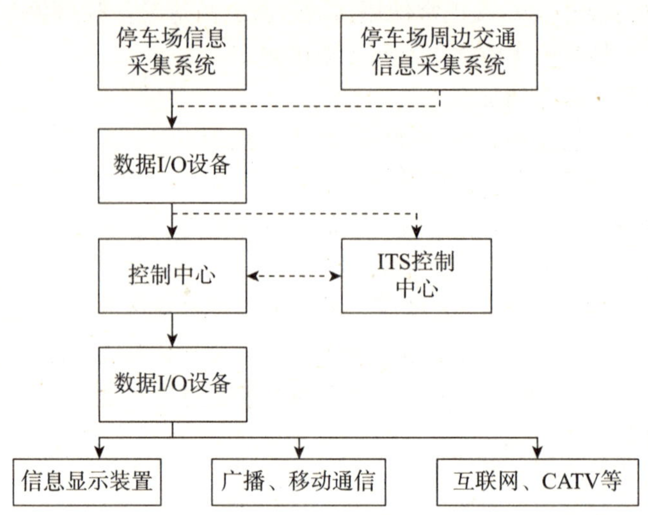

图 4－24　停车诱导系统的基本结构

各个部分的作用如下：

1）信息采集：采集对象区域内各个停车场相关信息，包括停车场的名称、位置、停车空位、停车场的类型和服务水平、管理费用等。考虑对象区域的大小，还可通过其他的智能交通系统（ITS）获得前往停车场的相关道路交通信息，如是否拥堵等。

2）信息处理：在控制中心，将采集到的停车场使用状况以及周边道路信息加工处理，形成便于理解、使用的信息。控制中心还可以和其他 ITS 控制中心共用，便于信息整合、系统维护和降低成本。

3）信息传输：信息传递分为两类，即从各个停车场向控制中心传递停车场的使用状况信息和从控制中心向信息发布装置传递信息，传统的方法有利用电话线、广播，现代化传送方法有互联网、移动通信等。

4）信息发布：将信息处理系统处理过的信息，以适当的方式向外界分若干层次发布。通常是由控制中心随时将各个停车场的使用状况在可变信息显示板（VMS）上以视觉或听觉的方式向驾驶员提供，也可以作为 ITS 的一部分，利用互联网、移动电话以及车载导航装置等方式发布。

图 4－25 显示的是路段上的停车诱导 VMS 板，图 4－26 显示的是某停车场内部的停车诱导系统。

---

① 关宏志，刘兰辉，廖明军. 停车诱导系统的规划设计方法初探[J]. 公路交通科技，2003（1）：136–139.

图 4－25 路段上的停车诱导 VMS 板

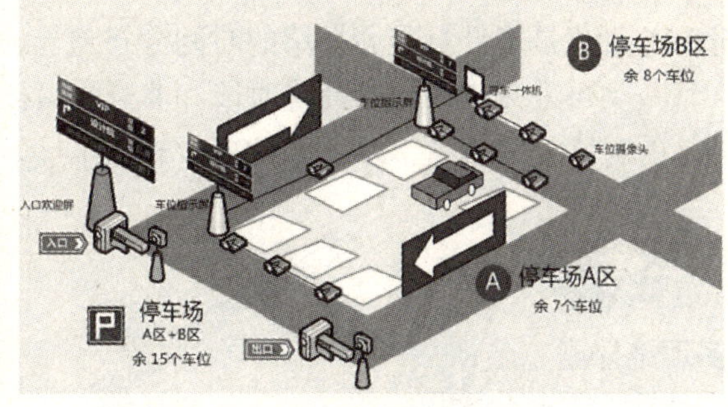

图 4－26 某停车场内部的停车诱导系统

（四）停车收费管理技术[①]

1. 停车收费的经济学原理

停车设施是为社会生产和居民生活提供服务的产品，体现一定的社会公益性。在消费上，停车设施表现出不完全的非竞争性和非排他性，同时兼具“拥挤性”的特征，它属于准公共产品。从经济学的角度来说，停车收费是调节停车设施供需关系的管理方式。由于停车设施具有准公共产品“拥挤性”的特征，为改善供不应求的情况，泊位提供者往往会对停车泊位的使用者收费，并将不付费者排除在外。车主占有停车场的部分使用价值，因此付出相应报酬。停车收费体现了社会公平、公正原则，是控制交通需求量的一个非常重要的经济杠杆。

2. 停车收费的作用

（1）体现了停车设施的经济属性。通过停车收费行为实现停车设施的价值与使用价值，使价值转化为价格。

（2）使停车设施建设者产生投资收益，补偿建设成本。合理的停车费率可以鼓励社会资金投资建设停车设施，从中获得投资回报，提高投资者的积极性，减轻政府的投入资金压力。

（3）通过合理的收费标准制定方式，例如计时累进方式，能够提高车位利用率和周转率，优化使用现有的停车设施。

3. 停车收费管理的原则

（1）分区差别化。

综合考虑交通运行空间分布特征、不同区域公共交通服务水平和土地开发强度等因素，确定停车收费分区。分区差别化停车收费政策总的原则是交通越拥堵、公共交通服务水平越高、土地开发强度越高的地区，停车收费越高。

（2）分类差别化。

分类差别化包括按需求分类和按停车类型分类两种。按照需求分类差别化的原则，将停车需求分为工作地、商业地及居住地停车需求三类。总体上，工作地应采用最高的停车收费标准，提高小汽车通勤出行的停车成本。按照路内停车和路外停车分类差别化的原则，应加强实施路内停车收费管理，确定路内停车收费与路外停车收费的合理比价关系，平衡路内与路外停车场的使用。

---

① 吕国林，孙正安. 深圳市停车收费调整探索[J]. 城市交通，2014（1）：12–17.

（3）分时差别化。

分时差别化是指针对交通拥堵的时间分布差异性，将停车时段分为工作日与非工作日两类，每一类再进一步细分为高峰时段和非高峰时段两类。分时差别化收费政策总的原则是越拥堵的时段收费越高，即工作日高于非工作日，高峰时段高于非高峰时段。

练一练

多项选择题

请阅读下面一个案例：

位于伦敦市中心的新项目中央圣吉尔斯是一个有着极佳的交通可达性、高密度、混合的城市开发项目成功案例。中央圣吉尔斯是位于伦敦中心的面积约 0.7 公顷的混合用途用地开发项目，于 2010 年 5 月竣工，建造成本约 42 亿人民币。这项开发项目包括两栋不超过 15 层楼的建筑，其功能包括办公、居住、购物和餐饮，容积率 9.4。此外，这项开发项目还包括 109 套住宅，其中 53 套为经济适用房。将写字楼出租给许多知名度高的公司，包括 Google 和环球 NBC 等。项目首层围绕着一个院子布置，四周全部为商店及餐馆。由于地块尺度小（平均边长为 49 米），因此建筑和公共开敞空间可从任意一边进入，并且对所有市民开放。由于卡姆登区议会坚持该建设项目应该尽量实现“无车化”，因此本项目只提供 10 个停车位，其中一些是残障人士专用车位，其余车位每建一个则需要支付 10 万英镑。在这个项目周边，仅有少量的为短时停车的访客服务的路内咪表停车位，以及 3 个根据市场价格收费公共停车库。虽然在中央圣吉尔斯没有机动车停车场，但它在地下配建 200 个自行车泊位，提供能避雨和安全的自行车停放服务。在项目周边的街道上，还设置有更多的自行车停放点。为了鼓励骑车上班，该开发项目提供 12 个带有更衣室和储物柜的淋浴间。涵盖了伦敦的大部分地区的巴克莱公共自行车系统，在中央圣吉尔斯及周边设有服务站点。在中央圣吉尔斯项目的 500 米步行范围内有三个地铁站（分别位于三条不同的地铁线上），这个范围以外的邻近地区还有更多的地铁站。步行到红线和黑线交汇的托特纳姆法院路地铁站只需花 2 分钟。这个区域内有 17 条公交线路站点，所有公交站也都在几分钟的步行范围内。周边地区有安全的街道（有 30 千米 / 小时的速度限制）有连续的行人和自行车通道小尺度的交叉口。

在这个案例中，采取的停车管理策略有（　　）。

A. 停车需求管理

B. 停车供给管理

C. 停车行为管理

D. 停车收费管理

【解析】本题正确答案为 A、B、D。

学完上述内容以后，大家应该能辩证地看待停车的供需矛盾。进一步的，对于不同城市的实际停车问题，应当能够综合运用所学技术，因地制宜地提出合适的停车管理战略。最后，请认真完成在线学习活动 3，它将有助于你更好地理解本部分的相关内容。

知识点 4　慢行交通管理

学前思考

在我国城市居民生活方式和价值观念发生缓慢而深刻变化的背景下，人性化街道设计的理念也愈来愈受到重视。让一条街道成为人民群众对美好生活向往的空间载体，需要对慢行交通特征有充分的理解，并对慢行空间、慢行设施等进行科学的规划、设计与管理。本部分我们就来学习慢行交通管理的相关知识。

知识重点

学习提示：慢行交通主要分为步行和非机动车两种。无论哪种方式，都与机动车交通有着显著的差异，因此我们将首先分析慢行交通特性，明确慢行交通功能定位，形成科学的慢行交通发展理念。其次，我们将从人行道与非机动车道、慢行交通过街设施、慢行交通辅助设施等方面对慢行交通管理的细节展开系统的学习。最后，对于无桩共享自行车这一广受好评却又在某种程度上粗放发展的新兴慢行交通工具，我们将就其管理策略进行简单探讨。

一、慢行交通管理概述

（一）慢行交通的含义、分类与特性

1. 含义[①]

目前，关于城市慢行交通尚没有公认的定义。国内最早提出慢行交通概念的是《上海市城市交通白皮书》(2002)，提出慢行交通的主要构成为步行、自行车、助动车。近年来，众多国内学者对慢行交通进行了界定，虽然具体的定义不同，但对慢行交通的基本要素的理解日渐趋于一致：

（1）慢行交通是与快速、高速的机动车交通相对应的概念，强调其本身速度较低。

（2）慢行交通的主要方式是自行车和步行。

（3）虽可能有助力，但慢行交通以人力为主要动力。

2. 分类

《北京市慢行交通设计导则》(2012)对行人和非机动车交通系统进行了定义：

（1）行人交通系统。

由道路两侧的人行道、胡同、小区内道路、步行街、行人过街设施、行人空中连廊、地下街以及交通广场等组成，供行人通行、驻留的区域。

① 张昱，刘学敏，张红. 城市慢行交通发展的困境与思路[J]. 城市发展研究，2014（6）: 113–116.

（2）非机动车交通系统。

由道路两侧的非机动车道、胡同、小区内道路、自行车专用道等组成，供自行车行驶、停车的区域，由行驶系统和停车系统两部分组成。

3. 特性

（1）速度：以人力为空间移动的动力，所以平均出行速度较慢，步行速度主要分布在0.5m/s~2m/s，自行车速度主要分布在5km/h~25km/h。

（2）出行距离：由于速度和耐力的限制，步行适宜的出行距离一般在1km以内，自行车适宜的出行距离在6km以内。

（3）空间占用：慢行所需占用的城市空间较小。

（4）可达性：慢行交通的可达性是所有出行方式中最高的，往往起出行末端的衔接作用，可以遍及城市公共空间的每一个角落。

（5）环保性：不产生或较少产生环境污染，兼有锻炼身体的功效。

（6）安全性：慢行无任何防护，在人车混行的情形下处于弱势地位；同时，行人和骑行者不需要通过任何交通法律法规考试，对交通规则的遵守程度低于机动车出行者。

（二）慢行交通存在的问题及其成因

1. 慢行交通存在的问题

（1）安全性低。

“机非混行”是中国很多城市典型的交通特点，这一特点使得与慢行相关的交通事故频发。而骑行者和行人在交通事故中常常处于弱势地位，导致交通事故中慢行者的死伤人数占有较大比例。此外，在事故中，慢行者通常扮演事故主要责任人的角色，违章穿行机动车道、抢道行驶是最主要的事故诱因。

（2）舒适性差。

在“车本位”的理念下，有限的道路资源更多地被让位于机动车，因此很多慢行交通设施未按标准设计，人行道、自行车道宽度等严重不足。此外，由于管理不力，路灯和交通标志等公共设施、停车位、道路绿化等占用、打断人行道和自行车道的现象普遍，进一步影响了慢行系统的连续性，降低了慢行者出行的舒适性。

2. 慢行交通问题的成因①

（1）机动化导向压缩慢行需求。

在我国经济社会飞速发展过程中，城市空间扩大，出行距离和时间不断增加，汽车进入家庭，慢行交通逐步转向机动交通以满足日常出行需求，交通系统的规划设计逐步倒向以机动交通为主体，道路空间最大化满足机动车，慢行空间被严重压缩，慢行比例急速下降。

（2）交通参与者违法。

我国道路交通参与者素质偏低，行人、慢行交通工具骑行者心存侥幸心理，交通违法现象严重，进而导致道路交通运行秩序混乱、事故频出，在“机非混行”路段尤为突出。

（3）交通管理理念、方法、设施不足。

机动化进程催生了“车本位”思想，交通管理最大化满足机动车需求，对慢行交通管理缺乏“以人为本”理念的指导。慢行交通参与者违法现象治理难度大，管理方法针对性

---

① 巩建国，黄金晶. 大城市慢行交通管理对策研究[J]. 道路交通管理，2013（9）：32–33.

差。慢行过街安全设施、交叉口渠化等设施布局短缺或设计不合理，不能充分尊重慢行需求，导致慢行违法通行，进而产生秩序和安全问题。

（三）慢行交通管理的原则与理念

1. 功能定位①

（1）作为出行方式的功能。

慢行交通既是城市交通出行方式中的一类独立出行方式，也是其他机动化出行方式（如地铁、公交等）不可或缺的衔接组成部分。与机动化出行方式相比，慢行出行是一种适应城市交通可持续发展的重要出行方式。

（2）作为休闲方式的功能。

慢行交通不仅仅是一种交通出行方式，更是城市活动系统的重要组成部分。慢行交通是实现人与人面对面交流、城市紧张生活压力的释放、城市精彩生活感受的最基本且不可或缺的活动载体。通过营造环境优美、高度人性化的慢行环境，增进市民之间的情感交流，保护市民的生活安全，促进城市居民创造力的发挥；并可直接支持城市休闲购物、旅游观光、文化创意产业发展的提升，从而提高城市整体魅力。

2. 原则与理念

（1）安全性。

任何一种交通方式的选择，必定首先考虑其安全性。与机动车相比，慢行者属于交通弱势群体，极易在出行过程中受到伤害。因此，在对慢行交通系统进行设计时，应首先保证慢行者的出行安全，提供足够的安全设施和适应中国国情的管理措施，同时提高国民整体素质。安全性是慢行交通系统最重要的设计原则。

（2）兼顾效率与公平。

人们多样化地参与城市经济活动，拥有多样化的生活方式，因而有着不同的交通需求，单一的交通模式会束缚人们的行为。从公平性上看，儿童、老年人和低收入人群主要的出行方式是慢行交通和公共交通，随着老龄化社会的到来和城市贫富差距的日益凸显，城市交通应该更为关注弱势群体的交通通达，为他们创造公平的出行环境尤为重要，以确保每个交通出行者平等的路权。从效率上看，城市的快速机动交通系统再发达，也不能完全解决末端交通问题，各种交通工具接驳的“最后一千米”问题必然要通过慢行交通来解决。所以，发展慢行交通是解决“最后一千米”问题的最有效手段，可以有效提高城市交通运行效率。

（3）正确处理好慢行交通系统与公共交通的关系，完善换乘设施建设。

自行车交通在一定的交通层次范围内具有公共交通无法取代的优势和适应性。自行车交通应是城市公共交通的合理补充，而不是替代品。所以，在优先发展公共交通的同时，应该特别重视慢行交通系统的建设，使之与公共交通等其他交通方式有机衔接。应着力发展“自行车＋公交”及“步行＋公交”的换乘模式，促进两者协调发展。通常靠近城市中心区，公交线网较密，应强化“步行＋公交”换乘模式；反之，对于外围区，则应强化“自行车＋公交”换乘模式。

---

① 李晔. 慢行交通系统规划探讨——以上海市为例[J]. 城市规划学刊，2008（3）：78–81.

（4）倡导多功能、紧凑的社区发展模式。

针对目前许多城市“摆钟式”的人口流动造成交通拥堵等“城市病”，倡导新型社区发展模式，使居住、就业、生活购物、休闲游憩等主要的日常活动在相对小的范围内完成。在这种新型社区发展模式下，居住、工作、生活在相对集中的范围内，短距离慢行交通就可以解决，这样就可以从源头上减少长距离出行，使慢行交通成为城市社区内的主要出行方式。

（5）优化道路网络配置，建立慢行交通专用道路系统。

建立完善的慢行交通系统专用路网，保证慢行交通系统在道路系统中占有足够的比例和空间，提高其通行能力和服务水平。针对自行车交通，应不断加强支路网络建设，提高支路通达性和便捷性，吸引自行车交通流，缓解城市干道交通压力。针对步行交通，应从保护行人步行空间着手，减少各种形式的非法占用，同时提高步行空间的连续性和舒适性。

（6）推进城市公共自行车系统的发展。

公共自行车系统是由政府、社会组织或公司在客流集聚地设置站点，提供适于骑行的、具有特殊设计的自行车给需要的人群，自行车免费使用或根据使用时长收取少额费用，该系统还包括与之配套的技术系统、道路设置等。利用公共自行车，可以更好地完成与轨道交通的接驳，解决居民出行“最后一千米”问题，缓解交通拥挤，实现资源共享，提高城市交通的运行效率，解决市民出行的实际问题。

（7）加强停车管理，改善停车条件。

自行车乱停乱放一直是影响城市交通秩序的重要因素，尤其是共享单车这类无桩公共自行车出现后，其占用道路空间、人行道的现象愈发严重。因此，应加强对自行车停放的管理，在大型公交站点或公交枢纽等乘客相对集中地区，设置专用自行车停车场，并不断提高服务水平和智能化管理水平，以引导更多人自觉规范停车。

（四）慢行交通管理设计的一般规定

（1）行人和非机动车系统要连续、通畅。

（2）城市道路空间的分配应考虑所有交通参与者的利益，遵循“安全第一”的原则，在满足合理交通功能的前提下统筹考虑附属设施、景观及环境等其他需求。

（3）以流量为设计依据（定量分析操作困难，按地区、用地性质交叉分类取值）。

（4）无障碍、材料、景观、环保要求统一设计。

（5）公共服务设施的设置应不影响行人通行的安全与顺畅，宜结合沿线区域的需求，并考虑与周边建筑已有服务设施进行整合，避免重复。

（6）大型商业区、活动聚集区、交通广场等行人流量较大区域，应适当提高标准，满足行人通行要求。

（7）改建或改造道路受特殊条件限制，经安全、技术、经济、环境等方面的论证，可适当降低标准。

二、步行管理

（一）行人交通特性

1. 行人速度

行人速度一般为 0.8m/s~1.2m/s。信号交叉口，宜使用 1.2m/s 作为设计速度；一般人行道，设计速度取值可为 1.0m/s；行人滞留和老年人通行较多的区域，设计速度应适当降低。

2. 行人空间

一般每个行人排队或站立时所需空间为 0.75 平方米。

3. 通行能力

不同人行交通设施的基本通行能力应按表 4－7 选取。

表 4－7　不同人行交通设施的基本通行能力

人行交通设施	单条行人通行带宽度（m）	基本通行能力［人/（h·m）］
人行道	0.75	1 440~1 800
人行横道	0.75	2 000
人行天桥、人行地道	0.75	1 800
车站、码头等处的人行天桥、通道	0.90	1 400

不同类型行人空间占用情况见图 4－27。

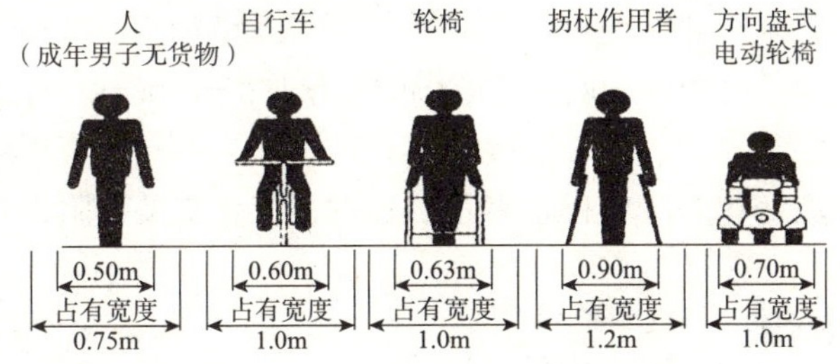

图 4－27　不同类型行人空间占用情况

（二）人行道

1. 定义

（1）人行道。

城市规划道路红线至车行道边缘的空间，可包括行人通行带、设施带及绿化带。

（2）行人通行带。

供行人安全、正常行走的通行空间，又称路侧带，即行人交通系统范围内供行人通行的有效宽度。

2. 基本设置要求

（1）各级城市道路两侧均应设置人行道；对于受到条件限制，仅在道路单侧设置人行道的情况，应结合行人通行需求和条件及周边用地情况分析确定。

（2）任何单位和个人不得占用人行道范围空间；行人通行带内不得设置任何妨碍行人通行的设施。

（3）商业集中区、活动聚集区、广场、交通枢纽、学校等行人流量较大的区域应在人行道外侧设置人流集散区，不得占用人行道空间。

（4）行人通行带宽度应根据道路规划红线宽度、道路等级、行人流量、公共设施布置要求以及沿线建筑规划建设情况等因素综合确定，并满足行人的安全和出行通畅要求。

（三）行人过街设施

1. 行人过街设施的形式

行人过街设施分为平面过街和立体过街两种形式。平面过街设施主要包括人行横道线、行人安全岛、行人信号灯、按钮式行人信号灯等。立体过街设施主要包括人行天桥、人行地道、空中连廊等。

2. 设置原则

（1）城市快速路主路应设置立体过街方式，其他城市道路以平面过街方式为主，立体方式为辅，对于部分交通量较大的主干道，在重要行人过街位置可设置立体过街设施。

（2）行人穿越城市主、次干道的流量较大而又未达到设置立体过街设施的标准时，应设置专门的行人过街信号相位，相位时长应根据过街行人流量及人行横道宽度确定。

（3）城市道路主路设置有公交车站时，在辅路上应设置人行横道，保证乘客安全，方便穿越辅路。

（4）大型商业办公街区、大型交通枢纽等人流集中的地区，宜设置连续的、与周边公共建筑相连的地下或空中连廊。

（5）采用立体过街方式的同时应考虑设置机械升降装置，方便行动不便者使用。

（6）人行过街设施间距应根据行人过街需求设置。一般情况下，快速路宜为300m~500m，主干道宜为250m~300m，次干道宜为150m~300m。对于重要节点，应靠近设置。

（7）在弯道或纵坡变化路段等视距不足的地方、信号交叉口附近、瓶颈路段等，不宜设置人行横道线。

3. 路段平面过街设施

（1）人行横道。

1）路段人行横道宽度建议为4m，在前后一定距离应设置车辆限速、警示及行人指路标识。

2）路段人行横道宽度范围内缘石宜做成斜式或平式，便于儿童车、轮椅及残疾人通行。

3）居住区及商业区行人过街流量较大的区域，支路路段人行横道可适当抬高，提升行人过街的可视性，同时可降低机动车车速。

（2）安全岛。

1）当路段机动车道达6条或人行横道长度大于30m时，应在中央分隔带或机非分隔带上的人行横道处设置行人安全岛。

2）路段行人安全岛的宽度适中，不宜小于连接处人行道宽度。有中央分隔带时宜采用栏杆诱导式，无分隔带时宜采用斜开式。

安全岛设计示例见图4－28、图4－29。

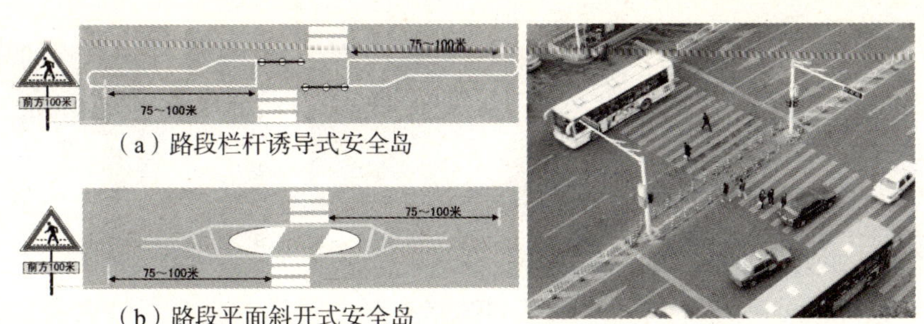

（a）路段栏杆诱导式安全岛

（b）路段平面斜开式安全岛

图 4－28　路段行人安全岛设计形式

图 4－29　某路段行人安全岛设计

4. 平面交叉口过街设施

（1）人行横道。

1）设置行人平面过街设施的交叉口，应满足视距要求，清除视距三角形范围内影响驾驶员视线的障碍物。

2）平面交叉口人行横道应设置在驾驶员容易看清的位置，最小宽度不宜小于 4m，需要时可根据行人流量加宽。

（2）安全岛。

1）人行横道长度大于 30m，或双向机动车车道数大于或等于 6 条时，宜设置路中行人安全岛。

2）交叉口行人安全岛的宽度不宜过小，长度不宜小于同侧人行道的宽度。

（3）转角空间。

1）交叉口转角处的人行道高度不应过低，行人通行带宽度应适当加宽，便于组织行人过街。

2）交叉口转角处行人驻足面积不宜过小，人流量较大的区域应适当增大。

5. 立体过街设施

立体过街设施一般设置于城市快速路，可以对行人进行有效分流。但立体过街设施降低了行人过街的流量，同时投资过大、影响景观，因此需谨慎设置。

（四）步行管理辅助设施

1. 辅助设施分类

（1）一般设施带。

道路附属设施一般布置在设施带内，尽可能减小对行人通行和道路景观的影响。车行道外侧行道树区域作为设施带，宽度一般为 1.5m~2m。

（2）限制性设施带。

道路附属设施的安排必须符合行车安全视距要求。在城市道路交叉口、轨道交通出入口、公交车站、过街设施、公建集中人群出入口和机动车出入口等人行交通节点，应限制附属设施的种类，只能设置人行交通节点所必需的设施，包括导引标识、照明设施、废物箱等，设施布置应不影响行人通行。

2. 分离设施

分离设施可采用的形式有三种，包括缘石分离、护栏分离和人行道桩，见图 4－30。

(a)缘石分离

(b)护栏分离

(c)人行道桩

图 4－30　分离设施

3. 引导设施

（1）分类及设置原则。

1）指示标识：设置在交通换乘及道路交叉口位置。

2）引导标识：设置在道路行进方向发生改变的位置。

3）确认标识：结合目的地识别方便性的需求设置。

（2）人行标识系统要体现空间引导效应，应能指示最佳路径方向与距离，命名应体现城市文化特色，宜与公共设施呼应形成城市空间中的景观。

4. 照明设施

（1）原则。

人行系统照明设施应按照安全可靠、技术先进、经济合理、节能环保、维修方便的原则设置。

（2）设计规定。

人行系统照明设施应符合《城市道路照明设计标准》（CJJ 45–2015）的要求。特殊地点应比平直路段连续照明的亮度高、眩光限制严、诱导性好，能保证视障者顺利通行。

5. 无障碍设施

（1）原则。

人行系统应体现道路使用者“人人平等”的原则，创造行人通行的无障碍环境。

（2）设计规定。

人行系统应根据通行要求设置无障碍设施，设计满足《城市道路和建筑物无障碍设计规范》（GB 50763–2012）的要求。

（五）人行信号灯

1. 显示

人行信号灯一般为红绿两色，红色灯面上有行人站住不走的图像，绿色灯面上有行人行走的图像。目前，人行信号灯的显示一般与同向车行灯同步，绿灯结束前有闪烁绿灯（或同时显示倒计时），提示尚未离开人行道的行人应该停步，已在人行横道内的行人应赶快过马路。

2. 设置要求

一般在信号控制交叉口及非支路路段中间和干道优先交叉口越过主干道（相当于路段中间）人行横道处都应设置人行信号灯，在残障人较为集中的地点，还应设置声音提示装置。

3. 控制形式

在信号控制交叉口，人行信号灯的显示一般与同向车行灯同步。路段中间人行横道信号灯，可与上下游交叉口机动车信号联动控制。此外，可采用行人按钮式信号灯，实际上是一种半感应信号，可在上游配备车辆检测器使用。

三、非机动车管理①

（一）非机动车交通特性

1. 非机动车速度

非机动车行车速度变化范围一般为 5km/h~25km/h。设计速度宜按 11km/h~14km/h 取值。交通拥挤地区和路况较差的地区，其设计速度宜取低限值。

2. 非机动车空间

目前，自行车种类很多，除双人、三人自行车外，自行车车辆外廓有向小型发展的趋势。一般来说，自行车的外廓参考尺寸可取车长 1.8m、车宽 0.6m、车高 1.2m，载人车高 2.25 米。

3. 通行能力

（1）路段非机动车单车道设计通行能力，采用机非分隔设施时，为 1 000~1 200 辆 /（h · m），采用路面标线分隔时，为 800~1 000 辆 /（h · m）。

（2）自行车专用路单车道的设计通行能力应在上述数值基础上乘以 1.1~1.2。

（3）信号灯交叉口，在绿灯通行情况下，非机动车单车道设计通行能力为 1 000 辆 /（h · m）。

（二）非机动车道

1. 定义

非机动车道，是指车行道上自右侧边缘至第一条车辆分道线（或隔离带、墩）之间或者在人行道上划出的车道，除特殊情况外，专供非机动车行驶。

2. 设置原则

（1）城市非机动车道路网由城市道路两侧的非机动车道、胡同、小区内部路以及单独设置的非机动车专用路共同组成，保证非机动车连续通行。

（2）城市道路两侧应设置非机动车道，非机动车道宜布置在右转机动车道外侧；车道设置应与沿线土地使用情况紧密结合。

（3）非机动车道在公交车站附近设置时宜采取外绕模式，避免进出站公交车辆对自行车的干扰与威胁。

（4）有条件的路段可根据实际情况设置非机动车专用路，但不得取消原有道路两侧与土地使用关系密切的非机动车道，不增加非机动车交通绕行距离。

（5）非机动车道路面宽度包括非机动车道宽度及两侧各路缘带宽度，非机动车单车道宽度应综合考虑非机动车流量和道路等级要求，并且应具有一定的服务水平。

---

① 本部分以自行车为例，介绍非机动车交通管理。

（三）非机动车过街设施

1. 设置原则

（1）非机动车过街设施规划一般宜与行人过街设施相结合，宜同步考虑、同步规划。

（2）非机动车过街尽量采用平面过街方式，在考虑非机动车立体过街的情况下，应根据非机动车流量和流向设计过街设施。

（3）非机动车立体过街设施宜结合行人立体过街设施统一布局。

2. 路段过街设施

非机动车宜采取下车推行方式与行人共用路段过街设施过街。部分非机动车流量较大的路段可适当加宽过街设施宽度，并设置过街标志。

3. 平面交叉口过街设施

（1）非机动车交叉口左转过街时宜施画非机动车左转待转线，确定左转待转区。

（2）右转机动车流量较大时，建议对右转机动车采取相应的信号控制，保证同侧非机动车过街不受干扰。

（3）当直行非机动车流量较大时，可将自行车停止线画在机动车停止线的前面，当绿灯亮时，让自行车先进入交叉口，避免与机动车相互挤占道路。

（4）非机动车道与机动车道或铁路在同一平面交叉时宜尽量采取正交方式，非机动车采用骑行方式通过交叉口。

（四）非机动车管理辅助设施

1. 隔离设施

（1）根据隔离程度的不同，非机动车道可分为独立和混行非机动车道两大类。

（2）独立非机动车道，根据非机动车与机动车分离或分隔的程度，又分为非机动车专用道、分车带分隔的非机动车道和护栏分离非机动车道三种。

（3）城市次干道及以上等级道路，机动车道和非机动车道之间必须实行物理隔离；城市支路非机动车交通量较大的，也应根据条件设置机非隔离设施。

2. 引导设施

（1）原则。

进入非机动车道前应有提示标识，路面上要有非机动车道标线，交叉口或转弯路段应设置警告标识，防止非机动车驶入。非机动车专用道要配备及设置必要的标识系统，以确保不被机动车交通或其他交通干扰。

（2）设计规定。

交通标识和标线的名称、图形、颜色、尺寸、设置地点等，应遵循《道路交通标志和标线》（GB 5768–2017）的相关规定。

3. 照明设施

（1）原则。

非机动车系统照明设施应按照安全可靠、技术先进、经济合理、节能环保、维修方便的原则选择。

（2）设计规定。

非机动车系统照明设施应满足《城市道路照明设计标准》（CJJ 45–2015）的要求。

曲线路段、交叉口、铁路道口、广场、停车场、坡道、路段转弯处等特殊地点应比平直路段连续照明的亮度高、眩光限制严、诱导性好。

4. 停车设施

（1）建筑配建的非机动车停车场应根据服务对象性质及用地条件，采用分散与集中相结合的原则进行就近布设，一般宜布设在建筑物出入口附近的场地内。

（2）公交车站、轨道交通车站、公共交通枢纽，应根据换乘需求就近设置足够、方便的非机动车停车设施，为换乘提供良好条件。

（3）非机动车停车设施的数量宜根据公共交通枢纽处换乘需求统一布置。

（4）非机动车停车位可与绿化结合设置。

（五）无桩共享自行车管理

1. 共享单车的概念

目前，学界尚无对“共享单车”的一致定义。2017 年 8 月 3 日，交通运输部等 10 部门发布了《关于鼓励和规范互联网租赁自行车发展的指导意见》(以下简称《意见》),《意见》指出：互联网租赁自行车（俗称“共享单车”）是分时租赁营运非机动车，是城市绿色交通系统的组成部分，是方便公众短距离出行和公共交通接驳换乘的重要方式。

2. 共享单车运营管理存在的问题

（1）企业过度投放导致共享单车数量激增，使用者无序停放大量占用道路公共资源和空间。

（2）共享单车平台企业运营机制不完善，导致用户的行为得不到有效的监控，出现逆行、抢道、闯红灯等不遵守交通规则的情况，还多次发生因未成年人骑行共享单车导致的交通事故等严重问题。

（3）政府相关部门的配套监管政策未能及时跟进，对共享单车定位不清，对企业管理监督不到位，对共享单车投放区域、数量等的管控缺失，超出了城市承载能力与实际出行需求。

无序发展导致被大量遗弃的共享单车

资料来源：余国磊．浅析“共享单车”运营和管理中存在的问题与对策 [J]. 知识经济，2017(09): 87-88.

3. 共享单车管理原则

《意见》对共享单车的发展和管理提出了以下指导原则：

（1）坚持服务为本。

树立以人民为中心的发展思想，维护各方合法权益，为公众提供更安全、更便捷、更绿色、更经济的出行服务。

（2）坚持改革创新。

以“互联网+”行动为契机，发挥市场在资源配置中的决定性作用，更好地发挥政府作用，探索政府与企业合作新模式，激发企业创新动力和活力，促进行业健康有序发展。

（3）坚持规范有序。

坚持问题导向，实施包容审慎监管，形成鼓励和规范互联网租赁自行车的发展环境，落实企业主体责任，依法规范企业经营，引导用户守诚信、讲文明，维护正常运行和停放秩序。

（4）坚持属地管理。

城市人民政府是互联网租赁自行车管理的责任主体，充分发挥自主权和创造性，因地制宜、因城施策，探索符合本地实际的发展模式。

（5）坚持多方共治。

充分调动各方面积极性，加强行业自律，引导公众积极参与，形成政府、企业、社会组织和公众共同治理的局面。

普通划线停车点

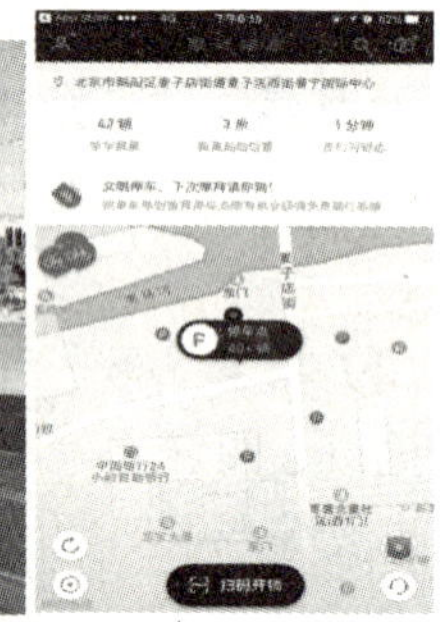

某品牌单车智能推荐停车点

练一练

排序题

请仔细观察下面五种不同的非机动车道设计方案，然后从多个角度对这些方案进行比选排序（从左往右图片编号分别为 1、2、3、4、5）：

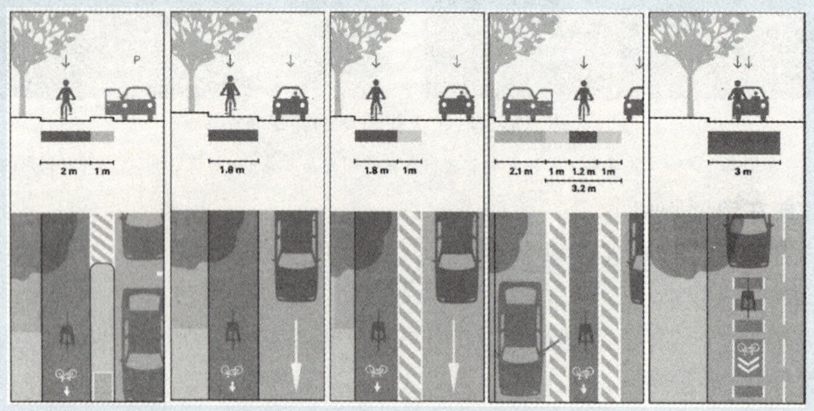

安全性：
舒适性：
空间性：
经济性：

【解析】本题无标准答案。

学完上述内容以后，大家应该对慢行交通管理的理念能有比较深入的掌握，了解不同行人需求的交通特性、不同非机动车的交通特性，掌握行人和非机动车过街设施的设置形式，熟悉其设置要求，了解步行和非机动车过街辅助设施的类别。最后，请认真完成在线学习活动 4，它将有助于你更直观地了解本部分的相关内容。

知识点 5 公共交通优先管理

学前思考

根据调查，一辆大公共汽车占道面积约等于两辆小汽车，而载客数量却是两辆小汽车的 40 倍左右；公共电汽车完成单位客运量消耗的能源是小汽车的 1/10 左右。从空气污染和热源污染方面看，按单位客运量计算，大型公交车辆要比小汽车低 90% 左右。如果以上的描述还不够直观，那么来看下面这张图吧，这组图片生动地展示了公交、自行车和小汽车在运送相同数量的人的时候，占用道路空间情况的对比。你觉得公共交通是一种有利于城市发展的交通方式吗？你还能说出其他优点吗？你会选择公共交通出行吗？

公交、自行车与小汽车占用空间的对比

资料来源：http://www.cyclingpromotion.org/promotional-resources.

知识重点

学习提示：公共交通固然是一种更适宜城市发展的交通方式，但要促使人们摆脱对小汽车出行的依赖并更多地选择公共交通出行，需要从管理的角度赋予公共交通更多的优先权，从根本上提高公共交通的竞争力。这里将从国内外公共交通优先发展的经验出发，分别就常规公共交通和快速公交两方面，对我国公交优先发展的基本内容、必要性、政策措施、设置条件等进行详细讨论。

一、公共交通优先管理概述

（一）公共交通优先基本内容

1. 公共交通优先的含义①

公交优先源于20世纪60年代初的法国巴黎，之后为欧美等发达国家大城市所仿效，现已被证实这是一项很有成效的城市交通基本原则。根据我国具体情况，可将公共交通优先理解为：

（1）政府部门在综合交通政策上确立公共交通优先发展的地位。

（2）在规划建设上确立公共交通优先安排的顺序。

（3）在资金投入、财政税收上确立对公共交通的倾斜做法。

（4）在道路通行权上确立公共交通的优先权利。

2. 公共交通优先战略的内容

（1）对公共交通的扶持。通过各种手段发展公共交通，提高其运行速度，改善其服务质量，确保其经济投入。

（2）对其他交通出行方式（主要是小汽车）的限制，使其他交通出行方式通行不便，在购置、使用等不同环节上加以控制。

其中，对公共交通的扶持是公共交通优先战略的主体；而对小汽车的必要限制是公交优先，出行结构调整得以实现的先决条件。

（二）国外公共交通优先发展经验

1. 国外城市公共交通系统规划概况

（1）发展模式。

目前，世界上的公交模式主要分为单一式模式以及复合式模式两种。前者通常表现为以轨道交通、铁路或者常规公交、快速公交的某一种为主进行规划；后者则通常以“轨道交通 + 常规公交”或者其他组合为主进行城市公共交通系统的规划。

（2）公交专用道形式。

公交专用道是各大城市解决城市拥堵的重要途径之一。目前，世界范围内公交专用道设计方式主要包括中央公交专用车道、单侧双向公交专用车道、边侧公交专用车道、逆向公交专用道、城市高架桥下的公交专用车道、高速公路上的公交专用车道以及隧道公交专用车道形式。

① 陈阳. 公交优先的内涵与措施[J]. 城市问题，2001（5）: 64–67.

（3）线网设计思路。

公交线网设计主要是从干线和支线出发，线路结构设置要与城市公交车需求量、通行能力以及公交车自身情况相匹配。通常，在城市公共交通系统线路设计的过程中主要有两种思路：放射状线路组合和复合式线路组合。

1）干线与支线结合主要适合于放射状的城市公交规划，大中型公交车集中服务于干线上，在支线上则主要采用小型巴士，使其起到将主城区与卫星城相连接的作用；

2）采用复合式线路组合，乘客无须换乘，在主干道上的车辆可以直接进入到支线上来满足卫星城的需求，可仍继续在公交专用道上行驶，也可在其他非公交专用道上行驶。

2. 国外大中城市公共交通系统运营机制

公共交通运营模式主要包括国有国营、公私合作以及私人运营。国有国营模式主要由政府进行统一规划、统筹管理；公私合作则为政府与私人企业同时经营公共交通，该种管理模式的城市大多数为政府进行统一规划与管理，公共交通的运营则以合同等形式外包给私营者进行经营；私人运营为公共交通相关的企业自主建设独立经营，线路由私人集团投资兴建，由私人集团经营，政府无权干涉。

各国政府对于公共交通的发展给予了充分的支持，在做好硬件建设的同时，用各种政策为公交优先发展保驾护航。例如，新加坡政府采用车辆配额系统和电子收费系统来控制私人小汽车的拥有量和使用；库里蒂巴市在市区限制停车位设置，且价格昂贵，高额的停车费用限制了居民驾车进入市区。国外大中城市公共交通系统运营机制见表 4－8。

表 4－8　　国外大中城市公共交通系统运营机制

城市	运营模式	运营	运营资金来源	票价结构
库里蒂巴	公私合作	签订合同私营者	车票收入	距离票价+单一票价
温哥华	公私合作	“运通”公司	车票收入+ 税收（汽车燃油税等）	公共汽车和地铁 实行单一票价
芝加哥	国有国营	市公共交通局+ 郊区火车公司+ 郊区巴士公司	车票收入+税收	多级票制
新加坡	国有国营	轨道交通公司+ 新加坡巴士公司	企业负责运营投入，其他公交盈利弥补运营亏损	距离票价+单一票价
大阪	国有国营	大阪市交通局	企业负责运营投入	月票+一天通用车票

资料来源：毕岩岩，肖敏，周溪召．国外大中城市公交优先发展及启示 [J]. 城市发展研究，2013(11): 87–90.

（三）公共交通优先发展的必要性

1. 公交优先发展是中国特色城镇化道路的应有内涵

2011 年，中国城镇化率首次超过 50%，开始进入以城市型社会为主体的城市时代，随之而来的是城市交通出行需求的迅速增长和城市交通供需矛盾的加剧。要提高城镇化质量，改善城市运行效率，妥善处理好快速城镇化条件下的出行问题，走中国特色城镇化道路，必须优先发展城市公共交通，建立起面向全社会的高效的公共交通服务体系。

2. 公交优先发展是节约用地的有效措施

城镇化的快速推进带来了居住和交通用地需求激增，有限的土地资源难以应对庞大且不断增加的用地需求。公共交通的集约化运输特征决定其具备引导城市走向集约型布局、紧凑型发展的可行性。因此，优先发展城市公共交通，充分发挥其引导城市集约化发展的能力，是节约用地的有效措施，对实现土地资源的可持续利用具有重要意义。

3. 公交优先发展是实现国家能源战略的必然要求

能源问题是中国在21世纪面临的一个重大挑战，事关国家经济安全。交通运输节能问题的关键是发展集约化运输，降低运输工具单位能耗水平。因此，优先发展城市公共交通是推动交通运输节能、实现国家能源战略的必然要求。

4. 公交优先发展是实施国家环境保护基本国策的重要内容

中国工业化和城镇化正处于快速发展阶段，环境压力日益增加，机动车尾气和噪声已成为主要污染源之一。公交优先发展能提高出行的集约化水平，有效改善交通拥堵，是降低尾气污染的有效途径，是实施国家环境保护基本国策的重要内容。

5. 公交优先发展是构建和谐公平社会、改善民生的重要保障

忽视或者不重视公共交通的全民性是过去很长一段时间公交优先发展工作中一个主要误区，即片面强调城市公共交通服务于工薪阶层和中低收入人群，过于单一、片面地注重通过补贴、低票价等方式降低公共交通出行经济成本，导致公共交通发展“量高质低”，吸引力难以提高。长此以往，甚至会进一步引发社会内部的对立和矛盾。只有优先发展城市公共交通，切实有效地提高公共交通的吸引力，从而使其在与其他交通方式特别是小汽车交通的竞争中减少劣势甚至获得优势，才可能使更多的人优先选择公共交通出行，真正实现公共交通服务的全民性，促进社会的公平和谐。

作为城市名片登上奥运舞台的伦敦公交

兼具通勤和观光功能的纽约水上巴士

（四）公共交通优先政策与措施

1. 扶持政策[①]

（1）明确公共交通定位是根本。

公共交通的首要地位属性是社会公益性，公共交通应当作为政府为社会提供的公共服务。政府在公交发展中的主导地位不容置疑，包括建立政府主导的公交基础设施投资体系，对公益性经营给予财政补贴，政府制定公交运营服务的计划、目标和标准，政府对运营服务进行全面的监督、评估和考核等。

（2）优先制定城市公共交通发展规划是前提。

城市公共交通优先应该体现为公交规划和建设的超前性，以及其在城市发展总体规划

① 陈学武，葛宏伟，王炜. 城市公交优先发展的对策研究[J]. 现代城市研究，2004（01）: 34–36.

中的优先地位。根据城市功能定位，结合城市发展总体规划，准确把握城市发展趋势，制定城市公共交通的中长期发展规划。

1）网络布局：根据市民出行的时空变化规律、城市未来发展战略、土地开发利用、布局和规模，主要商贸、旅游、居民点的客流及变化，确定公交线网、站点及停车场的布局。

2）方式衔接：轨道交通线网、快速公交线网、常规公交线网、场站设施规划应紧密结合、互相衔接，形成分工不同、密切配合的综合公交服务网络，提升公交服务网络的系统性和多层次性。

（3）制定完善的公交优先政策是保障。

1）投资结构：调整城市基础交通设施投资结构，建立政府主导的公交基础设施建设多元化投资体系，财政支出向公共交通倾斜，完善政府投融资方式，鼓励银行在信贷和资产计划配置等方面优先考虑城市公共交通。

2）补贴机制：建立科学的财政补贴政策，区分公益性客运服务与经营性服务，划分政策性亏损和经营性亏损范围，政策性亏损由政府予以补贴；根据实际情况还可实行合适的专项税收政策，如开征企事业单位公共交通税，征收机动车燃料税等；在税费方面给予优惠，尽量减轻公交企业的税费负担。

3）票制票价政策：建立统一的公交票制票价体系，实现公交系统运营服务的一体化，不同公交方式衔接时的相互兼容，降低换乘成本，使市民出行能够按出行需求自由选择公共交通方式；建立公共电汽车、轨道交通以及小汽车出行合理的比价关系，通过价格杠杆调节不同特征出行选择适合的公共交通方式，平衡不同公共交通方式的客流。

（4）落实公交运行优先是重点。

1）道路使用权优先：空间上，要建立公交专用道网络，按照“分期建设、逐步成网”的方针，在部分路段采取公交车借用非机动车道、开辟专用道和设立港湾式停靠站等措施，在城区单行干道上设立公交逆行专用道，在交叉口进口设置公交专用进口道，逐步形成公交优先通行道路网络。

2）信号交叉口通行优先：时间上，实行公交信号优先，一般做法是在建立公交专用道的基础上，实行交叉路口公交车辆的优先控制，保证公交车快速通过交叉路口。此外，为保证公交车高峰期的优先权，例如在左转线路公交线路多的交叉口，可以实行交通高峰期不允许小汽车左转，只给公交车左转的特权。

（5）提升公共交通服务水平是关键。

1）提高可达性：要与小汽车竞争，必须全面提高公共交通的服务水平，首先要具备覆盖全面的公交网络，让乘客方便到达目的地，因此，提高公共交通可达性是关键。提高公共交通可达性的措施有：调整线网级配结构，扩大支线网密度；扩大覆盖范围；改善衔接换乘，包括公交系统中的衔接换乘、公交与自行车的换乘、公交与小汽车的换乘等。

2）提高信息化管理能力：利用高新技术对传统的公共交通运营系统进行改造，全面整合信息资源，以信息化为基础，推动智能公共交通系统建设，实现公交网络跨区、跨线综合调度，提高公交线路整体运输效率和应急能力。

3）提高信息服务水平：充分运用信息技术，加强对乘客的信息服务，降低乘客在选择公交方式时的盲目性，有利于公交运量与运力的匹配。

2. 限制政策

（1）保有量控制。

对私人小汽车的拥有量进行控制，主要包括加征车辆牌照税，对车辆购置实行配额制，严格车辆标准；实行停车场（库）许可证制度，对停车场（库）的数量进行控制等。

（2）使用量控制。

对私人小汽车使用的限制主要指时间上的限制，如在上、下班时间主干道禁止私人小汽车的使用，在某些拥挤路段限制小汽车的使用，白天限制货车进入市区，单双号牌照隔日行驶等。

（3）经济杠杆调节。

价格手段也是减少小汽车使用量的主要措施。如实行停车位控制，在城市中心地区停车泊位少，且收费高；而在城市边缘地区设立较多的停车位，便于与公交换乘，且收费低或不收费等。此外，还包括征收道路及燃油税，对特定控制路段及地区收取通行费等。①

二、常规公共交通优先管理

（一）专用道（路）管理

1. 公交车专用车道

公交车专用车道分为顺向式和对向式两种。顺向式是指在一种专为公交车开辟的车道上，公交车运行的方向与其他车辆运行的方向一致，而对向式是允许公交车的运行方向与其他车辆的运行方向相反。

公交车专用车道是车行道的一部分。为了同其他车辆分离，常采用路面交通标示的方法，或在对向式公交车专用车道上采用实物分隔的方法使这种公交车专用的车道与其他车道严格分离开来。

对于公交车专用车道，在交叉口附近要做特别的处理，例如设置回授线等，使得在公交车优先权得到保证的情况下不增加交叉口延误。

为了提高车道的利用率，公交车专用道可以按时间设置。例如规定在上下班交通高峰期间内，公交车专用道只准行驶公交车辆，而在其他时间内也可行驶别的车辆。

设置公交专用车道后的典型道路断面形式见图 4－31。

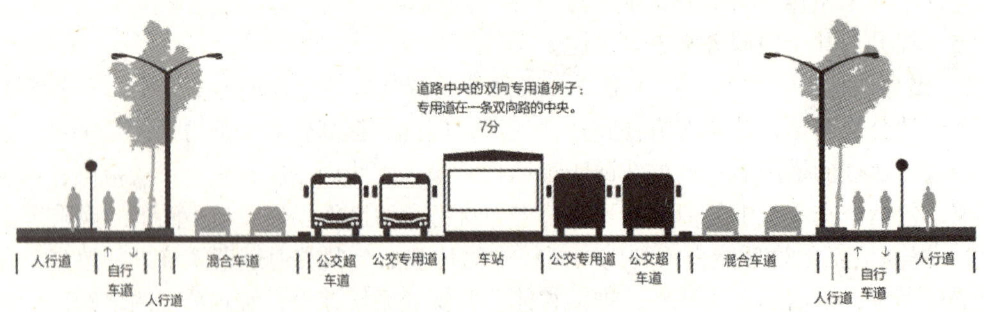

图 4－31　设置公交专用车道后的典型道路断面形式

资料来源：ITDP. BRT系统评价标准（2013）.

① 全永燊，孙明正. 公共交通优先理念与实践[J]. 交通运输系统工程与信息，2007（04）：19–23.

2. 公交车专用街

在公交车专用街上，只允许公交车和行人通行。其优点在于：可以将其他车辆从这种街道上排除出去，以提高公交车的速度；可以腾出街道空间以确保公交车有适当面积的停靠站；可以使行人较安全地横过街道，可以改善城市环境。

采取公交车专用街，设施简单，投资少，只要加强管理，限制其他车辆通行，采用适当的交通标志就可达到目的。这样的街道一般比较短，而且可让自行车通行。市中心商业区或只有两个车道的窄街道，如其附近有平行的街道，可以将这种窄街道开辟为公交车专用街。

3. 公交车专用道路

公交车专用道路是指专门供公交车行驶的道路。在建设卫星城时可考虑建设这种道路，它可以连接居住区和工厂或商业区。一般来说，公交车专用道路是公交车的“高速道路”，站距长、速度快。在这种道路上要求有比其他道路更完善的交通安全设施和严格的交通管理措施。

4. 公交车专用进口车道

公交车专用进口车道是指在交叉口的进口道中设置一条或若干条专门供公交车行驶的车道，这可以提高公交车在交叉口的通过率，减小在交叉口的延误。

（二）公交专用信号优先控制

交通信号的优先控制可提高公交车的运行效率，降低公交车在交叉口的延误。优先控制方法有以下五种。

1. 调整信号周期

按公交车的交通量调整（缩短）信号周期（不能采用最短周期时间），以减少公交车在交叉口的停车时间。

2. 增加公交车通行次数

在行驶一般车辆的街道与行驶公交车的街道相交的交叉口上，一般街道如有两个相位时（A 相和 B 相），可用其中的一个相位（如 B 相）把公交车街道相位（C 相）的绿灯时间分成两段，分别列在 B 相位的前后（这时相位次序成为 A、C1、B、C2），以增加公交车的通车次数并降低其延误时间。

3. 使用公交车感应信号

在公交车上安装有固定频率的专用信号发射器，路上设置相应频率的信号检测器，检测器与交通信号控制机相连。当公交车接近交叉口时，向检测器发出信号，检测器即把信号传给控制机，控制机指令信号灯由红灯改为绿灯，或继续延长绿灯时间。公交车停靠站设在交叉口上游一方时，可把检测器设在停靠站附近，当公交车离站时就可通知信号灯放绿灯，以免在交叉口前再次停车。

4. 公交车放行专用信号灯

这种专用信号灯一般为方形，与一般信号灯有明显区别。安装在公交车专用车道上的检测器测得有公交车到达时，这种专用信号灯即显示绿色，公交车进入交叉口后，一般信号灯才显示绿色，其他车辆在公交车后面通行，以保证公交车优先通过交叉口。

5. 干线公交绿波通行控制

绿波控制是指对城市干线上一组交叉口交通信号灯实行联动控制，形成绿波协调控制系统，使车辆能够遇到连续的绿灯信号，从而畅通无阻地通过干线上各个交叉口。在干线公交专用道并辅以其他设计的基础上，可以引入干线公交绿波通行控制技术，使得公交信号优先取得更好的效果。

（三）换乘设计

1. 换乘设计概述

（1）换乘距离。

目前，国际上公认的公交车站服务半径为400m。因此，一条线路的公交车站最大间距应不超过500m。同时，为减少乘客的步行距离，公交车站布设的优先区位是尽可能接近道路交叉口，将公交车站设于路段中间会使大多数公交车乘客的步行距离增加从最近交叉口为起点的半个街区长度。当然，将公交车站布设于接近道路交叉口时，应考虑交通管理和交通安全要求。

（2）换乘类型。

公交车换乘包括公交车之间的换乘和公交车与其他交通方式之间的换乘。公交车换乘优化的基本要求是做到最短的步行距离、最少的相互干扰、清晰的引导标识、最少的换乘时耗以及方便的换乘服务。

2. 公交车之间换乘

公交车之间的换乘有两种情况：路边换乘和路外换乘。大多数公交车线路间的换乘是发生在路边的。路边换乘最好的设置方式是：在交叉口的上游但尽量靠近交叉口处布设公交车站，同时提供清楚的标示牌，帮助行人确定其所在位置，引导乘客在不同车站之间的换乘。

在某些特定地点，也有路外换乘的需要。路外公交车换乘应把行人和车辆分隔开，有一种方法是设计一个中央平台伸至公交车停靠的位置，乘客可通过中央平台上下车。当乘客出入这类公交换乘站时，应提供相关的通道或至少提供清晰的交通引导标识。

3. 公交车与其他交通方式之间换乘

公交车与其他交通方式之间的换乘包括公交车与轨道交通、出租车、私人小汽车以及自行车等的换乘。在我国各大城市轨道交通建设提速的背景下，应重点考虑公交车与轨道交通之间的换乘。

（1）公交车与轨道交通之间的换乘原则。

使公交车站尽可能地接近轨道交通车站出入口。但是，也有必要考虑公交车线路本身的调整。如果公交车线路穿越轨道交通线路车站，然后通向他处，则公交车线路不可偏离轨道交通车站太多；如果公交车线路终点站就设于轨道交通车站，则走向不太重要。

（2）公交车与轨道交通换乘点设置。

1）大批乘客希望换乘的地点；

2）大量公交车线路邻近于轨道交通车站；

3）数条公交车线路都以轨道交通车站为终点站，或其终点站邻近于轨道交通车站；

4）多个方向的公交车线路都通达轨道交通车站。

（四）智能运营系统管理

1. 运行监控

运用计算机、信息、通信、电子、自动控制等当代高新科技对公交车辆运营实施智能化管理。采用车载 GPS 技术对公交车辆的位置、速度、状态等实施实时监控，及时获取道路拥挤、车辆故障以及交通事故等信息。

2. 动态调度

建立公交车辆监控调度平台，公交车辆调度管理人员将监视到的情况及时反馈给车辆驾驶员，并根据具体情况动态调度车辆。

3. 信息服务

在车站设置电子牌，显示公交车辆当前位置和预计到达车站时间等。提供面向智能手机公交电子查询应用程序，方便乘客查询公交车辆的运行状况，合理制订出行计划。

三、BRT 运行管理

（一）BRT 概述

1. 概念

BRT 来源于英文“Bus Rapid Transit”，汉语名称应为“巴士快速公交”，是结合轨道交通系统的服务品质和地面公共交通的灵活性，通过对公共交通车辆、行驶道路和车站、先进技术、运营组织等方面系统性整合，形成的一种建设成本低、服务快速、可靠、运量高的城市快速公共交通服务模式。

2. 功能定位

BRT 系统作为城市快速公共交通服务模式的一种，具有高运量、快速、可靠、成本低等特点，根据国外 BRT 运营的经验，市区内 BRT 运营速度一般在 20km/h~30km/h，而运量可以满足 1.0~4.5 万人次 / 单向 / 小时，建设成本不到同等服务能力轨道交通的十分之一。因此，BRT 系统在城市公共交通系统中可以承担以下功能：

（1）独立构成城市快速公共交通系统。

在城市中形成完善的 BRT 服务网络，在城市的主要客运走廊上提供高运量、快速可靠的公交服务。国外城市中如巴西库里蒂巴、哥伦比亚的波哥达采用该形式，在我国快速发展中等城市以及大城市的郊区新城内，BRT 可发挥这样的功能。

（2）与轨道交通共同构成城市快速公共交通系统。

在特大城市中或是已有轨道交通的城市中，通过建设 BRT 服务系统，在城市中形成不同服务模式的快速公交系统。

（3）作为轨道交通的过渡方式。

利用 BRT 系统建设成本低、服务灵活的特点，可以将其设置在未来可能实施轨道交通的通道上，作为客流较小阶段的通道上快速公交的服务模式。

作为轨道交通过渡方式并具有专用高架道路的 BRT（厦门）

3. 系统组成

BRT 系统作为一种新型的快速公共交通服务模式，是通过对硬件设施和软件技术众多要素的系统整合后形成的一个整体，其核心构成部分主要包括专用行驶路权、BRT 车站、BRT 车辆、智能交通技术（ITS）。

（1）专用行驶路权。

与其他社会车辆隔离程度较高的道路使用权是 BRT 系统构成核心部分，区别于常规地面公交运行形式，BRT 的道路使用形式主要包括道路外侧车道专用（只适用于交叉口间距较大的路段）、道路内侧车道专用、BRT 专用路（街）、BRT 专用桥（隧道）。

（2）BRT 车站。

吸收轨道交通车站的优点，设置专用的 BRT 车站，车站可提供良好的候车环境，同时通过与车辆、售票系统、信息发布系统的整合，提供水平登车、车外售票、全方位信息发布等服务，从而提高系统服务的效率和舒适性。

（3）BRT 车辆。

采用新型独特设计的车辆，典型的 BRT 车辆具备这样的特点：长车体、低车厢、人性化车内环境、智能交通技术以及独特的外观形状。这样的车辆不仅使 BRT 系统可以满足高运量、良好舒适性、高可靠度的服务需求，同时其独具个性的外观往往可以成为经营者树立服务品牌、提升公交吸引力的重要筹码。

（4）智能交通技术（ITS）。

智能交通作为未来交通技术发展的一个重点，在 BRT 系统中得到了充分应用，当前应用于 BRT 系统的技术包括交叉口优先通行技术、车辆自动定位技术、线路实时调度技术、电子售票系统、信息发布技术等。

（二）国内外 BRT 发展历史及现状

1. 美国

美国于 20 世纪 30 年代首先提出快速公交系统的有关概念。1937 年，美国芝加哥市首先提出建设 BRT 的构想，规划将西部三条轨道快速交通线路改为 BRT 专线，并在高速公路上行驶。随后，虽然有少数城市将这一概念纳入了规划，但在其后的一段时间，美国城市交通研究的重点都放在轻轨交通上。随着巴西库里蒂巴快速公交的成功应用，业界对“快速公交是有效利用现有公共交通系统并在节约成本的原则下取代轻轨交通的选择方案”达成了一致。尤金市成为美国快速公交系统的第一个示范项目，随后众多城市也参与到快速公交的实施中，20 世纪 90 年代以来，美国已停止了新的轻轨项目建设，而建设 BRT 的城市几乎遍布了全美国。

2. 巴西

20 世纪 70 年代中至 80 年代末，巴西库里蒂巴市采用了公交导向的城市发展模式（TOD），通过完善的系统网络，引导城市土地的开发。城市交通轴线由 5 条放射线和环线组成。5 条放射线包含 5 条平行的道路，中间主线道路的中央两个车道是 BRT 专用道，其两侧为供短途交通服务的地方车道，在这条道路两侧的一个街区外是一对单向的快速道路，为进出市中心区的过境交通服务。库里蒂巴市的 BRT 系统网络线路按功能分为快速线、支线、区间线，车辆外部颜色是根据线路的服务层次来决定的，红色的快速线是在轴线上行驶，黄色的支线是在城外环线行驶，绿色的区间线是运行在边远地区的线路，乘客换乘不同服务层次的公交线路不需要额外购票，也就是城市任意两点公交出行采用单一票价制度。

以巴西为代表创建的优秀的城市客运公共交通网络模式，成功地将城市地面快速公交体系与城市布局相结合。其实践中取得的成果经验，为快速公交导向的城市发展模式研究提供了有益的资料。

3. 中国

1996 年，昆明与苏黎世开展了公共交通规划国际技术合作，提出“公交优先”；1999 年 4 月，昆明建成首条现代公交专用道，在中国最早开始了 BRT 的实践；2003 年，昆明完成了一系列快速公交系统规划研究。

2005 年底，北京南中轴路大容量快速公交线路开通，这是中国第一条快速公交线路，全长 16 千米，共设站 17 个，并在终点站实现了与轨道交通系统的接驳。该系统有近 14 千米的路段采用全时段、全封闭的中央专用道；配备 18 米长的左开门低底板铰接式大容量客车；采用封闭式设计的车站和完善的过街设施；引入先进的调度管理系统。北京南中轴路大容量快速公交线路在国内推广“公交优先”的理念、积累运营经验等方面起到重要作用。

4. 世界各地 BRT 发展现状

目前，快速公交在世界上很多国家得到了广泛的应用，尤其是在拉美国家的很多城市运营过程中取得了良好的效果。由于快速公交的运营方式简单、建造周期短、可分期实施以及建设成本低等特点，快速公交系统的应用越来越广泛。目前，快速公交系统以南美洲和亚洲应用的最多，在其他洲也有一定的应用。全球组织 BRT Data 实时汇总了世界各地快速公交相关指标数据，截至 2018 年 8 月，统计结果如表 4－9 所示。世界各地 BRT 系统应用现状如图 4－32 所示。

表 4－9　　世界各地区快速公交发展现状

地区	日客运量（人次/天）	客运量全球占比	拥有快速公交的城市数量	线路总长度（千米）
非洲	491 578	1.47%	5	131
亚洲	9 301 472	27.9%	43	1 593
欧洲	1 613 580	4.84%	44	875
南美洲	20 573 856	61.72%	55	1 795
北美洲	912 598	2.73%	18	526
大洋洲	436 200	1.3%	4	96

资料来源：http://brtdata.org/.

（a）拉斯维加斯 BRT（北美洲）

（b）库里蒂巴 BRT（南美洲）

（c）巴黎 BRT（欧洲）

（d）昆明 BRT（亚洲）

（e）约翰内斯堡 BRT（非洲）

（f）布里斯班 BRT（大洋洲）

图 4－32　世界各地 BRT 系统应用现状

资料来源：http://brtdata.org/.

（三）BRT 设置条件①

1. 交通条件

制约 BRT 实施的交通条件主要包括以下几个方面：

（1）公交车流量。

为了节约道路资源，必须使得行驶在公交专用道上的车辆与行驶在未设公交专用道上的公交车相比人均占用道路资源有所提高。因此，采用专用道运输的乘客数必须大于一条

① 陈磊. 快速公交（BRT）在我国大城市的应用研究[D]. 西安：西安建筑科技大学，2006.

机动车道行驶饱和小汽车流时运送的旅客人数。

（2）行驶速度。

当公交车的平均行程车速低于当地城市机动车的平均行程车速时，应考虑实施专用道；当公交车行驶速度大于某一数值时，可以不设置专用道。

（3）非 BRT 车辆通行条件。

BRT 专用道的设置，对其他机动车流的冲击最大。一般要求：

1）设置专用道后，机动车道路的交通服务水平降低不超过一个等级。

2）设置专用道后，机动车交通流量应小于剩余道路的通行能力。

2. 道路条件

（1）车道数。

1）机动车车道数：为保障设置专用道后道路上的其他机动车仍可以超车和交织，剩余的机动车道数单向不应少于 2 条，即路段双向机动车道数低于 6 条不宜设置专用道。

2）路口进口道数：为降低路口延误，应结合转向和流量尽可能提供专用或优先排队道，但设置专用排队车道势必减少社会车辆的进口空间，因此在无禁止转弯措施时，交叉口不足 4 个进口道的情形不宜设置专用进口道。

（2）车道宽度。

1）BRT 专用道宽：常规公交车和新型车辆的车体宽度基本在 2.5~2.6 米，因此路段上单条 BRT 专用道的宽度最低不小于 3.5~4 米；路口进口道宽不小于 3~3.5 米；站台宽度应满足乘客安全候车的客量要求，宽度最小不低于 2 米。

2）其他机动车道宽：路段单条小汽车道路宽最低不小于 3~3.25 米，路口进口道不小于 2.75~3 米。

3）行人和非机动车：必须考虑行人和非机动车的通行环境，具体车道宽度与高峰小时流量有关，一般情况下，人行道单向最低不小于 1.5~2 米，自行车单向最低不小于 2.5~3.5 米。

4）隔离设施宽度：BRT 专用道与其他机动车道的物理隔离带宽度不小于 0.5 米。

（四）BRT 系统评价①

1. BRT 评价标准

虽然 BRT 现在已经盛行且取得了一定的成功，但仍然有不少人不知道怎么选取最适宜实施 BRT 的走廊以及 BRT 系统可以提供相当或者超过地铁和轨道系统的服务水平。这往往导致人们更倾向选择轨道交通，即使 BRT 系统比轨道交通更适应环境和具有更高的经济效益价值，这主要是因为人们对 BRT 系统和高质量的系统特征还不了解。如果没有一个 BRT 系统通用定义标准，BRT 系统经常会被错误地理解为只是普通公交服务标准的提升。因此，BRT 标准技术委员会和世界各地实践参与者对 BRT 标准进行了总结，形成一个评价体系用以指导 BRT 的规划建设。表 4－10 给出了 2013 年修订的《BRT 系统评价标准》确定的标准评分表。

① 陈磊. 快速公交（BRT）在我国大城市的应用研究[D]. 西安：西安建筑科技大学，2006.

表 4－10 BRT 标准评分表

评分项	最高分	评分项	最高分
一、BRT基本特征		四、站台设计、站台与公交车辆的衔接	
专用道分布	7	站台间距	2
专用道路权	7	安全舒适的站台	3
车外售检票	7	公交车门数量	3
交叉口处理	6	站台泊位和子站数	1
水平登乘	6	BRT站台的安全门	1
（最少应达到18分）		五、服务质量和乘客指引信息	
二、服务规划		品牌推广	3
复合线路	4	乘客指引信息	2
高峰发车频率	3	六、不同交通方式的整合和可达性	
平峰发车频率	2	无障碍通道	3
快线、直达线路和常规线路	3	与其他公共交通的整合	3
控制中心	3	步行通道	3
走廊是否位于客流前十位	2	安全的自行车停放	2
营运时间	2	自行车道	2
最大客流需求路段	3	与公共自行车的整合	1
多走廊网络	2	扣分项	分值
三、基础设施		运营车速	–10
站台处超车道	4	高峰期高峰方向乘客低于1 000人每小时	–10
公交车辆减排	3	缺乏路权保障执法	–5
站台远离交叉口	3	公交车辆和站台之间缝隙较大	–5
岛式站台	2	过分拥挤	–3
路面质量	2	公交车道、公交车、站台和技术系统维护不当	–8

2. BRT 评价等级

根据国际 BRT 系统的实施经验和等级分类，将 BRT 评价等级划分为基本、铜牌、银牌和金牌。不同的等级标准代表着 BRT 系统的优秀程度。

（1）金牌 BRT：85~100 分。

金牌 BRT 几乎在所有方面都是国际最佳实践。这些系统提供了高品质的服务，取得最高的运营服务水平和效率。在其他有足够需求的走廊上一样能够实现这些标准，但可能投资会比较高。这些金牌标准的 BRT 系统能够激励公众和其他城市。

（2）银牌 BRT：70~84 分。

银牌 BRT 包括了国际最佳实践的大部分元素，且在有足够需求的走廊投资，可以获得所期望的效益。银牌 BRT 实现了较高标准的运营效率和服务质量。

（3）铜牌 BRT：55~69 分。

铜牌 BRT 符合 BRT 的通用定义，与国际最佳实践基本一致。铜牌 BRT 有一些优于基本 BRT 的特征，有比基本 BRT 更高的运营效率或服务质量。

（4）基本 BRT：18~54 分。

基本 BRT 涵盖由技术委员会制定用于定义 BRT 的一些最基本的要素。获得基本 BRT 资格是金牌、银牌、铜牌 BRT 的先决条件。

（五）BRT 系统特点辨析①

1. 优点分析

（1）运力大。

BRT 的单方向小时断面流量可达到与轻轨系统大致相当的运力，其原因来自两个方面：

1）BRT 系统独特的大容量车辆使得单车载客率上升。

2）BRT 专用道的采用和交叉路口优先权的赋予使系统的车速加快。

（2）成本低。

BRT 的成本包括投资建设成本和运营成本两部分：

1）投资建设成本：系统采用路面行驶的方式，一方面不需要引入轨道专用的车辆，另一方面只需对现有的道路进行改进，不用修建轨道，因此系统的建设成本较低。

2）运营成本：系统的行车速度提高使得所需的配车数大大降低，节约了前期成本；后期运营中，较高的客流量进一步分摊了平均成本。

（3）见效快，建设周期短。

单条线路从立项到完工，可在一年完成。相比之下，系统的建设周期比轨道交通要短，对解决城市的交通问题见效快。

（4）可靠性高。

BRT 易于和计划时刻表保持一致，其可靠性提高的根本原因在于延误时间大大缩短，这主要来自以下两个方面：

1）缩短行驶延误：专用道的采用使车辆受其他车辆干扰的可能性降低，交叉路口优先权的赋予又减少车辆在交叉口的延误时间，使车辆运行畅通无阻。

2）缩短上下客延误：车外售检票简化了上下车流程，此外，水平登乘的设计加快了旅客上下车的速度，共同缩短了车辆在停车过程中的延误。

（5）灵活性高。

1）建设形式灵活，线网可分阶段实施。

2）运营管理灵活，线路和运力都可以进行调整。

3）在城市公共交通系统中运用的形式灵活。

（6）充分考虑了乘客的需求。

1）车辆宽敞、平稳、噪声少，舒适度提高。

---

① 陈磊. 快速公交（BRT）在我国大城市的应用研究[D]. 西安：西安建筑科技大学，2006.

2）水平登乘系统方便了行动不便者或携带大件物品的乘客。

3）乘客信息系统的采用减少了乘客的不确定性，增强了乘客的信任感。

（7）安全性高。

1）事故少：专用道和交叉口优先使BRT系统与其他交通方式完全分离，减少了发生追尾、碰撞等事故的可能性。

2）违法犯罪行为下降：车内及站内安全系统的设置，减少了抢劫等暴力行为的发生。

3）救援及时：车辆追踪系统和交通事故管理系统的采用，使得在事故发生时能够及时迅速的救援，增加了对乘客人身安全的保护。

（8）低碳节能、环境友好。

1）新能源车辆的使用从根本上减少了尾气排放。

2）专用道和路口优先使得行驶过程更加平顺，避免了拥堵时反复的加减速和停车，可以有效减少车辆的能源消耗与尾气排放。

（9）有利于促进周边土地开发。

与轨道交通一样，BRT系统可以促进以公交为轴心的城市土地发展模式的发展，在系统沿线修建高密度的建筑，可以缩短乘客步行至车站的距离，增加公交出行方式的吸引力，为系统提供充足的客源，形成土地发展和交通系统的良好结合。

（10）可借鉴现有公交运营经验，缩短试运行期。

虽然系统的运营管理方式与传统的公交略有不同，但是诸如线路的运营管理、司售人员的管理体制、运营调度和车辆维修方式与普通公交管理方式大致相同。因此，公交运营部门可以充分利用现有公交运营管理经验对系统运营人员进行培训，大大提高效率，加快系统投入运营的时间。

2. 缺点分析

（1）仍需占用道路资源。

采用公共交通方式，人均占用道路资源少有利于缓解道路交通的压力，但本身也属于路面交通系统，除少数设置地下和高架外，需要专用的行驶路权，这对于原本交通饱和度很高、道路资源紧缺的大城市而言，无疑将对路网和其他交通方式尤其是机动车交通产生较大冲击。

（2）较轨道交通系统稳定性差。

BRT专用道与相交道路为平交关系，即使提供信号优先控制，由于必须考虑相交道路的交通流量、行人过街等影响因素，也难以完全消除路口延误。系统的不稳定性，使其难以达到轨道交通的全封闭运行速度。

（3）运送能力受限。

停靠站的停靠能力往往制约着运送能力，作为地面的停靠站规模不可能太大；此外，受路段横向干扰和路口无规律延误的影响，车辆到站概率分布随机性较大，不利于停靠站停靠能力的有效利用。这些因素使BRT难以保持稳定的发车间隔，从而降低了运送能力。

练一练

简答题

1. 公共交通优先的内涵有哪些?
2. 公交专用道（路）有哪些类型?
3. 公交信号优先控制有哪些方法?

【解析】1. 在综合交通政策上确立公共交通优先发展的地位；在规划建设上确立公共交通优先安排的顺序；在资金投入、财政税收上确立对公共交通的倾斜做法；在道路通行权上确立公共交通的优先权利。

2. 专用车道；专用街；专用道路；专用进口道。

3. 调整信号周期；增加公交车通行次数；使用公交车感应信号；设置公交车放行专用信号灯；进行干线公交绿波通行控制。

学完上述内容以后，首先，大家应该对公共交通优先管理有基本的认识，能全面地说出公交优先的内涵，理解公交优先发展的必要性。其次，从专用道设置、信号控制、换乘设计等方面掌握常规公共交通优先管理的内容。同时，知道 BRT 的功能、系统组成和特点，了解 BRT 系统的评价标准。最后，请认真完成在线学习活动 5，它将有助于你回顾本单元最重要的知识点。

拓展阅读

1. 李志斌，金茂菁，刘攀，等．提高高速公路通行效率的可变限速控制策略 [J]. 吉林大学学报（工学版）. 2013(5): 1204−1209.

2.https://ops.fhwa.dot.gov/publications/amprimer/access_mgmt_primer.htm.

3.https://vimeo.com/236998961.

4.https://www.citylab.com/transportation/2018/05/parking-is-sexy-now-thank-donald-shoup/560876/.

5. 上海市规划和国土资源管理局，上海市交通委员会，上海市城市规划设计研究院．上海市街道设计导则 [M]. 上海：同济大学出版社，2016.

6. 张守军．城市 BRT 系统规划理论与方法研究 [D]. 北京：北京交通大学，2008.

单元小结

本单元知识点较多，我们从行车管理、道路出入口管理、停车管理、慢行交通管理、公共交通优先管理五个方面对交通运行管理进行了学习。学完本单元，我们应该知道城市道路具有不同层级，不同层级道路之间应搭配合理、衔接有序；还应认识到保障城市交通的有序运行，需综合考虑每一种交通方式的出行者的权益，切实落实城市道路作为重要公共基础设施的公平性。同时，从城市可持续发展战略的角度出发，应当优先保障慢行及公共交通的运行，并从行车和停车两个方面适当限制私人小汽车的使用量。

以上就是本单元的全部内容，感谢大家的努力，请继续保持，加油!

第五单元

城市交通安全管理

Unit

学习导引

同学们好！欢迎你们回到“城市交通管理”课程的课堂，现在我们开始进入第五单元的学习。

随着城市化进程的不断加快，我国许多城市的规模有了很快的发展，但是也引发了许多矛盾与问题。城市交通拥堵、交通秩序混乱，进而造成交通事故频繁，就是其中一个比较突出的问题。为了解决这一突出的矛盾，一方面由政府机构大幅加强城市交通安全设施的投入与建设；另一方面则由城市交通的主要管理者——公安交通管理部门大力整顿交通秩序，依法从严加强管理，努力提高城市交通的安全管理水平。以上措施在一定程度上延缓了城市交通安全的进一步恶化趋势。

城市交通的目的是满足城市道路参与者的交通需求，交通安全作为交通参与者的基本需求之一，其地位是不言而喻的。随着人们生活水平的不断提高，对交通安全的需求有了相应的提高，不再是仅仅满足基本的出行需求，而且对于环保性、舒适性、时效性也提出了更高的要求。如何通过交通安全管理降低交通事故的发生率，降低事故损失，保障城市交通系统的正常运作仍是一个亟须研究的课题。

本单元，我们将共同学习城市交通安全管理相关的理论方法，涵盖城市交通安全管理的内涵、城市交通安全分析方法、城市交通安全评价方法以及城市交通安全管理实践等内容。城市交通安全管理属于安全工程学科和管理科学的范畴，综合运用系统论、控制论、信息论等现代科学技术理论，从安全的角度，对交通运输系统寿命期的各个阶段进行科学研究。学完之后，相信你对城市交通安全管理有一个全新的认识。

在本单元的学习之旅中，需要认真学习本单元的学材，观看教学视频，完成在线学习活动以及作业。只有按照要求完成上述所有环节的内容，你才算完成了本单元的学习任务。

学习目标

学完本单元内容之后，你将能够：

（1）了解城市交通安全管理的概念；

（2）掌握城市交通事故的分析、预测的理论和方法；

（3）了解交通安全评价的理论和方法；

（4）掌握预防管理、预警管理、应急管理的基本流程和注意事项；

（5）了解道路交通安全管理和轨道交通安全管理的应用。

知识结构图

图 5－1 是本单元的整体框架以及学习这部分内容的思维过程规划。此图可以帮助大家从整体上了解本单元的知识结构和学习路径，包括城市交通安全管理概论、城市交通安全分析、城市交通安全评价、城市交通安全管理以及案例分析。请大家仔细品读，建立对本部分知识的整体印象。

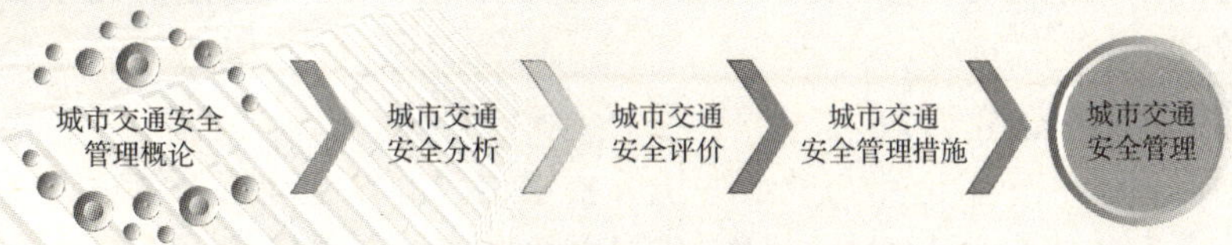

图 5－1　本单元知识结构图

看完上面的知识结构图后，大家是否已经对本单元所要学的内容以及如何学习这些内容有了一个初步的整体印象呢？接下来，我们在这个整体框架的指引下逐一学习每个知识点的具体内容。我们需要在理解城市交通安全管理的背景和意义的基础上，重点学习城市交通安全分析和安全评价的理论方法，进一步运用城市交通安全管理手段分析道路交通事故和轨道交通事故案例。

知识点 1　城市交通安全管理概论

学前思考

交通的进步与发展给人类带来生活便利、经济效益和社会繁荣，但伴随着交通工具的发展与使用，交通事故的频发使得人类蒙受难以计数的损失。人类为了生存和发展，在安全管理和交通事故的处理过程中，积累了许多丰富的安全管理经验。城市交通安全管理便是研究城市交通安全理论和方法，指导城市交通可持续发展的科学。那么如何定义城市交通安全管理呢？城市交通安全管理包括哪些内容？

请大家带着以上两个问题学习以下内容吧。

知识重点

学习提示：安全生产大于天。十三届全国人大会议提出组建国家应急管理部，树立“大安全、大统筹、大应急”的理念，全面推动公共安全服务能力升级。城市交通安全是公共安全服务的重要组成部分，进行城市交通安全管理研究的意义不言而喻。下面让我们一起认真学习城市交通安全管理的定义、内容以及理论方法。

一、安全管理的定义

（一）城市交通安全管理

城市交通安全管理属于安全工程学科和管理科学的范畴，一般指运用系统论、控制论、信息论等现代科学技术理论，从安全的角度，对交通运输系统寿命期的各个阶段（开发研制、方案设计、详细设计、建造施工、日常运行、改建扩建、事故调查等）进行科学研究，以查明事故发生的原因和经过，研究灾害机理，寻求消灭、减少交通运输事故，或减轻事故损失，保障交通安全、畅通的措施和办法。

城市交通运输系统是由道路交通和轨道交通等多种运输方式组成的一个综合系统，城市交通安全管理以交通运输系统的安全问题作为其研究对象，涉及道路交通安全管理和轨道交通安全管理。

（二）道路交通安全管理

道路交通是由人、车、道路与外部环境等要素组成的复合动态系统。道路交通事故就是由构成道路交通的诸多要素在某一时空范围内的劣性组合造成的。

导致道路交通事故的原因经常有道路路况条件、车辆安全性能、驾驶员安全素质、参与交通者的安全意识及交通安全管理的水平等。此外，缺乏对道路交通事故发生规律及预防对策的深入研究，也是导致道路交通事故形势严峻的重要原因。因此，道路交通安全管理通过对道路状况（包括道路路面、道路线形、道路横纵断面、交叉路口及事故多发地段等）、车辆的结构性能（包括驾驶视野、报警装置、碰撞保护装置、仪表、照明和信号装置、驾驶员工作环境、制动性能、操纵稳定性、车辆类型等）、驾驶适应性及其影响因素、交通环境（如交通量、气象条件等）、交通控制（包括交通安全法规、交通执法设备系统等）及道路交通事故发生原因等进行深入研究，提出预防和减少道路交通事故的有效措施。

（三）轨道交通安全管理

城市轨道交通是一个高速运转的“人 - 机 - 环境”动态系统，其安全问题尤为突出。轨道交通的特点决定了轨道运输作业过程是由许多子系统相互作用而完成的，它要求车务、机务、工务、电务、车辆、客运、工程等部门联合作业。轨道交通使用的设备数量庞大、种类繁多。此外，自然环境、社会环境等因素的影响也不容忽视。

轨道交通安全管理主要通过对运输安全有关人员（包括运输系统内人员、旅客、机动车驾驶人员等）、设备（包括线路、机车、车辆、通信信号、供电供水等基础设备和安全监测、监控、事故救援、自然灾害预报与防治等运输安全技术设备）、环境（包括自然环境和社会环境）、管理（包括安全组织管理、安全法制管理、安全技术管理、安全教育管理、安全信息管理和安全资金管理)进行深入研究，发现安全的薄弱环节，进而提出预防和减少事故的有效措施。此外，为了确保列车运行及调车作业安全，还必须对轨道运输作业过程进行深入研究，包括行车调度指挥安全、接发列车作业安全、调车作业安全、中间站作业及运转车作业安全、装卸作业安全、旅客运输安全、机务作业安全、车辆作业安全、工务作业安全、电务作业安全、非正常情况下(如恶劣气候、设备故障、电话中断等)的作业安全及应急处理作业安全(如列车火灾应急处理、列车冒进信号应急处理等)。

二、安全管理的内容

城市交通安全管理就是在对城市交通事故进行充分研究并认识其规律的基础上，由国家行政机关根据有关法律、法规、标准规范，采用科学的管理方法，在社会公众的积极参与下对构成城市交通系统的人、机器、环境等要素进行有效的组织、协调、控制，以实现防止事故发生，减少死伤人数和财产损失，保证城市交通安全和畅通目标的管理活动。下面详细阐述城市交通安全管理的内容、体系和依据。

(一)城市交通安全管理内容

从系统科学和系统工程的角度来讲，城市交通系统属于“人 - 机器 - 环境”系统工程的范畴。其最大特点是，它把人、机器、环境看作是一个系统的三大要素，在深入研究三者各自性能的基础上，着重强调从全系统的总体性能出发，通过三者之间的信息传递、加工和控制，形成一个相互关联的复杂系统，并运用系统工程的方法，使系统具有“安全、高效、经济”等综合效能。其中“安全”指不出现人体的生理危害和伤害，并尽量减少事故的发生。“人 - 机器 - 环境”系统工程积极主张把环境作为系统的一个环节，并按系统的总体要求对其进行全面的规划和控制。“人 - 机器 - 环境”系统工程的研究范畴如图 5-2 所示。

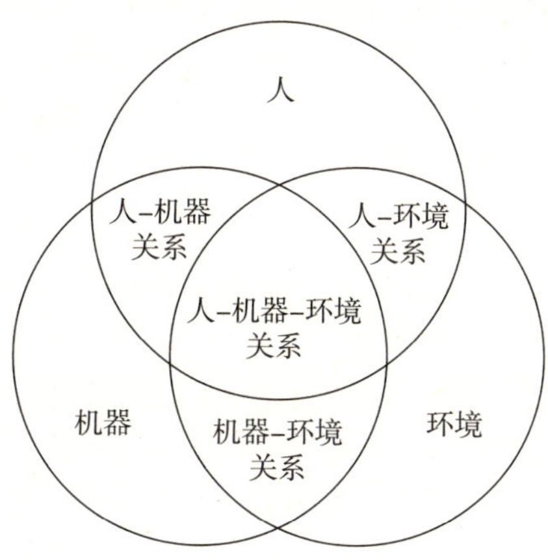

图 5-2 “人 - 机器 - 环境”系统工程的研究范畴

就道路交通安全管理而言，研究的内容包括人员、车辆、道路和交通环境等要素，以及各个要素之间的相互关系。

(1)人员。参与城市交通活动的人都属于城市交通管理的对象。驾驶员是导致交通事故发生的重要因素，因此特别要注重对驾驶员的管理。

(2)车辆。车辆是交通安全的关键环节。必须依照国家相关法律、法规及技术标准，从车辆的设计、制造，用车的登记、检测、维护等方面，对车辆进行全面管理和控制。

（3）道路。道路是安全行驶的基础，对道路实施交通管理，主要是对道路进行安全检查，以及对道路附属设施进行管理，以保障道路的性质、功能适应道路交通需求，保障对道路的科学有效使用。

（4）交通环境。对正常的城市交通活动有影响的物体和行为环境，皆属于交通管理的对象。对交通环境的管理，主要是对道路空间及其周围建筑物、视觉污染等与交通活动相关的物体及行为环境进行监督与管理。

（二）城市交通安全管理体系

城市交通安全管理的目标是减少交通事故的发生，保障城市交通安全畅通，根本上是保障人民生命财产安全。

城市交通安全管理的主体是国家公安机关的交通管理职能部门。同时，城市交通安全管理需要社会的广泛参与，包括运输企业、车辆制造维修与检测单位、参与交通的驾驶员和行人等。广义而言，交通安全管理的主体是以公安交通管理部门为主体的社会各方面共同参与的综合力量。

城市交通安全管理的客体是城市交通构成要素及其相互关系。城市道路交通管理体系由人、车、路和交通环境等要素构成，城市轨道交通管理体系由车务、机务、工务、电务、车辆、客运、工程等子系统构成。其本质都是受城市交通管理法规调整和保护的各种交通法律关系。

城市交通安全管理属于依据城市交通管理法律、城市交通相关的法律法规和城市交通管理相关技术规范的国家行政管理活动，其基本职能是通过协调、控制城市交通构成要素及其相互关系，从而达到要素间的有序动态平衡。

（三）城市交通安全管理依据

目前，我国交通安全管理的法律、法规体系已基本形成，可以分四个层次：第一层次的《中华人民共和国交通安全法》，是我国交通安全的主体法。《中华人民共和国交通安全法》的颁布，是我国交通安全法制建设的重要里程碑。第二层次是国务院发布的行政法规，如《中华人民共和国交通安全法实施条例》。第三层次是公安部和其他有关部委发布的部门规章。第四层次是地方法规。交通安全法不仅对城市交通安全管理提供法律依据，而且对我国安全法律体系做出必要的补充和完善，从而为形成普通法与特别法、专门法与相关法有机结合的中国安全生产法律法规的框架，加强安全生产监督管理奠定了法律基础。

随着城市交通系统复杂化，现代交通环境对现实交通管理目标影响很大，现实交通管理必须不断强化对交通环境的管理。道路交通法规是依据国家宪法制定的强制性行政命令和规章制度，它既是人们行车、走路、使用道路必须遵守的规范，又是道路交通管理部门查处交通违章、裁定事故责任、进行交通安全管理的重要依据。

三、安全管理的方法

（一）安全管理的基本理论

事故致因理论，是指导交通系统安全工作的基本理论。事故致因理论是用来阐明事故的成因、始末过程和事故后果，以便对事故现象的发生发展进行明确的分析。交通事故致因理论是交通运输发展到一定水平的产物。在交通运输发展阶段不同，运输过程中面临的安全问题也不同，特别是随着交通运输形势的变化，在运输过程中所处地位的变化，伤害程度的增加，引起人们安全观念的变化，使新的事故致因理论相继出现。

交通系统故障和运作差错不仅使设备或系统功能下降，往往还是意外事故和灾害的原因。因此，可靠性在交通系统安全工程中占有重要的地位，关系到整个系统运行过程中的可靠和安全。可靠性理论的基本原理是运用概率统计和运筹学理论及方法对产品（单元或系统）的可靠性作定量研究。可靠性是指产品（或系统）在一定条件下完成其预定功能的能力，丧失功能称为失效。可靠性理论是以产品（或系统）的寿命特征为研究对象的。

事故是由事故隐患转化而来的，事故隐患是伴随着生产、生活等社会活动过程而出现的一种潜在危险，是导致事故发生的两个最主要因素（即物质危险状态和管理缺陷）共同存在的一种状态。与事故后的处理不同，事故预防理论研究的是事前防范，是对事故隐患的发现和排除。事故预防理论以信息论、系统论和控制论为基础，运用社会学、统计学、管理学等方法，与物理学、化学等自然科学方法结合起来，研究事故的原因及预防手段，对于保障人类生产、生活的安全有着重要意义。事故预防理论主要包括事故预防原理、事故预防与控制基本原则、海因里希事故预防公理、事故预防 3E 准则、事故预防五阶段模型、本质安全化方法等。

（二）安全管理的步骤

一般来说，交通运输基础设施的安全状况是城市交通系统综合管理水平的反映，城市交通安全管理是研究安全管理方法技术在交通事故发生和预防中的地位、作用，以及如何利用交通安全工程的手段防止交通事故发生的科学知识体系。

具体而言，城市交通安全管理的流程为：城市交通系统安全分析（识别与预测危险）；安全性评价（包括人、载运工具、环境、组织等）；时空尺度下安全性比较；对安全性综合评价；提供最佳的安全决策。

从上述分析看出，城市交通系统安全分析和评价是安全管理的核心，只有分析准确、评价科学，才能得出最佳的决策，由此采取的安全措施才能得力。安全措施是针对存在的问题，对城市交通系统进行调整，对危险点或薄弱环节加以改进。安全对策主要有两个方面：一是预防事故发生的措施，即在事故发生之前采取适当的安全对策，排除危险因素，避免事故发生；二是控制事故损失扩大的对策，即在事故发生之后采取补救措施，避免事故继续扩大，使损失减少到最小。

练一练

简答题

城市交通安全管理的定义是什么？主要包括哪些内容？

【解析】城市交通安全管理从安全的角度，对交通运输系统寿命期的各个阶段（开发研制、方案设计、详细设计、建造施工、日常运行、改建扩建、事故调查等）进行科学研究，以查明事故发生的原因和经过，研究灾害机理，寻求消灭、减少交通运输事故，或减轻事故损失，保障交通安全、畅通的措施和办法。

主要内容包括从“人－机器－环境”系统的相互作用层面阐述，此处略。

学完上述内容以后，大家应该了解城市交通安全管理的定义，掌握道路交通安全管理和轨道交通安全管理的内容，了解城市交通安全管理的基本内容和常用方法。请认真完成在线学习活动 1，它将有助于你更好地巩固本部分的相关内容。

知识点 2 城市交通安全分析

学前思考

城市交通安全分析是城市交通安全管理的“排头兵”。通过对交通安全状况和各类交通事故的调查、统计、分析，可以全面了解交通安全现状，查找安全隐患，预测交通安全发展态势，从而分析各种因素对交通安全的作用和影响。

要进行交通安全分析，首先得了解交通事故的一般分类及特征，选取恰当的指标，从不同的维度刻画事故的形态、责任、原因等，进而建立事故预测模型，揭示交通事故与各种要素之间的必然联系，为交通安全管理提供科学的、可推广的决策。

请大家思考，如何对道路交通事故和轨道交通事故进行分类？一般的交通事故有什么特点？假如你是一名交通警察，针对一起道路交通事故，该从哪些方面记录和分析事故？

让我们带着问题学习以下内容吧。

知识重点

学习提示：通过知识点 1 的学习，我们对城市交通安全管理的对象、体系、依据以及管理的理论方法等有了初步的认识。没有调查就没有发言权，要做到全面深入的管理，调查研究是极其重要的。下面我们将会学习道路交通事故和轨道交通事故的分类，在剖析交通事故特点的基础上提出事故调查、统计、分析的方法。

一、交通事故类型

对道路交通事故进行分类，目的在于分析研究、预防和处理道路交通事故。一般而言，分析角度和方法不同，对道路交通事故的分类也不同。目前，采用的道路交通事故的分类方法有以下五种。

（一）按事故责任分类

根据交通事故处置时，各方应该承担事故主要责任以及涉及的人员车辆不同，我国将道路交通事故分为机动车事故、非机动车事故、行人事故三类。

机动车事故是指交通事故中，汽车、摩托车以及拖拉机等机动车负主要责任（或全部责任）的事故。在机动车与非机动车或行人发生的事故中，如果机动车与非机动车或行人负同等责任，也应该视为机动车事故，因为机动车相对为交通强者，而行人和非机动车为交通弱者。

非机动车事故是指自行车、人力车和畜力车等非机动车负主要责任（或全部责任）的事故。在非机动车与行人发生的事故中，如果非机动车与行人负同等责任，也应该视为非机动车事故，因为非机动车相对为交通强者，而行人为交通弱者。

行人事故是指在交通事故中，行人负主要责任的事故。

（二）按事故后果分类

根据交通事故造成的人身伤亡或者财产损失的程度，将道路交通事故分为轻微事故、一般事故、重大事故和特大事故。

轻微事故，一次造成轻伤 1~2 人，或机动车事故的财产损失少于 1 000 元，非机动车事故少于 200 元的事故。

一般事故，一次造成重伤 1~2 人，或轻伤 3 人以上，或财产损失少于 3 万元的事故。

重大事故，一次造成死亡 1~3 人，或重伤 3 人以上 10 人以下，或财产损失在 3 万元以上 6 万元以下的故事。

特大事故，一次造成死亡 3 人以上，或重伤 11 人以上，或死亡 1 人，同时重伤 8 人以上或死亡 2 人，同时重伤 5 人以上，或财产损失 6 万元以上的事故。

（三）按事故原因分类

根据交通事故发生的原因不同，可以把交通事故分为主观原因造成的事故和客观原因造成的事故两类。

主观原因造成的事故一般是指造成交通事故的当事人本身内在的因素引发交通事故，包括心理或生理方面的原因以及技术生疏、经验不足的原因。第一，不遵守交通法规和其他交通安全规定，导致交通秩序混乱，发生事故，如酒后驾车、超速行驶、争道抢行、故意不避让其他车辆、违法超车、超载等原因造成的交通事故。第二，当事人由于心理或生理方面的原因引发交通事故，如心情烦躁、身体疲劳造成的精力分散、反应迟钝，表现出瞭望不周、采取措施不当或不及时，没有正确地观察和判断外界事物而造成的事故。第三，驾驶车辆的人员技术生疏、经验不足，对车辆、道路情况不熟悉，遇到突然情况惊慌失措而引起的操作错误等引发交通事故，如有的驾驶员制动时踩下加速踏板，有的骑自行车的人遇到紧急情况不知道停车等。

客观原因造成的事故一般是指由于道路条件、车辆条件、环境条件等不利因素而引发的交通事故，事故分析中往往会忽视这些因素。这类事故虽然没有因驾驶人员主观原因发生的事故所占比例高，但在某种情况下，它是导致交通事故的诱因。

（四）按事故对象分类

根据交通事故作用对象的不同，可以把交通事故分为车辆间的交通事故、车辆与行人的交通事故、机动车与非机动车的交通事故、车辆自身事故、车辆对固定物的事故等。

车辆间的交通事故是指车辆之间发生碰撞、刮擦等而引起的事故。碰撞可分为正面碰撞、侧面碰撞和追尾碰撞等；刮擦可分为超车刮擦、会车刮擦等。

车辆与行人的交通事故是指机动车对行人的碰撞、碾压和刮擦等事故，包括机动车闯入人行道及行人横穿道路时发生的交通事故。其中，碰撞和碾压常导致行人重伤、致残或死亡；刮擦相对前两者，后果一般比较轻，但有时也会造成严重后果。

由于我国的交通组成主要是混合交通，机动车与非机动车的交通事故在我国主要表现为机动车碾压骑自行车人的事故。

车辆自身事故是指机动车在没有发生碰撞、刮擦情况下由于自身原因导致的事故。例如车辆由于行驶速度太快，或车辆在转弯及掉头时所发生的翻车事故。

车辆对固定物的事故是指机动车与道路两侧的固定物相撞的事故。其中，固定物包括道路上的工程结构物、护栏、路肩上灯杆、交通标志等。

（五）按事故发生地点分类

按照事故发生地点，我国常把交通事故分为公路交通事故和城市道路交通事故两类。我国将公路分为高速公路、一级公路、二级公路、三级公路和四级公路共五个等级；城市道路分为快速路、主干路、次干路、支路和其他道路等。此外，我国还按事故发生在道路交叉口和路段来进行分类。

此外，城市轨道交通事故按性质、演变过程和发生机理，可以分为以下四类：

（1）由自然灾害引发的轨道交通运营事故。主要包括强台风、龙卷风、冰雹、雷雨、水灾、地震、山体崩塌、滑坡等造成或可能造成轨道交通浸水、脱轨或倾覆等严重影响轨道交通正常运营的灾害事件。由于地震、洪水、暴雨等自然因素导致的人员伤亡、列车停运、大量客流滞留、进出站困难是地铁运营期间最不可控的安全事故诱导因素。

（2）灾难事故。主要包括火灾、爆炸、行车、工程建设等安全生产事故，以及大面积停电、突发性大客流和其他可能造成轨道交通发生一条线路全线停运或两条以上线路同时停运的事故灾难。

（3）公共卫生事件。主要包括重大传染疫情、生化、毒气和放射污染等可能造成乘客等社会公众健康严重损害的事件。

（4）社会安全事件。主要包括重大刑事案件、恐怖袭击事件以及车站内发生的聚众闹事、劫持人质等突发事件。

二、交通事故特点

道路交通事故和城市轨道交通事故一般都具有随机性、突发性、频发性、社会性及不可逆性等特点。

（一）随机性

城市交通系统是“人 - 机器 - 环境”相互作用构成的一个复杂的动态大系统，在整个系统中，每个环节的不协调都可能引发危及整个系统的事故，而这些不协调绝大多数是随机的，因此，引发的事故也是随机的。道路交通事故往往是多种因素共同作用或相互引发的结果，其中有许多因素本身就是随机的（如天气因素等），而多种因素组合在一起或互相引发则具有更大的随机性，因此，道路交通事故的发生必定带有极大的随机性。

（二）突发性

道路交通中，驾驶员从感知到危险至交通事故发生的时间极为短暂，往往驾驶员没有足够的时间反应。或者即使有足够的时间反应，也会由于驾驶员反应不正确、不准确而操作错误或不适宜，从而导致交通事故的发生。城市轨道交通运行速度快，加之又在封闭空间中，因此事故发生经常十分突然。

（三）频发性

由于汽车保有量急剧增加，道路交通量增大，造成车辆与道路比例严重失调，加之道路交通管理不完善，造成道路交通事故频发，伤亡人数增多，道路交通事故已然成为一大公害。城市轨道由于信息化程度高，运行环境相对封闭，所以发生事故的可能性较小，但是城市轨道交通客流密集，一旦发生事故，后果将十分严重。

（四）社会性

交通出行是随着社会和经济的发展而发展的客观社会现象，是人们客观需要的一种社会活动。交通事故是伴随着道路交通和轨道交通的发展而产生的一种现象，只要有人参与交通，无论何时何地都存在交通事故的危险性。

（五）不可逆性

交通事故涉及人、车、路、环境，变量种类复杂，很难实现交通事故的重现，因此交通事故的不可逆性是指不可重现性。从行为科学观点看，社会上没有哪种行为与事故发生的行为相类似，无论如何研究事故发生的机理和防治对策，也不能预测何时、何地、何人发生何种事故。因此，交通事故是不可重现的，其过程是不可逆的。

三、交通事故统计

交通事故具有较高的随机性和突发性。不过随机性常寓于必然性之中，大量的交通事故的发生总有其必然的规律存在。为求得其内在规律，需要通过大量数据的整理、统计和分析，以得出发生交通事故的规律，从而找到发生事故的原因，明确事故多发路段，制定防止和治理事故的措施，并利用某些数学方法，探求预测产生事故的预测模式。

交通事故统计分析是交通安全管理中一项专业基础工作，事故调查质量往往影响交通管理工作的成败，除对道路交通安全的治理与预防起到其应有的作用外，在城市与区域发展规划、道路设计建设等方面，均具有重要的参考价值。下面详述交通事故统计和分析的基本内容、方法及指标。

（一）交通事故调查分析内容

交通事故调查分析是从交通安全角度对交通系统中的危险因素进行分析，主要分析导致系统故障或事故特点、事故的各种因素及其相关关系，通常包括：

（1）对可能出现的初始性、诱发性及直接引起事故的各种危险因素及其相互关系进行调查分析；

（2）对事故当中有关的人员、车辆、道路、环境等因素进行调查分析；

（3）对可能出现的危险因素的控制措施及实施这些措施的方法进行调查分析；

（4）对不能根除的危险因素失去控制或减少控制可能出现的后果进行调查分析；

（5）对可能失控的危险因素，以及防止伤害和损害的安全防护措施进行调查分析。

交通事故统计要以《中华人民共和国统计法》《公安统计工作规则》等为依据进行。

省、地、县各级公安机关交通管理部门为道路交通事故统计的主体机构，应当如实、准确、完整地统计辖区内的交通事故，定期全面分析并向社会公布。

道路交通事故统计范围包括：造成人员死亡的事故；造成人员重伤或者轻伤的事故；适用一般程序处理的财产损失事故。统计内容包括：交通事故起数、死伤人数和直接财产损失数额。不属于交通事故统计范围包括：渡口内发生的事故及铁道路口内车辆或行人与火车发生的事故；军事演习、体育竞赛时车辆发生的事故；利用交通工具故意伤害他人或者伤害自身的事故。

城市轨道交通事故统计范围包括：事故时间、地点及事故现场情况；事故简要经过；事故已造成的伤亡人数和初步估计的财产损失；已采取的措施等。

（二）交通事故统计分析方法

交通事故统计的依据是大量的事故档案及有关资料。统计分析方法一般有静态法与动态法。

1. 静态法

静态法是不包括时间因素在内的各项数列的统计法，包括绝对值法、相对值法和平均值法。

（1）绝对值法。计算各有关综合指标的基础数据，必须准确，否则在此基础上的进一步统计与分析均失去实际意义。事故中的发生数、死亡人数、受伤人数和直接经济损失数等就是这类基础数值。

（2）相对值法。两个有关联的指标之比，用百分比表示，以便表明和分析事故中有关指标之间的相互关系，使之在不同的时间空间具有可比性。比如事故死亡人数与汽车保有量之比，伤、亡人数与交通量和行驶里程之比等。

（3）平均值法。对同类指标进行平均，常用的是算术平均值，用作分析整体数量变化的规律，如计算某条路、某时期中发生的事故数、死亡人数等的平均值，有时采用加权平均值。

2. 动态法

动态法是用以反映交通事故发展变化的过程与趋势的统计方法，即将一定时间间隔的统计指标按时间顺序构成数列，利用的指标不同，动态数列的种类与意义也不同，一般分为平均水平、变化量、发展速度和增长速度等。

（1）平均水平。动态数列的各个时期的计算指标的平均值，如年平均事故数、月平均事故数、平均死亡数、年平均事故率或死亡率等。

（2）变化量。在一定时期内交通事故有关指标的变化量，分为逐期变化量、阶段变化量和累计变化量。计算值大于 0 时为增长，小于 0 时为减少。

（3）发展速度。指相对于某计算期或基础期的某些指标的比值，常以百分比表示，以表明交通事故发展变化的程度及速度。计算值大于 0 时为上升趋势，小于 0 时为下降趋势。

（4）增长速度。事故纯增长的速度，不包括相当于基准数量的部分，计算公式为：

$$D_s = \frac{D_s}{T}$$

$$A_s = \frac{N_i}{N_b} - 1$$

式中，D_s 为发展速度，A_s 为增长速度，N_i 为计算期数量，N_b 为基准期数量。

（5）平均发展速度。一定阶段平均达到的发展速度，是各时期发展速度的平均值，计算公式为：

$$D_{sa} = \frac{D_s}{T}$$

式中，D_{sa} 为平均发展速度，T 为某段时间数量。

（6）平均增长速度。一定阶段平均达到的增长速度，是各时期增长速度的平均值，计算公式为：

$$A_{sa}=\frac{A_s}{T}$$

式中，A_{sa} 为平均增长速度，A_s 为增长速度，T 为某段时间数量。

（三）交通事故统计分析指标

道路交通事故的统计分析，一般分为绝对事故数分析和相对事故率分析。

绝对事故数法，以事故的绝对次数、死亡受伤人数指标来衡量每年或每月、每周于不同地区，范围或不同路段与交叉口的事故情况。亦有以时间为横坐标、死亡人数为纵坐标，以反映事故发展的总趋势。相对事故率指标主要有以下几种：

（1）万车事故率（次 / 万车）：

$$A=\frac{B}{M}\times 10^4\text{（次 / 万车）}$$

式中，A 是 1 万辆登记汽车的事故率；B 是 1 年内该地区交通事件总数；M 是该地区登记的机动车数量（万车）。

（2）10 万人事故率（次 /10 万人）：

$$A_1=\frac{B}{P}\times 10^5\text{（次 /10 万人）}$$

式中，A_1 是 10 万人事故率；B 是 1 年内该地区交通事件总数；P 是该地区人口数量（10 万人）。

（3）亿车公里事故率：

$$A_2=\frac{C}{V}\times 10^8\text{（次 / 亿车公里）}$$

式中，A_2 是亿车公里事故率；C 是该地区 1 年内交通事故死伤人数；V 是该地区 1 年内行车公里数，即平均交通量 ×365× 段路里程数。

（4）交叉口事故率，按百万或万车流入交通量计算，即交通事故总数与汽车进入交叉口的流量的比值，单位为次 / 百万车次。

参考道路交通事故指标，轨道交通事故主要有行车延误事故和人员伤亡事故，统计指标包括以下八类：

（1）行车事故次数：在一定统计期内，列车在运行过程中意外发生的财产损失、人员伤亡的事故次数（单位：次）。

（2）行车责任事故次数：在一定统计期内，由于运营企业组织管理和处置不当，造成乘客伤亡、车辆和设备损坏、中断行车及其他危及运营安全的事故次数（单位：次）。

（3）行车责任事故伤亡人数：在一定统计期内，行车责任事故造成受伤和死亡的人数（单位：人）。

（4）事故发生率：在一定统计期内，运营线路总运营里程与运营事故次数的比值。该指标主要是用事故发生的频繁程度来衡量轨道交通的可靠性。

（5）事故死亡率：在一定统计期内，运营责任事故死亡人数与客运量的比值（单位：百万人次）。

（6）行车责任事故频率：在一定统计期内，列车每发生一次行车责任事故平均行驶的万车公里数（单位：万车公里次）。

（7）5min 以上延误事件间平均车公里：在一定统计期内，运营线路发生两次 5min 以上延误事件间平均行驶距离（百万车公里）。计算方法：5min 以上延误事件间平均车公里 = 总运营车公里 /5min 以上延误事件件数。

（8）5min 以上延误事件间平均车小时：在一定统计期内，运营线路发生两次 5min 以上延误事件间平均行驶时间（车小时）。计算方法：5min 以上延误事件间平均车小时 = 总运营车小时 /5min 以上延误事件件数。

四、交通事故预测

交通事故是随机事件，它不仅受道路系统中各要素的影响，还受到社会、自然等多种偶然因素的影响，事故发生的时间、空间和特征等呈现出偶然性。其实，交通事故偶然性的表象始终受其内部的规律所支配，它揭示了交通事故相关要素之间的必然联系。这种联系不断重复出现，在一定条件下经常起作用，并决定着交通事故的发展变化。因此，认识并利用交通事故的客观发展规律，就可对交通事故的发展变化进行科学的预测。

（一）交通事故预测要求

交通事故预测是通过对交通事故的过去和现在状态的系统分析，并考虑其相关因素的变化，而对交通事故未来状态进行描述的过程。交通事故预测的方法一般要求具备以下特性：

（1）科学性。交通事故预测是科学的判断和推测，必须依据交通事故变化的规律，选择预测的技术，依据充分、真实和准确的信息，保证预测模型准确和具有一定的预测精度。

（2）准确性。准确性是要求预测结果应有与预测技术、时间范围相适应的精度，使预测误差限定在一定范围内。

（3）适用性。预测技术和模型应尽量简单明了、思路清晰，能反映交通事故发展规律与趋势，并能适应预测目标变化需求。

（二）交通事故预测流程

交通事故预测一般分为三个阶段。第一阶段是设计，从确定预测目标开始，通过收集、分析有关信息，到初步选定预测技术；第二阶段是建模，建立预测模型并验证模型的合理性；第三阶段是评价，进行预测并对预测值进行检验、评价，在此阶段要综合分析各主要相关因素的影响，采用多种方法研究和修正。通过科学的判断得到预测结果后，还要对预测结果跟踪监测，以证实是否适用，并在必要时修正预测值。交通事故预测流程如图 5 - 3 所示。

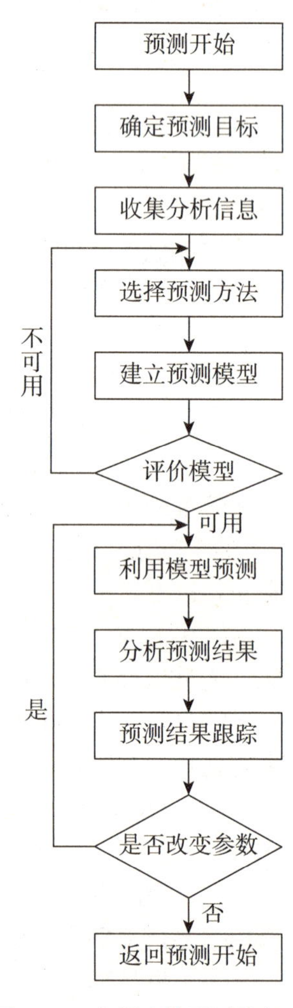

图 5 - 3　交通事故预测流程

（三）交通事故预测方法

在交通事故预测中，常用的预测方法有主观判断法、时间序列分析法、回归分析法以及灰色预测理论等。

1. 主观判断法

主观判断法属于定性预测，常用于较大区域（国家或省）的道路交通事故总体发展趋势预测。主观判断法包括专家个人判断法、专家会议法和德尔菲法。其中，专家会议法预测交通事故简便易行，有助于互相启发与补充，容易产生一致意见，但在实施过程中容易受社会压力、多数人的观点和权威人物意见的影响。因此，预测结果不一定能反映各位专家的真实想法。德尔菲法融合了专家个人判断法和专家会议法的优点，同时避免了二者的缺陷。它具有匿名性、反馈性和收敛性等特点。因此，德尔菲法可能比其他判断方法的预测精度要高一些，但毕竟还是专家的主观判断。

2. 时间序列分析法

时间序列分析法是根据时间数列简单地外延类推，属于定量预测方法。在交通事故预测中，常用的时间序列分析法有移动平均数法、加权移动平均数法、指数平滑法和趋势调整指数平滑法等。时间序列分析法适用于县、区小范围的微观的短期交通事故预测。

3. 回归分析法

回归分析法能较好地反映交通事故与诸多影响因素之间的因果关系，较容易建立模型和检验预测结果。但是，回归分析法要求满足样本量大、数据波动不大、规律性强等条件，否则其预测精度便受到影响；另外，由于回归分析法对新旧数据同等对待，只注重对过去数据的拟合，因此其外推性能较差，对变化趋势反应迟钝。在交通事故预测实践中常用的有一元回归、多元回归和逐步回归等。

4. 灰色预测理论

在预测中，可将一个地区的道路交通系统视为灰色系统，把交通事故当作灰色量，然后对影响交通事故的有关因素进行关联分析，找出主要的影响因素，建立生成数列和灰色预测模型。

练一练

多项选择题

道路交通事故和城市轨道交通事故一般都具有（　　）特性。

A. 随机性

B. 突发性

C. 频发性

D. 社会性

E. 不可逆性

【解析】 城市交通系统是“人－机器－环境”相互作用构成的一个复杂的动态系统，每个环节的不协调都可能引发危及整个系统的事故。道路交通事故和城市轨道交通事故一般都具有随机性、突发性、频发性、社会性、不可逆性，因此进行交通安全管理意义重大。本题正确答案为 A、B、C、D、E。

学完上述内容以后，大家应该了解道路交通事故和轨道交通事故的一般分类方法，了解交通事故的特点，掌握交通事故调查、统计、分析的方法，掌握交通事故预测的流程和方法。在本部分，如果你能够完成一般交通事故的调查和分析，并剖析事故原因，那么恭喜你，你已经掌握了本部分的知识。请认真完成在线学习活动 2，它将有助于你更好地巩固本部分的相关内容。

知识点 3 城市交通安全评价

学前思考

城市交通安全评价涉及人身伤亡和财产损失，关系千家万户和各个阶层，是一个重要的社会课题，也是城市交通管理工作中亟待解决的问题之一。如何建立起安全评价的标准与指标体系，做到既客观、科学地反映交通安全的程度，又能与我国当前的社会经济与交通实际状况相适应，以此作为衡量和评价全国道路交通安全及轨道交通安全的依据。在这方面，国外已经进行了不少的研究，但不一定适合我国，我国起步较晚，还未建立起完善的适用全国的评价模式。

那么，请同学们思考两个问题：第一，什么是交通安全评价？第二，哪些指标可以用于评价交通安全状态的好坏？

城市交通安全评价也称风险评价，以实现工程、系统安全为目的，应用安全系统原理和方法，对工程、系统中存在的危险、有害因素进行辨识与分析，判断工程、系统发生事故的可能性及严重程度，为制定防范措施和管理决策提供科学依据。

知识重点

学习提示：交通运输安全评价从减少交通安全事故目标开始，针对涉及城市交通的各方面的功能特性及效果权重的不同，给出不同的科学评判与测定，并根据测定的结果用一定方法来综合、分析、判断交通安全状况。本部分主要介绍了交通运输安全评价的目的、内容、流程以及常用方法。

一、安全评价的目的

城市交通安全评价的目的是查找、分析和预测工程、系统存在的危险、有害因素及可能导致的危险、危害后果和程度，提出合理可行的安全对策措施指导事故预防，以达到低事故率、最少损失和最优的安全投资效益。具体来说，要达到的目的包括以下四个方面。

（一）促进实现本质安全化生产

通过交通安全评价，系统地从工程、系统设计、建设、运行等过程对事故和事故隐患进行科学分析，针对事故和事故隐患发生的各种可能原因事件和条件，提出消除危险的最优技术实施方案，确保即使发生误操作或设备故障，系统存在的危险因素也不会因此导致重大事故发生。

（二）实现全过程安全控制

交通系统设计之前进行的安全评价，可以避免选用不安全的工艺流程、危险的原材料以及不合适的设施设备，提出消除或降低危险的有效方法。交通系统设计之后进行的安全评价，可查出设计中的缺陷和不足，及早采取改进和预防措施。交通系统运营阶段进行的安全评价，可以了解系统的现实危险性，为进一步采取降低危险性的措施提供依据。

（三）提出安全的最优方案

通过交通系统安全评价，分析系统存在的危险源及其分布、数目，预测事故的概率和事故的严重程度，提出应采取的安全对策、措施等。决策者可以根据评价结果选择系统安全最优方案和管理决策。

（四）实现交通安全技术和安全管理的标准化、科学化

通过对设备、设施或系统在生产过程中的安全性是否符合有关技术标准、规范、相关规定的评价，对照技术标准、规范找出存在的问题和不足，以实现交通安全技术和安全管理的标准化、科学化。

二、安全评价的内容

从交通系统涉及危险源的角度出发，交通安全评价包括对第一类危险源的危险性评价和对第二类危险源危险性评价。第二类危险源是造成约束、限制能量和危险物质措施失控的各种不安全因素。评价第一类危险源主要考虑以下四方面情况。

（一）能量或危险物质的量

第一类危险源的能量越高，一旦发生事故后果越严重；反之，拥有的能量越低，对人或物的危害越小，即第一类危险源处于低能量状态时比较安全。类似的，第一类危险源具有的危险物质的量越大，干扰人的新陈代谢功能越严重，其危险性就越大。第一类危险源导致事故的后果严重程度，主要取决于事故发生时意外释放的能量或危险物质的多少。

（二）能量或危险物质意外释放的强度

能量或危险物质意外释放的强度是指事故发生时单位时间内释放的能量。在意外释放的能量或危险物质的总量相同的情况下，释放强度越大，能量或危险物质对人员或物体的作用越强烈，造成的后果越严重。

（三）能量的种类和危险物质的危险性质

不同种类的能量造成人员伤害、财物破坏的机理不同，其后果也很不同。危险物质的危险性主要取决于自身的物理、化学性质。燃烧爆炸性物质的物理、化学性质决定其导致火灾、爆炸事故的难易程度及事故后果的严重程度。

（四）意外释放的能量或危险物质的影响范围

事故发生时意外释放的能量或危险物质的影响范围越大，可能遭受其作用的人或物越多，事故造成的损失越大。例如，有毒有害气体泄漏时可能影响到下风向的很大范围。

评价第二类危险源控制情况，主要考虑交通系统防止人为失误的能力、对失误后果的控制能力、防止事故传播的能力，以及交通系统所能承受的能量释放的能力和防止能量积

蓄的能力。

交通系统安全评价包括危险性辨识和危险性评价两方面。危险性辨识通过一定手段判定、分析交通系统中固有的和潜在的危险，并对系统中已经查明的危险进行定量化处理，为危险性评价提供依据。危险性评价旨在减少或消除危险源。交通系统安全评价的内容如图5-4所示。

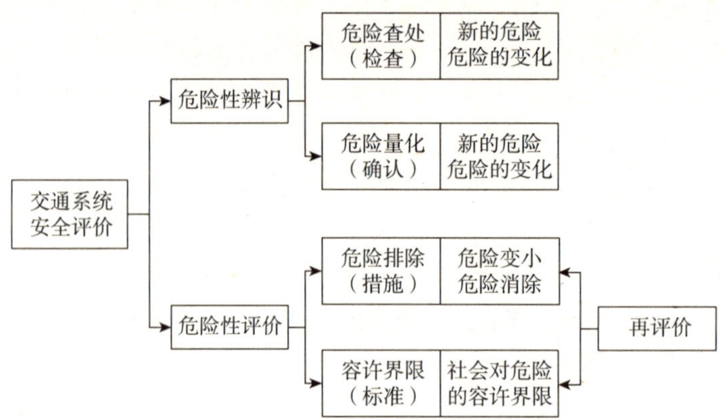

图5-4　交通系统安全评价的内容

三、安全评价的流程

交通系统安全评价程序主要包括准备阶段，危险、有害因素识别与分析，定性、定量评价，提出安全对策措施，形成安全评价结论及建议，编制安全评价报告，如图5-5所示。

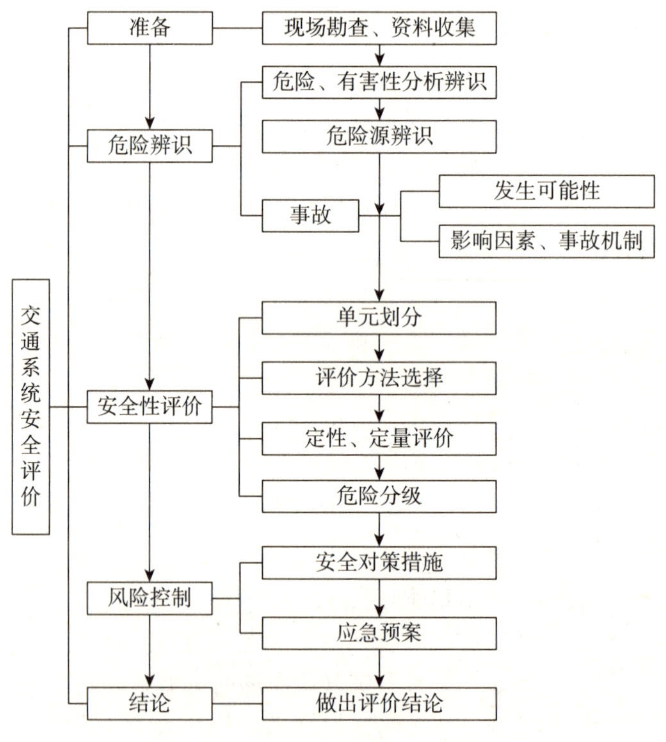

图5-5　交通系统安全评价流程图

（一）准备阶段

明确被评价对象和范围，收集国内外相关法律法规、技术标准及工程、系统的技术资料。

（二）危险、有害因素识别与分析

根据被评价的工程、系统的情况，识别和分析危险、有害因素，确定危险有害因素存在的部位、存在的方式、事故发生的途径及变化的规律。

（三）定性、定量评价

在危险、有害因素识别和分析的基础上，划分评价单元，选择合理的评价方法，对工程、系统发生事故的可能性和严重程度进行定性、定量评价。

（四）提出安全对策措施

根据定性、定量评价结果，提出消除或减弱危险、有害因素的技术和管理措施及建议。

（五）形成安全评价结论及建议

简要地列出主要危险、有害因素的评价结果，指出工程、系统应重点防范的重大危险，明确生产经营者应重视的重要安全措施。

（六）编制安全评价报告

根据安全评价的结果编制相应的安全评价报告。

四、安全评价的方法

（一）第一类危险源的危险性评价

评价第一类危险源的危险性的主要方法有后果分析和划分危险等级两种方法。

后果分析法通过计算意外释放的能量、危险物质造成的人员伤害和财物损失，定量地评价危险源的危险性。后果分析法需要的数学模型准确度较高，需要的数据较多，计算复杂，一般应用于危险性特别大的重大危险源的危险性评价。

划分危险等级是一种相对的评价方法，它通过比较危险源的危险性，人为地划分出一些危险等级来区分不同危险源的危险性，为采取危险源控制措施或进行更详细的危险性评价提供依据。划分危险等级的方法是一种简单易行、得到广泛应用的方法。

（二）第二类危险源的危险性评价

第二类危险源按照安全结果的量化程度，交通系统安全评价方法大致包括定性评价和定量评价两类。

定性交通系统安全评价方法，根据经验和直观判断能力对交通系统涉及的设备、设施、环境、人员和管理等方面的状况进行定性的分析，属于定性安全评价方法的有安全检查表、专家现场询问观察法、因素图分析法、事故引发和发展分析法、作业条件危险性评价法、故障类型和影响分析法、危险可操作性研究等。

定量交通系统安全评价方法，基于大量的实验结果和广泛的事故资料统计分析获得的指标或规律（数学模型），对交通系统涉及的设备、设施、环境、人员和管理等方面的状况进行定量的计算。安全评价的结果是一些定量的指标，如事故发生的概率、事故的伤害（或破坏）范围、定量的危险性、事故致因因素的关联度或重要度等。

按照安全评价给出的定量结果的类别不同，定量安全评价方法还可以分为概率风险评价法、伤害（或破坏）范围评价法和危险指数评价法。

（1）概率风险评价法。根据事故的基本致因因素的事故发生概率，应用数理统计中的概率分析方法，求取事故基本致因因素的关联度（或重要度）或整个评价系统的事故发生概率的安全评价方法。故障类型及影响分析、故障树分析、逻辑树分析、概率理论分析、马尔可夫模型分析、模糊矩阵法、统计图表分析法等都可以用基本致因因素的事故发生概率来计算整个评价交通系统的事故发生概率。

（2）伤害（或破坏）范围评价法。根据事故的数学模型计算事故对人员的伤害范围或对物体的破坏范围的安全评价方法。这类方法包括液体泄漏模型、气体泄漏模型、气体绝热扩散模型、爆炸冲击波超压伤害模型、蒸气云爆炸超压破坏模型、毒物泄漏扩散模型等。

（3）危险指数评价法。应用交通系统的事故危险指数模型，根据系统及其物质、设备（设施）和工艺的基本性质及状态，采用推算的办法，逐步给出事故的可能损失、引起事故发生或使事故扩大的设备、事故的危险性以及采取安全措施的有效性的安全评价方法。常用的危险指数评价法有蒙德火灾爆炸毒性指数评价法，易燃、易爆、有毒重大危险源评价法等。

练一练

简答题

如何区分交通安全中涉及的第一类危险源和第二类危险源？如何评价一个交通系统的安全性？

【解析】交通安全评价包括对第一类危险源的危险性评价和对第二类危险源危险性评价，第二类危险源是第一类危险源的控制措施。

交通系统安全评价包括危险性辨识和危险性评价两方面。危险性辨识通过一定手段判定、分析交通系统中固有的和潜在的危险，并对系统中已经查明的危险进行定量化处理，为危险性评价提供依据。危险性评价旨在减少或消除危险源。

学完上述内容以后，大家应该掌握了城市交通安全评价的内容和流程，了解了安全评价的方法。在本部分中，如果你能够完成城市交通系统的危险、有害因素识别，定性定量评价，并提出安全对策、措施，形成安全评价结论及建议。那么，恭喜你，你已经掌握了本部分的知识。请认真完成在线学习活动 3，它将有助于你更好地巩固本部分的相关内容。

知识点 4　城市交通安全管理措施

学前思考

前面 3 个知识点我们学习了城市交通安全管理的基本内容、城市交通安全的调查方法以及评价方法。无论是交通安全调查还是交通安全评价，其最终目的都是提出行之有效的管理手段，指导生产实践。

通过制定城市交通安全管理规划和策略，城市交通管理者能够进一步明确当前乃至今后交通安全的发展方向和趋势，规划长远，决策当前，从而彻底改变安全工作的事后处理状态，做到防患于未然。对今后城市交通安全设施的建设提出明确的要求，适合城市特点，充分发挥城市各种交通方式的功能，综合协调“路网—出行者—管理者”之间的关系。对交通事故预测、预防、检测和事故现场勘查处理、应急救援等技术保障体系进一步完善和加强，控制交通事故的发生。

请同学们结合日常生活，尝试举例说一下你知道的道路交通安全管理的方法有哪些，城市轨道交通安全管理的方法有哪些。

知识重点

学习提示：城市交通安全管理按照事故发生的时间顺序一般分为事故前的预防管理、事故中的预警管理、事故后的应急管理。本知识点主要讲解各个阶段涉及的管理体系、管理流程以及管理措施等内容。

一、交通事故预防管理

（一）交通事故预防管理概述

交通事故预防管理的定义为运用现代科学的管理方法、工程技术及行政和法律的手段，分析并研究交通事故的现象、发生规律、演化机理等影响因素，探索预防和减少交通事故或者降低交通事故损害对策的活动。

目的是运用各种手段调整道路交通安全系统的结构，协调各要素之间的关系，预防和减少交通事故危害，最大限度地提高社会效益和经济效益。具体地说，交通事故预防是运用系统工程的思想和方法，综合运用系统论、控制论、行为科学、管理科学和工程技术等方面的知识，对交通事故的演化机理、相关因素进行定性和定量分析，研究交通事故防治对策的分析、评价和优化的方法及技术，以及对城市交通安全系统进行控制的方法。

（二）交通事故预防管理对策

交通事故预防对策亦称交通安全对策，包括预防和减少交通事故的计划决策和各种管理与工程措施。交通事故预防管理对策主要有以下内容。

1. 有计划地组织对交通事故的分析研究

交通事故的分析研究是交通科学研究的重要组成部分，只有充分研究了交通事故的主要因素，事故发生的成因、规律、特点及机理，才能有计划、有针对性地、分清主次地制定预防措施和方法。

2. 健全与完善交通法规、章程和条例

交通法规是交通参与者和交通管理人员共同遵守的行为规范，是处理交通违章和交通事故的法律依据。为适应交通运输业的迅速发展，应及时补充、修订和完善各种交通法律法规。

3. 加强道路等基础设施的建设

道路等固定设施是交通运输的渠道，是车辆赖以通行的基础，既要保证道路数量、道路面积率，又要有较高的质量，有坚固平整的路面和相应附属设施。

4. 加强交通安全教育宣传

交通安全的教育与宣传工作是执行交通法规、维护交通秩序、保障交通安全、发挥道路功能、提高交通效率的有效手段。交通安全教育要广泛、深入、持久地进行，对于中小学学生更应上好安全教育课，以期不断提高交通参与者的交通行为素质和交通管理水平。

5. 严格取缔违法

对各种违反道路交通安全法及省市交通法规的行为，要依法严肃处理。特别是对于严重的、普遍性的违法不能手软，并尽可能将处罚与教育相结合，做到处一儆百。

6. 科学地组织管理道路与轨道交通

做好城市综合交通的宏观控制和交通规划，均衡地利用道路，减轻城市主干路及主要交通枢纽的交通流量，有利于对交通流与时间的分离和隔离，减少冲突，保证交通安全。

7. 加强事故伤害急救工作

认真做好交通事故伤害的急救工作，主要从建立急救业务体制和急救医疗机构两个方面予以解决，同时开展对驾驶人事故伤害急救知识培训，使他们掌握事故现场急救方法，对于减少事故死亡率，挽救伤员，开展积极、正确、有效的自救互救意义重大。

（三）交通事故预防管理措施

预防道路交通事故一般采取以下几方面措施。

1. 改善线形与交叉路口设计

（1）道路线形的几何设计要素，如平曲线半径、平面线形要素的连接与组合、纵坡坡长、纵向竖曲线半径、平面与竖向视距、横断面超高加宽等的标准，均应认真考虑如何保证行车安全。

（2）交叉路口要充分保证视距，设置标志、标线，并注意经常维护，交叉范围内的树木要注意剪修，以不妨碍驾驶人与行人视线为原则。

2. 强化交通安全设施

（1）为了防止驾驶人过失，路面滑溜造成翻车、碰撞、车辆滑落，应于适当路段设置各种柔性或刚性护栏与安全带，以期缓冲与保护车辆及乘客。

（2）分隔措施：设置中央分隔带，区分上行、下行、快慢车、车辆与行人等。

（3）设交通岛、导流岛、安全岛、分车岛，做好道路渠化，以控制车辆行驶，防止冲撞和碰擦。

（4）设人行横道，在车流与人流均多的路口，必须设置人行横道或设过街天桥、地下通道。

3. 加强交通管理与控制

（1）道路标志、标线要认真管理，按规定设置固定人员经常维修、保洁、养护，保持标志、符号、文字、图案的清晰并能正确地发挥作用。

（2）视道路与交通情况，安装信号灯、电子警察或其他控制、管理设施。

（3）将某些因路窄未能通车的街道组织单向交通，可减少交叉路口上的冲突，减少车与车、车与人的冲突碰撞与事故发生的潜在危险。

（4）设置诱导性标志或各种视线诱导物，使道路去向明显，以便驾驶人能预知前方路况，采取正确而适当的措施。

二、交通事故预警管理

交通事故预警管理是指为完成事件酝酿过程中一些征兆信息的确认、搜集与监测，确定不同预警级别的阈值或定性判据，并在事件形成前提供一定程度的遏制或减缓方案。预警管理理论的起源可以追溯到 19 世纪末期，最初多出现在经济学领域。目前预警管理广泛应用在交通领域，比如大型临时性活动人流预警，地铁高峰期人群密度流速预警，交通事件和交通拥堵预警等。

（一）交通事故预警管理体系

一个完整的预警管理体系应由外部环境预警系统、内部管理不良预警系统、预警信息管理系统和事故预警系统构成，其构成要素关系如图 5－6 所示。

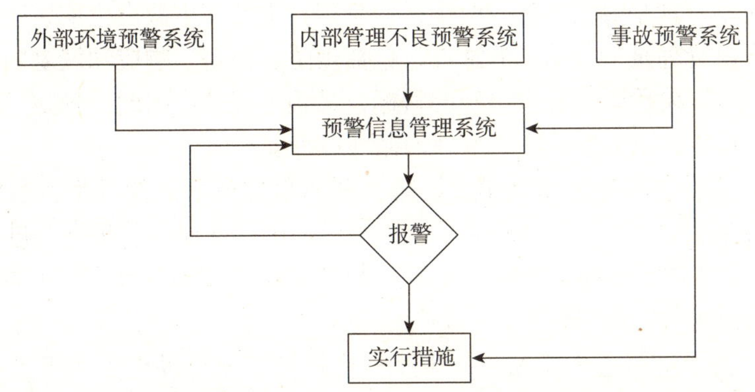

图 5－6　交通事故预警管理体系

外部环境预警系统主要由自然环境突变的预警、政策法规变化的预警、技术变化预警构成。交通运行环境突变诱发的事故，一方面是由自然灾害造成；另一方面，人类活动的破坏所造成的环境突变（如环境污染、社会治安等）反过来也会导致安全生产事故发生。

内部管理不良预警系统主要由质量管理预警、设备管理预警、人的行为活动管理预警构成。预警信息管理系统以管理信息系统 (MIS) 为基础，专用于预警管理的信息管理，主要是监测外部环境与内部管理信息。预警信息的管理包括信息收集、处理、辨伪、存储、预测等流程。

（二）交通事故预警机制

预警机制是指能灵敏、准确地告示危险前兆，并能及时提供警示，使机构能采取有关措施的一种制度。预警机制的作用在于能超前反馈、及时布置，防风险于未然，最大限度地降低由于事故发生对生命造成的侵害、对财产造成的损失。预警机制作为一种制度，需要利用高科技手段，将监测到的各种异常信息进行预告。这就要求明确报警、接警、处警的部门和第一响应队伍的工作要求与程序，明确预警的方式、方法、渠道和监督措施。在构建预警机制过程中，需要综合考虑以下因素：

（1）处理好点与面之间的关系，既要做到重点突出，又要防止顾此失彼。处理好社会敏感与实际危害之间的关系，虽然两者之间具有一定的相关性，但社会敏感的突发公共事件未必就是危害性重大的。

（2）处理好高发生概率与高危险之间的关系，有些事故发生概率很高，但危险性却未必高。而有些事故危险性很大，但风险未必大，二者之间缺乏必然的联系。

（3）处理好预警机制的硬件与软件之间的关系，任何有效的预警机制都必然是由设备、设施等构成的硬件与由技术、制度、政策、管理等构成的软件组成，实际建立中需要理顺二者之间的关系。

三、交通事故应急管理

交通事故应急管理是指政府及其他公共机构应对突发交通事件的事前预防、事发应对、事中处置和善后管理过程中，建立的有效机制和采取的必要措施，其目的是保障参与交通活动的生命财产安全，促进交通运输行业可持续发展。

（一）应急管理流程

交通事故应急管理是对重大事故的全过程管理，贯穿于事故发生前、中、后的各个过程。交通事故应急管理是一个动态的过程，包括预防、预备、响应和恢复四个阶段。在实际生产生活中，每一阶段既有各自明确的目标，又相互交叉。因此，预防、预备、响应和恢复相互关联，构成了重大事故应急管理的循环过程。

预防阶段，从应急管理的角度出发，防治紧急事件或事故的发生、避免应急行动的工作。工作内容主要包括：（1）根据交通事故特点，进行交通应急规划，进行安全技术研究；（2）制定安全法律、法规，各种安全管理制度，安全技术标准和行业规范；（3）对交通企业和社会公民进行宣传与教育。

预备阶段，为了应对重大交通事故发生，应提高应急行动能力、推进有效的响应工作。工作内容主要包括：（1）制订应急计划和应急预案；（2）成立区域应急救援中心，建立应急联动系统；（3）准备充足的应急资源，并组织应急培训和演练。

响应阶段，事故发生后应采取有效行动保护人员生命安全，使得财产损失、环境损坏程度最小化。工作内容主要包括：（1）启动应急预案，向社会发布通告；（2）各部门协同开展应急救援，控制事态恶化；（3）开展营救和搜寻，疏散和避难工作。

恢复阶段，在响应阶段后立即进行，采取有效手段恢复生产、生活、环境等。工作内容主要包括：（1）清理废墟，消毒防疫；（2）评估损失，保险理赔，恢复重建；（3）评估应急效果，复查应急预案。

（二）应急管理结构

各类交通事故形态不同，相应的应急预案适用的范围不同，在内容的详略程度和侧重点上也会有所不同，但采用相似的基本结构。应急预案由一个基本预案加上应急功能设置、特殊风险管理、标准操作程序和支持附件构成。“1+4”预案编制结构如图5－7所示。

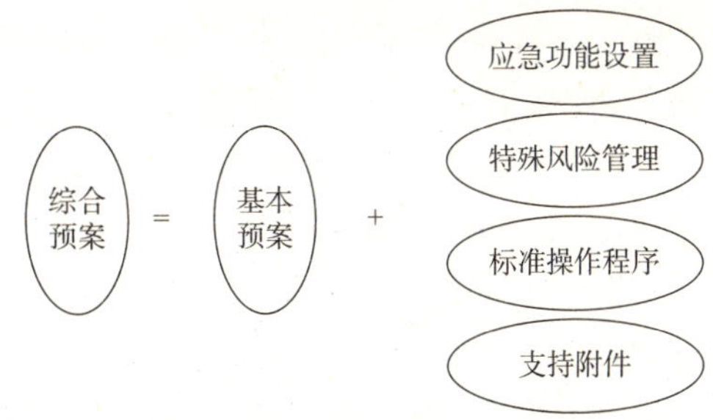

图5－7 “1+4”预案编制结构

基本预案是应急预案的总体描述，主要阐述应急预案所要解决的紧急情况、应急功能设置组织体系及方针、应急资源、应急的总体思路，并明确各应急组织在应急准备和应急行动中的职责，以及应急预案的演练和管理等综合基本标准、操作程序规定。

应急功能是在各类重大事故应急支持附件中，通常采取的一系列的基本应急行动和任务，如指挥和控制、警报、通信、人群疏散与安置、医疗、现场管制等。对每一项应急功能都应明确其针对的形势、目标、负责机构和支持机构、任务要求、应急准备和操作程序等。

特殊风险指根据某类事故灾难、灾害的典型特征，需要对其应急功能做出针对性安排的风险。应说明处置此类风险应该设置的专有应急功能或有关应急功能所需的特殊要求，明确这些应急功能的责任部门、支持部门、有限介入部门以及它们的职责和任务，为制定该类险的专项预案提出特殊要求和指导。

标准操作程序应保证与应急预案的协调和一致性，其中重要的标准操作程序可作为应急预案附件或以适当方式引用。

支持附件主要包括应急救援的有关支持保障系统的描述及有关的附图表，如危险分析附件、技术支持附件、协议附件、其他支持附件等。

（三）应急预案管理

应急预案是针对可能发生的突发事件（或重大事故），为保证迅速、有效地开展应急与救援行动，降低突发事件（或重大事故）损失而预先制订的计划或方案。需要事先辨识和评估潜在的突发事件（或重大事件）发生的可能性、发生过程、发生后果，对应急机构及其职责、人员、技术、装备、设施（备）、物资、救援行动、指挥等做出具体安排。

常见的应急预案包括应急行动指南或检查表、应急响应预案、互助应急预案以及应急管理预案四类。下面详细讲解应急管理预案的内容和编制方法。

应急管理预案的核心内容包括：

（1）总则：说明编制预案的目的、工作原则、编制依据、适用范围等。

（2）运输生产单位的危险性分析：包括单位地址、业务范围、从业人数、隶属关系以及重大风险源、重要设施、目标、场所和周边布局情况；本单位运输生产业务中存在的风险源及风险分析结果。

（3）组织指挥体系及职责：明确各组织机构的职责、权利和义务，以突发事故应急响应全过程为主线，明确事故发生、报警、响应、结束、善后处理处置等环节的主管部门与协作部门；以应急准备及保障机构为支线，明确各参与部门的职责。

（4）预警和预防机制：包括信息监测与报告，预警预防行动，预警支持系统，预警级别及发布（建议分为四级预警）。

（5）应急响应：包括分级响应程序（原则上按一般、较大、重大、特别重大四级启动相应预案)，信息共享和处理，通信，指挥和协调，紧急处置，应急人员的安全防护，群众的安全防护，社会力量动员与参与，事故调查分析、检测与后果评估，新闻报道，应急结束等。

(6)信息发布：明确事故信息发布的部门、发布原则。事故信息应由事故现场指挥部及时准确地向新闻媒体通报。

(7)后期处置：包括善后处置、社会救助、保险、事故调查报告和经验教训总结及改进建议。

(8)保障措施：包括通信与信息保障，应急支援与装备保障，技术储备与保障，宣传、培训和演习，监督检查等。

(9)培训与演练：明确对本单位人员开展的应急培训计划、方式和要求；明确应急演练规模、方式、次数、范围、内容、组织、评估、总结等。

(四)事故紧急救援

交通事故应急救援目的在于最大限度地减少交通事故导致的人员和财产损失，快速恢复交通运行。研究表明，交通事故发生后30分钟以内给予伤者急救措施，可以挽救25%左右的伤者的生命。在我国，由于救助常识的缺乏和有效的事故紧急救援措施，往往导致伤者贻误救助时机而丧失生命。如果在我国实施有效的交通事故紧急救援，每年交通事故死亡人数可以减少2万~3万，第一时间进行紧急救援对于挽救生命显得十分重要。

城市交通事故应急救援是一项涉及面广、专业性很强的工作，必须把各方面的力量组织起来，形成统一的应急指挥中心，实现各部门之间的信息和资源共享。各级交通、安全、医疗救护、公安、消防、路政等部门应快速响应，密切配合，协同作战，迅速、有效地组织和实施应急救援，尽可能地避免和减少损失。我国事故紧急救援流程一般包括以下四步。

1. 信息采集与异常交通状态判断和预测

这里的信息是指城市道路环境(气象等)和交通状态(交通流量、密度、速度、排队长度、异常交通现象等)信息。异常交通现象类型的判断、确认是在信息采集的基础上，通过交通管理中心的人员来实现的。异常交通状态，可运用状态模型加以预测。

2. 提供交通信息服务

当发生异常交通现象时，及时向其上游的车辆提供交通信息，既可以让这些车辆了解前方的交通状态，采取适当的对策预防二次事故的发生，又可以诱导上游的交通流绕行，一方面减少这些车辆的等候时间，另一方面降低事故突发路段的交通压力，为迅速恢复正常交通提供条件。目前主要通过可变信息板或车载广播提供事故地点和类别信息，流入和流出诱导信息、车道或行驶速度限制信息等。

3. 紧急救援方案的决策

在获悉异常交通现象发生后，应视其异常交通的类型和程度，迅速提供救援方案，包括突发事件现场的调查与管理方案，紧急救援技术方案与装备，救援线路方案，上游流入交通流诱导方案，交通网络协调控制方案。

4. 应急救援

控制中心生成救援方案并通知相关部门派救援力量进行救援。应急救援措施和注意事项有：接受调度，赶赴现场；现场警戒，侦察检测；分析判断，制定现场救援方案；迅速排险，抢救伤员；医疗急救，迅速转送。

练一练

简答题

安全管理的首要目标是防患于未然，预防管理是城市交通管理的首要任务。请阐述道路交通事故预防的措施。

【解析】可以从人、车、路以及环境四方面阐述。具体措施包括改善线形与交叉路口设计，强化交通安全设施，加强交通管理与控制等措施。

学完上述内容以后，大家应该掌握了城市交通事故预防管理、事故预警管理、事故应急管理的流程和措施，了解了城市交通安全管理的机制形成。请认真完成在线学习活动 4，它将有助于你更好地巩固本部分的相关内容。

案例分析 城市交通安全管理案例

学前思考

“前事不忘，后事之师。”典型的交通事故案例具有较高的参考借鉴意义，通过对事故预防和应急救援的研究，可以有效指导交通运输行业的安全生产，并在城市交通应急安全管理方面提供参考。同学们是否经历过突发的交通安全事件？请同学们根据前面学习的内容，思考如何分析一起道路交通事故，判定参与各方的责任。

知识重点

学习提示：结合几个典型的交通安全案例，详细阐述道路交通安全管理和轨道交通安全管理的实际应用。在学习过程中，同学们要理论联系实际，进一步验证前面已学习的交通安全分析、交通安全评价以及交通安全管理的理论方法。

一、道路交通安全管理案例分析

在道路交通安全方面，我国道路交通事故频发，除了 10 万人口死亡率比美国低，其他道路交通死亡率指标均高于美国、日本、英国等发达国家。2015 年我国及美国、日本、英国道路交通事故死亡率统计如表 5－1 所示。

表 5－1 道路交通事故死亡率

国家	10万人口死亡率	万车死亡率	亿车公里死亡率
中国	6.18	5.11	3.80
美国	13.61	1.61	0.85
日本	4.50	0.63	0.75
英国	4.98	0.87	0.57

在道路交通系统中，美国人哈顿建立了“哈顿矩阵”模型，分析人、车、路在交通事故中的相关关系，如表 5－2 所示。该模型说明了事故前、事故中和事故后的三个阶段中，相互作用的道路交通三个基本要素的关系。

表 5－2　哈顿矩阵

因素	事故前	事故中	事故后
人	培训、安全教育、行车态度、行人和骑行着装	车内位置、坐姿	紧急救援
车	主动安全（制动、车辆性能、车速、视野）	被动安全（车辆防撞、安全带等）	抢救
路	交通标志标线、几何线形、路面性能、视距、安全评价	路侧安全、安全护栏	交通设施抢修

下面阐述几例典型的道路交通事故，并从人、车、路、环境四方面进行简要分析，进一步说明道路交通安全管理的方法。

（一）事故案例一

1. 事故概况

8 月 22 日早上 6 点，万县外贸汽车队驾驶人龚 ×× 驾驶五十铃大货车由万县运载百货到重庆市。当车行至邻水县境内汉渝公路弯道处时，与一辆迎面驶来的无照明灯光装置的手扶式拖拉机相遇。

由于汽车驾驶人疲劳开车，侵线占道行驶，且车速过快，加之晨雾较浓，行车视距严重不足，并且对方拖拉机无照明灯光，致使汽车前保险杠左端与手扶式拖拉机右前轮相撞。手扶式拖拉机车头与驾驶座脱离，驾驶人和拖斗被撞出车行道，拖拉机驾驶人廖 ×× 当场死亡，驾驶座乘车人熊 ×× 受伤。五十铃大货车肇事后冲出公路外约 5 米，在公路左侧路肩外农田里受阻停下。

2. 事故分析

道路：路况正常，半径 200 米的弯道。

天气：晴天，夏季清晨，天早雾浓，能见度较差，视线不良。

车辆：五十铃大货车车况正常；手扶式拖拉机车况基本正常。

汽车驾驶人：龚 ××，男，24 岁，实习驾驶人，于 21 日晚 8 点 30 分从万县出发，22 日凌晨 2 点曾停车吃过一个西瓜，然后继续开车行驶至早上 6 点肇事。在此期间，驾驶人已连续熬夜行驶近 10 个小时，由于疲劳驾驶，精力不足，加之雾天超速行驶，弯道占线而肇事。

拖拉机驾驶人：廖 ××，男，25 岁，在肇事当日清晨驾驶无照明灯光装置的手扶式拖拉机行驶于公路。行驶时仅靠随身携带的手电筒照明。经现场调查证实，事故发生时，恰遇驾驶人未打手电筒，因而在雾浓、能见度及视线严重不良的情况下肇事。

其他：事故发生时乘坐于汽车驾驶室和拖拉机驾驶座的搭车人，未有违章行为，与此次事故无责任关系。

3. 事故结论

汽车驾驶人龚 ×× 严重违反《中华人民共和国道路交通安全法实施条例》第四十六

条“机动车行驶中遇有下列情形之一的，最高行驶速度不得超过每小时30公里:（三）遇雾、雨、雪、沙尘、冰雹，能见度在50米以内时”的规定，疲劳驾车，雾天超速占线行驶而肇事，汽车驾驶人龚××应负此次事故的主要责任。拖拉机驾驶人廖××违反《中华人民共和国道路交通安全法》的规定，雾天驾驶无照明灯光装置的拖拉机行驶于公路而肇事，应负此次事故的次要责任。

（二）事故案例二

1. 事故概况

驾驶人鲁安驾驶东风牌汽车，从铜川返回部队营区。当车由西向东行驶时，驾驶人发现前方有几辆小推车靠道路的南边由东向西拉运土，驾驶人将车靠公路左（北）边行驶。当越过小推车后，驾驶人又发现对面有几辆自行车迎面而来。当驾驶人突然发现其中有一辆自行车摇摆时，急忙向右侧打转向盘，紧急制动，但结果还是和自行车碰撞，造成骑车人（孙奇，男，19岁，中学生）死亡。

2. 事故原因

这段公路道路宽阔、视线良好、路面平整，无限速标志，是有效路面为6米宽的一般公路。汽车是偏向路的左侧行驶的，这不符合《中华人民共和国道路交通安全法》第三十六条“根据道路条件和通行需要，道路划分为机动车道、非机动车道和人行道的，机动车、非机动车、行人实行分道通行。没有划分机动车道、非机动车道和人行道的，机动车在道路中间通行，非机动车和行人在道路两侧通行”的规定。

当时汽车的时速达60公里/小时以上，这不符合《中华人民共和国道路交通安全法实施条例》第四十五条“机动车在道路上行驶不得超过限速标志、标线标明的速度。在没有限速标志、标线的道路上，机动车不得超过下列最高行驶速度:（一）没有道路中心线的道路，城市道路为每小时30公里，公路为每小时40公里;（二）同方向只有1条机动车道的道路，城市道路为每小时50公里，公路为每小时70公里”的规定。

据勘测，汽车稍偏左行驶，自行车属车辆临近时截头猛拐;自行车仍占有有效路面1.95米，土路肩1.85米。

3. 事故结论

汽车驾驶人无视交通法规的限速规定，超速行驶，负有过失责任，应该负本事故的一半责任；自行车骑车人也应负本事故的一半责任。

二、轨道交通安全管理案例分析

城市轨道交通安全保障系统具有两个基本作用：一是要保证内部人员设备安全，要能转场运转;二是要排除外在因素对系统的干扰，不受外部环境的威胁。做到上述两个方面，就可以认为安全保障系统是健全的，能够发挥其正常功能。轨道交通安全管理主要依靠列车自动控制系统（ATC）、火灾警报系统（FAS）以及轨道交通安全预评价和作业安全管理实现。

城市轨道交通的安全与众多环节有关，所有活动都高度依赖于高效、安全和可靠的人的行为。交通运营工作的各个环节、各项作业都是由人来参与并处于主导地位的，人操纵、控制、监督各种设备，完成各项作业，与环境进行信息交流，与其他作业协调一致。正是人在运营管理中的重要地位，使得人的因素在运营中发挥着关键的作用。城市轨道交通安全管理对于不同人员的素质要求如图 5-8 所示。

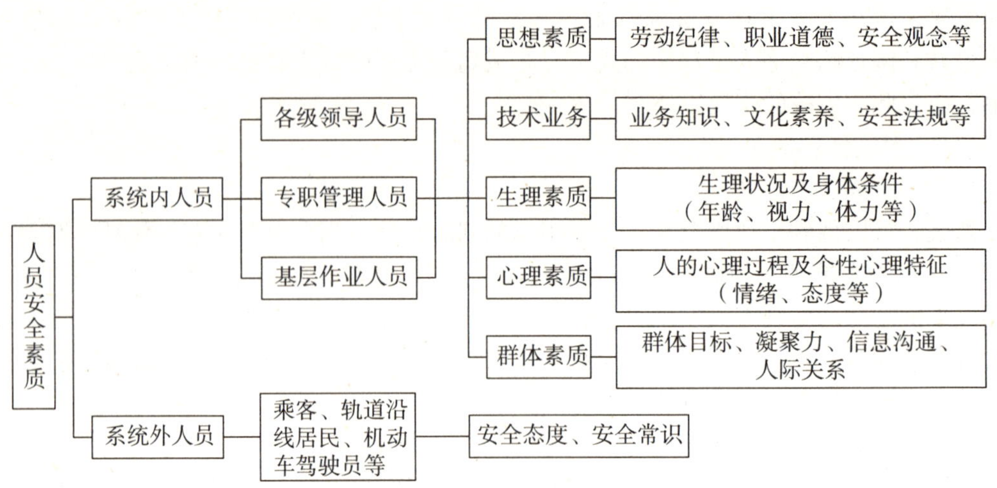

图 5-8　城市轨道交通安全管理对于不同人员的素质要求

城市轨道交通系统的安全预评价是在项目可行性研究报告的基础上，根据同类项目工程建设和运营过程中已发生的相关安全事故的特点，分析和预测该项目建设中和建成后的运营中固有的和可能出现的危险、有害因素，并对其进行定性、定量评价分析，以求明确危险、有害因素的种类及危害程度，从而在安全技术和管理等方面提出可行的安全对策。安全预评价作为此工程初步设计中安全方面的设计依据，有助于提高此项目的安全程度。图 5-9 为轨道交通系统安全预评价系统框架。

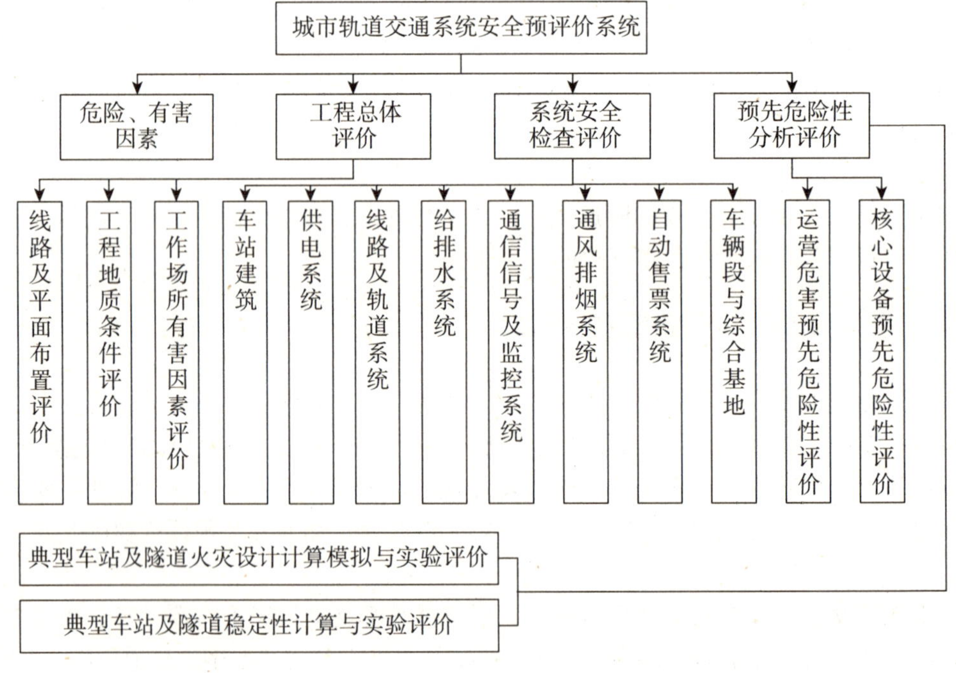

图 5-9　轨道交通系统安全预评价系统框架

城市轨道交通系统运营前的安全评价是在工程建成后到试运营之前，根据城市轨道交通系统设计文件及现场检查，对工程建成后存在的危险、有害因素进行辨识，分析评价城市轨道交通系统设置的安全设备及设施是否满足试运营的条件，对存在的安全隐患提出安全对策及措施，确保城市轨道交通系统试运营的安全可靠。图 5－10 为城市轨道交通系统运营前安全评价系统框架。

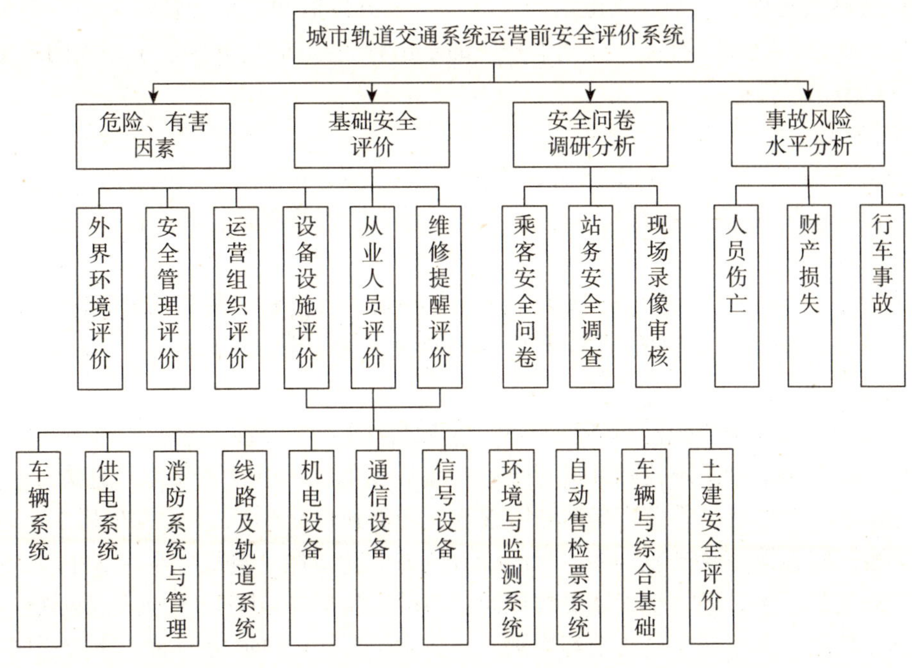

图 5－10 城市轨道交通系统运营前安全评价系统框架

（一）事故案例一

1. 事故概况

2007 年 7 月 17 日上午 11 点 17 分，重庆佛图关山上的一棵大树被雷电击倒，并遇山体滑坡和泥石流，大树倒在重庆市轨道交通 2 号线佛图关与李子坝区间轨道上，接触网严重损坏，致使区间断电。事故发生后，重庆轨道交通 2 号线被迫全线关闭。

2. 处置措施

重庆市轨道交通因雷击造成事故的处置流程为：事故发生后 5 分钟，监控人员发现佛图关与李子坝区间接触网损坏，运营调度指挥中心立即启动应急预案，命令全部轻轨列车暂停进站停靠；事故发生后 10 分钟，列车驾驶员通过广播向乘客做出解释，提醒乘客紧急下车；事故发生后 20 分钟，车站保安人员紧急疏散乘客，佛图关车站封闭；事故发生后 30 分钟，抢修人员步行赶到佛图关区间现场，冒雨进行检查抢修；事故发生后 2 小时 30 分钟，大坪到新山村区间恢复通电，开始投入使用，并更换接触网；事故发生后 9 小时 20 分钟，轨道交通 9 号线全线恢复运营；事故发生后第二天，轨道交通公司召开运营安全生产紧急会议，布置下一阶段防雷防汛工作的重点。

3. 事故教训

重庆轻轨沿线由于防雷设施不到位，避雷针、接地防雷装置的数量严重不足，山体土质遇暴雨松动滑坡，造成本次停运事故。

4. 事故启示

第一，加强对轻轨沿线建筑、树木等的雷击防护力度，增设防雷设备。

第二，加强轻轨列车车辆设备雷击防护，尤其是高架轨道上高速运行列车的雷电防护。

5. 事故后的改进措施

对轻轨沿线地理、气候、雷电活动规律进行全方位监测；结合轻轨系统、列车系统、运行供电系统、信号系统的特点，建立了相应的雷击频率数据库，并制定了相关的应急预案。

（二）事故案例二

1. 事故概况

2009 年 3 月 20 日早上 6 点 05 分，广州地铁 3 号线中央控制系统突发故障，导致列车出现延误。6 点 40 分左右，列车停止运营，由于正值早高峰，许多市民被迫改乘其他交通工具。

当天中午 12 点左右，信号控制系统供应商阿尔卡特公司中国总部紧急派专家从上海赶到广州进行处理，经过抢修，3 号线于 21 日恢复正常运营。

2. 处置措施

广州地铁 3 号线信号事故处置流程为：事故发生后 35 分钟，地铁公司向市应急办报告，组织人员查明信号系统故障并进行抢修；事故发生后 1 小时 8 分钟，地铁向市交通委请求公交接驳，客村站、番禺广场站滞留乘客被转移到公交车上；事故发生后 3 小时 33 分钟，市交通网实施第一轮接驳方案，早高峰客流被成功疏散；事故发生后 5 小时 55 分钟，设备供应商赶赴现场，进一步确认事故原因；事故发生后 10 小时 25 分钟，地铁向市交通委请求公交接驳，供地铁 3 号线乘客换乘；事故发生后 14 小时 10 分钟，市交通网实施第二轮接驳方案，晚高峰客流被成功疏散；第二天早上，3 号线恢复运营。

3. 事故教训

第一，广州地铁 3 线的故障是由中央信号控制系统引起的。

第二，阿尔卡特的信号系统在温哥华地铁的运作是中央控制，全自动无人驾驶；出于安全考虑，故障地铁将全自动驾驶与人工操作系统相结合，但是两套系统并存引发了一些技术问题。

第三，事故发生后，列车驾驶员只能用手动模式行车，行车间隔因此大大增加。

4. 事故经验

第一，事故发生后，地铁公司立即通过广播电台向广大市民播报故障信息，积极引导乘客乘坐接驳公交，同时在车站的大屏幕上播报事故信息。

第二，地铁公司表示，对于因 3 号线信号系统故障耽误乘车的旅客，可以在 7 日内到任何一个地铁站办理退票或更新手续。

第三，地铁公司表示，如果因为 3 号线信号系统故障而导致乘客上班迟到，地铁公司可以出具致歉信，致歉信的设计十分精致，附有中英文说明。

第四，地铁公司因此事故共接受乘客退票 3 331 张，免费更新车票 956 张，派送赠票 4 481 张，出具致歉信 2 407 封。

5. 事故启示

尽管城市轨道交通系统采用了许多先进的设备，但这些设备仍可能存在一定的安全隐患。同时，应不断完善安全监督和检测制度，加强人员培训，规范业务流程，增强信号维修人员对故障的处理能力，及时清除安全隐患。

拓展阅读

1. 张兴强．城市交通安全 [M]. 北京：北京交通大学出版社，2015.

2. 张卫华．道路交通安全 [M]. 北京：人民交通出版社，2016.

3. 于存涛，潘前进．城市轨道交通安全管理 [M]. 北京：北京交通大学出版社，2015.

4. 张之勇．城市道路交通安全管理研究 [D]. 成都：西南交通大学，2003.

5. 彭玲云．城市轨道交通安全管理模式及应急管理研究 [D]. 成都：西南交通大学，2014.

6. 邹志云，胡琼虹，毛保华．道路交通安全管理规划理论体系研究 [J]. 中国安全科学学报．2005（15）：42–46.

7. 陆化普，周钱，徐薇．道路交通安全管理规划理论与应用研究 [J]. 中南公路工程．2006（3）：67–71.

8. 巩建国．城市道路交通安全管理规划编制与实施策略研究 [J]. 交通信息与安全．2014（3）：78–82.

单元小结

本单元主要讲述了城市交通安全管理的内涵、安全分析理论、安全评价理论以及安全管理方法。我们学完本单元，应该能够认识到城市交通安全管理的重要性和复杂性，掌握了安全分析、安全评价和安全管理的流程及方法。当前，我国城市的交通安全问题极其严重，如果不能得到有效解决和根本治理，必将对我国经济的持续、快速、健康发展构成严重威胁。城市交通安全管理作为一种综合性的社会管理活动，需要城市管理者和交通参与者共同努力。

以上就是本单元的全部内容，感谢大家的辛苦努力，继续保持，加油！

第六单元

城市交通需求管理

Unit

学习导引

同学们好！欢迎你们回到“城市交通管理”课程的课堂。现在我们开始进入第六单元的学习。从生存到自我实现，人类有多种层次的内在需求。通常来说，人类通过进行广泛的社会活动来满足大部分的需求，例如，上班、上学、探亲、访友、购物、参观等。这些不同的活动一般分布在不同的地点，这样就有了“出行”的需求，即通过空间位置转移来完成活动的需要。因此，我们把出行称为派生的需求，换言之就是先有活动才有出行，出行本身并不是必要的需求。例如，在古代，边疆战事的情报需要士兵骑着马匹经过数日才能传递到京城。然而，自从无线通信技术被发明以来，这样的出行需求就立刻被电报、电话等取代了。既然如此，当面对城市的交通基础设施供给无法满足出行需求的困境时，我们就有了一个新的思路，即通过管理出行需求来改善供需结构失衡的问题。那么交通需求管理该从何处着手呢？请你们带着想象的翅膀，共同进入本单元的主题！

本单元，我们将共同学习交通需求管理的概念，了解其提出的背景、实施原则、实施层次、主要措施等内容。交通需求管理背后有着深刻的经济学原理，因此我们需要深入理解价格机制对出行需求的作用，掌握交通需求管理策略对居民出行的影响机理。“他山之石，可以攻玉”，最后我们选取了国内外若干城市实施交通需求管理的成功案例，通过总结其经验启示，帮助大家巩固所学内容，并为你们将来的工作实践提供有益指引。

在本单元的学习之旅中，需要你们认真学习本单元的学材，观看教学视频，完成在线学习活动以及作业。只有按照要求完成上述所有环节的内容，才算完成了本单元的学习任务。

学习目标

学完本单元内容之后，你将能够：

（1）了解交通需求管理的基本概念、内容和意义；
（2）了解交通需求管理的实施原则和实施层次；
（3）灵活应用交通需求管理的主要措施；
（4）知道城市道路供给特性和城市交通需求特性；
（5）理解价格机制在交通需求管理中的作用；
（6）理解交通需求管理措施对居民出行的影响机理；
（7）知道大都市实施交通需求管理的具体措施，并总结其经验启示。

知识结构图

图 6－1 是本单元内容的整体框架以及学习这部分内容的思维过程规划。此图可以帮助大家从整体上了解本单元内容的知识结构和学习路径，包括交通需求管理概述、交通需求管理的基本原理、交通需求管理国内外案例。请大家仔细品读和理解，帮助自己建立对本部分知识的整体印象。

图 6－1　本单元知识结构图

看完上面的知识结构图后，大家是否已经对本单元所要学的内容以及如何学习这些内容，有了一个初步的整体印象了呢？接下来，我们在这个整体框架的指引下逐一学习每个知识点的具体内容。

知识点 1　交通需求管理概述

学前思考

在城市交通治理的历史上，交通安全、交通拥堵一度是摆在管理者面前最大的挑战。但近年来，交通环境问题日益受到公众关注，很多过去的措施不再奏效甚至开始出现负面效果，使得管理者开始逐步思考采用创新性的方法来解决机动化导致的一系列外部性问题。

2015 年入冬后，北京出现了连续的重度雾霾天气，10 天内政府发布两次最高级别空色警报，图 6－2 是 2013—2015 年北京 PM2.5 指数逐月变化趋势。第二次红色预警期间，实施机动车单双号行驶措施，工厂停工，中小学和幼儿园也被建议停课，市民被建议留在室内，尽量避免户外活动，全市禁止燃放烟花爆竹和露天烧烤，企事业单位可实行弹性工作制，儿童、老年人、心脑血管及呼吸道疾病患者和其他易感染人群被提醒不要外出或户外活动。

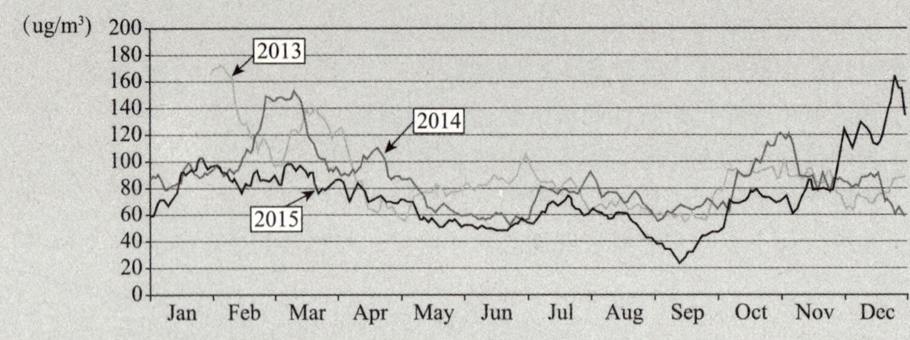

图 6－2　2013—2015 年北京 PM2.5 指数变化趋势

你能看出来上述应对方案中包含了哪些交通管理措施吗？这些措施通过怎样的路径最终影响车辆尾气排放呢？如果一下回答不上来，那么也不要紧，让我们来一起学习以下内容吧。

知识重点

学习提示：城市交通与土地利用之间存在复杂的互动关系。国内外实践证明，二者的协调发展，是从根源上解决城市交通问题、实现土地利用集约化的重要前提，这要求管理者必须从土地利用、交通供给和交通需求三个角度同时着手。与前两者相比，交通需求管理的政策性更强，其实施效果取决于管理者对出行行为的理解深度以及出行者对政策的反应强度，因此在制定详细的交通需求管理策略前，有必要对交通需求管理的基本概念和基本原理有全面的认识。下面我们先来学习它的基本概念。

一、TDM 提出的背景及定义

（一）产生背景

1. 交通拥挤问题

交通拥挤问题从很早开始就受到人们的关注，直到现在仍然是困扰世界各地城市交通管理者的首要难题。随着社会经济的发展，这一问题已经不再是大城市的“专利”，甚至许多中小城市也开始面临机动化迅速增长带来的交通拥堵威胁。高德地图发布的《中国主要城市交通分析报告》指出：2017 年我国有 26% 的城市通勤高峰处于拥堵状态，55% 的城市通勤高峰处于缓行状态；部分超大城市、特大城市的拥堵进一步向郊区扩散。

交通拥挤，尤其是早晚高峰时段的交通拥挤对城市居民的日常生活造成了严重不便，增加了驾驶者的负担及车辆的费用，并且加剧了城市环境污染。调查显示，在我国一些一线城市，通勤者每天因为拥挤而造成的延误时间已经达到一个小时，由此造成的损失更是难以估计。如果交通拥挤问题得不到及时解决，那么将进一步制约城市的可持续发展。

2. 解决交通拥挤问题的探索

增加供给是解决交通拥挤最直接的思路。这一思想主要通过以下两种策略得以实现：

（1）以扩大路网规模增加供给：在开始进入汽车社会的早期，城市交通的工作重点是加强交通基础设施建设，改良城市道路网络，扩大整个路网的规模，以满足不断增长的交通需求。这既是当时解决交通拥挤的主要手段，也是制定交通政策的基本方针。

（2）以提高路网运行效率增加供给：进入 20 世纪 70 年代以后，由于财政紧张和石油危机以及环境问题的出现，解决交通拥挤问题和能源、环境问题紧密联系在一起，此时城市交通的工作重点开始转向如何提高现有交通网络的利用效率，使现有交通网络的通行能力得以充分利用。

然而，基础设施的改善会诱发小汽车的大量发展，进一步刺激交通需求的增长，交通拥挤状况不但没有缓和，反而变得更加严重，从而陷入“汽车增长—环境恶化—修建道路—购车需求得到进一步刺激—再建路再恶化”的恶性循环。新建的道路设施会诱发新的交通量，而交通需求总是倾向于超过交通供给。

3. 对产生交通拥挤的根本原因的思考

进入 20 世纪 80 年代以来，交通学者认识到，城市交通供求的不平衡是城市交通拥挤的根本原因，仅仅依靠交通供给一个方面的对策，无法从根本上解决城市交通供求不平衡的矛盾。因此，学者们提出了交通需求管理（Traffic Demand Management，TDM）的概念，明确了从供、求两个方面解决交通拥挤问题的思路，并确立了从交通需求的源头进行控制的行动计划。城市交通系统管理的目标就是希望能够在交通供给与交通需求之间实现一种动态的平衡。进入 21 世纪，国内外众多城市和地区都在当地的交通规划中明确将交通需求管理作为很重要的一环来进行考虑。

（二）TDM 的概念

TDM 即交通需求管理，是指运用经济、法规、政策等手段对交通需求进行科学的控制与调节，促进交通参与者的交通选择行为变更，使得交通供需在时间和空间上均衡化，实现交通供给和需求间的有效平衡，从而保证城市交通系统的有效运行。

相对于传统的使供给适应于需求的被动式管理，交通需求管理是一种主动式管理。TDM 可以在适度的交通供给规模下，控制交通需求总量、削减不合理的交通需求、分散和转移相对集中的交通需求，使整个交通系统供需平衡。TDM 的实施，可以让出行者和货物更加迅速、安全地到达目的地，缓解交通拥挤，改善城市生态环境和生活环境质量，保持城市的健康、可持续发展。

二、交通需求管理的内容及实施

（一）管理内容

随着 TDM 的逐步发展，交通需求管理的内容逐步增多，从车辆的角度看，TDM 对策可以分为如下两种。

1. 车辆拥有需求管理，即控制车辆总需求量

部分适用的控制办法主要包括：车辆配额限制、拥车者自备车位政策、车辆标准限制、经济调控限制（征收较高的购车税费）。

2. 车辆使用需求管理，即控制车辆交通量

部分适用的控制办法主要包括：交通管理限制车辆行驶限制、停车需求管理、经济调控限制（如征收燃油税、道路定价等）。

（二）实施原则

交通需求管理强调的是，交通运输的实质是实现人和物的移动，而不是车辆的移动。基于这个原则，在城市处于拥挤的交通状况下，交通需求管理以效率和消耗的综合效应为基础，对各种出行手段进行优先级划分。效率高而消耗低的出行优于效率低而消耗高的出行，被赋予高的优先级，鼓励其出行。一般来说，交通需求管理策略优先考虑的是公共交通及非机动交通方式出行。

（三）实施层次

1. 层次划分

交通需求是一种派生的需求，是由社会经济中的其他活动所引发出来的一种需求，城市社会经济的发展、土地利用及交通系统本身的发展都会对交通需求产生影响。因此，交通需求管理也需要从多方面来考虑。TDM 的实施主要可分为以下四个层次：

（1）第一层次：城市战略发展层次。

（2）第二层次：城市总体规划层次。

（3）第三层次：城市交通综合规划层次。

（4）第四层次：交通组织与管理层次。

2. 各层次 TDM 的特点

（1）城市战略发展层次。

这是最高层次，是从源头上解决城市交通问题的最佳层次。城市战略发展规划界定了城市的性质、规模、结构与功能定位，从而也决定了该城市交通需求的部分特点和总量。在城市战略发展规划中，应对城市的发展和功能定位有一个明确的目标，并对由此产生的交通需求的结构和数量做出较为准确的估计，从而加以正确的引导，并做好未来相应交通发展的战略规划，认真处理好城市交通系统与城市发展的关系。

（2）城市总体规划层次。

这是次高层次。城市总体规划决定了城市的土地利用、功能分区、人口、就业岗位等分布；决定了交通的发生、吸引、分布、集聚强度；决定了城市交通的主要流向与流量；决定了城市交通需求的总量和结构。在城市总体规划阶段，必须充分考虑土地利用等因素对城市交通需求的影响，合理规划城市土地利用形态及开发强度，减少由于不合理的土地利用带来的不必要的交通流量，控制城市总体交通需求。

具体来说，有以下要点：

1）综合、系统地规划各地块、区域的居住、就业等用地类型，减少跨区的长距离通勤出行；

2）在开发建设新区的过程中，完善服务、交通等配套设施，吸引人们前往定居和工作，从而减轻中心区人口就业密集的压力；

3）对交通敏感地区严格控制土地开发类型和用地的强度，防止该地区交通继续恶化。

（3）城市综合交通规划层次。

这是关键层次，本层次决定了城市道路网络、轨道网络、公交网络、交通枢纽、站场、港口等的布局及对外交通网络、停车设施布局等专业规划，从而确定客货运交通设施在城市空间范围的分布。本阶段规划成果的科学与否对实现城市交通需求与供给的平衡起着关键性的作用。

城市交通系统的结构（交通方式构成及设施系统的功能结构）与城市布局形态之间存在相互作用关系，即城市的规模、布局、地理环境以及社会经济水平决定了出行方式构成与交通设施系统结构；但交通结构反过来又影响城市居民的生活方式，生活方式的改变直接影响城市布局形态。因此，本层次应当与上一层次密切结合，在规划过程中注意相互反馈，形成良好的城市土地利用形态和交通系统。

同时，本阶段也决定了城市交通发展的政策，是鼓励使用小汽车还是大力发展公交，这将在很大程度上影响交通需求的结构。在这一阶段进行相应的交通需求管理将达到良好的效果。

（4）交通组织与管理层次。

这是解决城市交通问题的最后一个层次。这一层次就是在现有交通设施既定布局的基础上做好车流、人流的组织调配，进行科学合理的交通组织、指挥、诱导与疏解，使得交通流在城市路网上有合理的分布，避免形成拥堵路段，提高整个城市交通网络的运行效率。这个层次所需解决的问题往往是前面积累下来的，有时也是很难解决的问题，目前较多的交通需求管理措施集中在这个层面上。

三、TDM 的意义

（一）TDM 的作用路径

TDM 的作用路径及其效果可以归纳为以下三个方面：

（1）通过减少产生出行的活动而减少出行总量。

（2）通过改变交通方式和有效地使用机动车实现出行结构优化，从而减少车辆交通量。

（3）通过将交通在时间和空间上进行分散，以使其时空分布更加均衡，从而达到缓解交通拥挤、减少堵塞、减轻污染的目的。

（二）TDM 方法的优势

1. 解决交通问题的最具效益的方法

交通需求管理为社会带来了巨大的益处，包括：降低了交通拥挤；节省了道路及停车设施的建设费用；降低了交通事故的发生率；为交通使用者节省了费用；减轻了交通污染；

使土地利用更加有效等。虽然并不是每个交通需求管理策略都会产生上述所有效益，但建立一套综合的交通需求管理体系，使其包括各项可以互相补充的交通需求管理策略，是可以全面实现上述目标的。

相比增加道路供给的方法（如改扩建道路），交通需求管理策略（如建设公交专用道和高占有率车辆优先）在短期内其降低交通拥挤的效果并不是特别显著，但长期的结果却是，在很大程度上缓解了城市交通的拥挤状况。由此可见，从城市发展的长远角度考虑，采取交通需求管理策略比一味增加交通供给更具有优势。

2. 促进交通的可持续发展

交通需求管理遵循可持续发展的原则，很多策略方法直接支持可持续发展的目标，如资源保护、公平性、环保性、土地有效利用，以及公众参与性。因此，交通需求管理可以有助于创建一个可持续发展的交通运输体系。具体而言，通过交通需求管理措施的应用实施，交通需求管理对城市的可持续发展的有效促进主要体现在：

（1）通过交通需求管理措施的应用，促进、完善城市规划与交通规划的互动反馈作用，使城市布局合理化，减少或避免不必要的交通发生源和吸引源，控制城市交通需求的不合理增长。

（2）通过交通需求管理的实施，有效地发展公共交通，并使个体交通尽可能能转移到公共交通方式上来，同时，引导其他交通方式合理发展，构成城市最佳交通模式。

（3）合理调节和控制不同时段、不同区域城市道路上机动车总量，处理有限道路空间资源与不断增长的交通需求的矛盾，克服滥用有限道路空间现象，实现道路交通设施最充分、最有效的利用。

3.“预案”性

交通需求管理是一种“预案”式的解决方案。一般来说，阻止问题产生比问题发生后再去解决更为经济有效，一个有效的预案可以降低由于低效的系统和意想不到的错误产生的损失。交通需求管理在很大程度上延展了解决问题的范围，将其扩展到去寻求问题，并对一些特殊事件编制预案，当这种事件一旦发生，该体系会迅速实施，目标明确，效果明显。

4. 使用者受益

交通需求管理措施可直接使道路使用者受益。大多数交通需求管理措施出于积极的动机，这些措施带给道路使用者更多的出行选择机会并为他们节省费用，而出行环境也将会得到改善。不同措施对道路使用者的影响不同，但仅有少数措施会产生负面的、消极的影响，如增加燃油税、停车收费、道路收费等，这些措施在实施时会遭到质疑，认为这些措施对于道路使用者不公平，或是会伤害使用者的利益。但是实际上，在未实施这些措施之前，所有的人（不仅仅是道路使用者）一直以间接的形式共同支付这些费用，如交通拥挤时给所有用路者造成的时间浪费并因此所产生的损失，或是由于拥挤产生的大量环境污染所需的环境治理费用，或是为减轻拥挤而建设的道路基础设施费用等。上述费用中有些由道路使用者支付，但还有一些由所有的纳税人共同支付。而在实施交通需求管理措施之后，费用支付的对象更加明确，不仅体现了公平性，而且实质上是对使用者有益的。

5. 公平性

交通需求管理策略充分体现了公平性。具体体现在以下几个方面：

（1）通过制定策略，交通的消费更准确地体现所享用的交通服务。

（2）降低低收入者的出行费用，或为其提供可以负担得起的交通出行方式。

（3）为交通不便者提供更多的交通选择，或降低其不得不负担的交通费用。

（4）增加交通出行选择，为有更高效率的出行方式提供出行优先权。

6. 经济性

从某种意义上说，交通运输系统是个庞大的市场。但凡有效的市场，就必须遵循某些特定的规范，如消费者选择权、竞争机制、基于成本的价格体制等。如果交通系统鼓励增加过多的机动车使用会破坏这些原则，则会导致市场失衡。交通需求管理措施就是协助纠正交通运输系统，以及土地利用方面的一些问题，从而增加道路使用者（即消费者）的选择权，鼓励竞争，使价格更准确地反映成本，以及创建更为客观的价格和税收体系。通过这些途径，交通需求管理措施会提高社会生产力，降低额外费用，使道路消费者的费用支出转向其他的活动，如商业等，进而促进全社会的经济发展。

四、交通需求管理的主要措施

交通需求管理的内容众多，且措施根据城市发展阶段、城市交通系统特点、城市机动化水平等不同而有所不同。加拿大维多利亚交通政策研究所编写的《交通需求管理百科全书》(Online TDM Encyclopedia）根据不同 TDM 策略对交通出行的不同影响将其分为四大类。下面的表 6－1~ 表 6－4 汇总了其中具体的措施类型及其描述。

（一）土地利用管理及停车

表 6－1 “土地利用管理及停车”的 TDM 措施

TDM措施	描述
自行车停放	选择和设置自行车架、自行车锁的地点
无车区域和步行街	设计特殊区域和时间段，使汽车利用率最低
发达的商业中心	创造繁华的市中心、商业街区、其他易于到达的多功能活动中心
道路连通性	形成连接更为密切的道路网
土地利用的密度和聚类	将类似的目的地设置在一起能提高其可达性并增加交通的多样性
区域有效开发	使多种交通方式到某区域的可达性最大化
新的都市化	可达性好、宜居住的社区设计
停车成本、收费和收入计算	利用Excel表计算停车设施成本、成本回收收费及产生的财政收入
停车管理	用于更有效地利用停车位的政策
停车收费	直接对车辆收取停车费
停车解决方案	一套解决停车问题的综合全面的选择单

续前表

TDM措施	描述
停车评价	评价停车问题和解决方案时考虑的因素
共享停车位	在多个使用者之间共享停车设施
“精明增长”	创造更有效利用资源和更宜居的社区
“精明增长”规划和政策改革	通过规划、财政等的改革来鼓励“精明增长”
街景改善	采用各种方法改善城市街道设计
公交导向的开发（TOD）	基于公共交通站点的多模式和宜居的社区开发
多方式出行指南	提供通过步行、自行车、开车和使用公共交通到达某一目的地的简洁且人性化的通行方向路线
土地利用对交通的影响	评价诸如密度、混合和区域可达性等土地利用因素如何影响出行行为

（二）提供多元化的出行方式

表 6－2　“提供多元化的出行方式”的 TDM 措施

TDM措施	描述
对安全的关注	改善步行、自行车、公共交通和其他市内出行方式的个人安全
可选择的工作安排	利用弹性工作制、压缩周工作日和交叉轮班来减少高峰时段的车辆交通
快速公交系统	在繁忙的城市交通廊道上提供高品质的快速公交服务
改善自行车出行	改善自行车交通
自行车/公共交通整合	整合自行车和公共交通来增加灵活性
轿车共乘	车辆出租服务替代私人拥有车辆
弹性工作制	允许雇员灵活安排其每天工作的时间，从而避开高峰期交通
返程承诺	给使用其他交通方式的通勤者提供临时回家时的交通补助
高效交通的个人行动	个人可以采取某些行动使得旅行更有效率，支持TDM在他们社区中的使用
轻轨	为方便本地交通出行提供轻轨服务
交通枢纽	整合多种出行方式和服务的交通枢纽
非机动化的规划	步行、自行车、小轮交通的规划
非机动化的设施管理	管理和维护非机动化的设施（如人行道、步行道、小路等）的措施
步行廊道	连接楼宇和交通枢纽的步行廊道
智能公共自行车租赁系统	提供有效的机动性，服务于以交通为目的的短途出行
停车&换乘	在共乘站和公共交通车站提供便利的停车
改善步行	改进步行条件
共乘	支持和鼓励轿车共乘和客车共乘
共享出行服务	叫车、拼车及自行车共享服务

续前表

TDM措施	描述
往返服务	往返巴士、小公共汽车、免费公共交通区域
小轮交通	将旱冰、单脚滑行车、手推车和四轮马车用于交通
公交停靠站改进	改善公交停靠站的设计和候车环境
出租车服务改进	改进出租车服务
远程工作	鼓励使用远程通信（远程办公、远程学习、电视购物等）来代替人的出行
交通静化	减少车辆行车速度和交通流量的道路设计特点
公共交通改进	改进公共交通服务水平，并促进对公共交通的使用
通用设计（无障碍交通规划）	交通系统应该适用于所有人，包括残疾人和有其他特殊需要的人
步行改进	为改进步行条件提供多样化的策略

（三）限制机动车的保有和使用

表 6－3　　“限制机动车的保有和使用”的 TDM 措施

TDM措施	描述
碳排放税	根据燃料碳含量征收的特别税，鼓励节能，减少气候变化
鼓励步行与自行车	鼓励非机动化的交通方式
给通勤者经济上的激励	免付停车费、出行津贴、公共交通和共乘津贴
拥挤收费	道路收费用于减少高峰期驾车出行数
完整的街道设计	为不同的出行方式、使用者和活动进行完整的街道设计
基于出行距离的收费	根据车辆的行驶距离收取保险费、道路使用费、排量费和税
燃油税	增加燃油税来支持道路建设维护，鼓励节能，减少出行需求
HOV优先	相对于其他交通方式给公共交通和共乘车辆以优先权
多模式导航工具	提供路径诱导和其他多模式的导航工具
停车收费	直接对车辆收取停车费
根据行驶里程付费的车辆保险	将车辆保险费转换成按照行驶距离收取
道路收费	拥挤收费、重要性收费、通行费和HOT车道
道路空间再分配	通过道路设计和管理来鼓励更有效的交通
降低车速	用于减小车速的政策
街道的再利用	鼓励社区的居民回到临近的街道上参加一些活动
鼓励公共交通	通过不同途径鼓励使用公共交通
鼓励步行及自行车	鼓励非机动车的策略
车辆使用限制	通过调整政策，在某些特定地点和时间限制汽车行驶

（四）政策和制度上的改革

表 6-4　“政策和制度上的改革”的 TDM 措施

TDM措施	描述
资产管理	用于保护有价值资产的政策和项目
无车计划	在某些特定的时间与区域减少驾驶
变动管理	讨论一些方法来克服一般困难并为执行TDM需要的基本变化提供支持
综合市场改革	政策的改变导致更有效、更公平的交通收费
灵活设计	为反映社区的价值及平衡多个目标而提出灵活设计的需求
应急规划	通过找出未来潜在问题的解决方案来处理不确定问题的规划
制度改革	创建支持高效交通的机构
最小成本规划	创建一套公平的交通规划框架
运营与管理规划	鼓励更有效地利用现有道路系统的规划
将交通区分优先次序	将交通活动和投资区分优先次序的原则，以及该原则如何帮助实现TDM的目标
规章改革	改变政策来鼓励交通服务中的竞争、创新、多样化及高效率

资料来源：加拿大维多利亚交通政策研究所，http://www.vtpi.org.

学完上面的内容后，你是否对交通需求管理的基本概念有了一个清晰的认识呢？这时候再回头看学前思考的例子，你能够给出答案了吗？

练一练

多项选择题

下列交通管理措施中，属于交通需求管理的是（　　）。

A. 实施机动车牌照摇号和拍卖政策

B. 将一条混用车道开辟为多乘员车道（HOV）

C. 移走行道树，将四车道次干路升级为六车道主干路

D. 轨道交通车站附近开发高密度的生活服务设施

【解析】本题正确答案为 A、B、D。需要注意的是，选项 B 是一种鼓励小汽车合乘的措施，从整体上看，能够减少小汽车使用量，因此也属于交通需求管理措施。C 是交通供给措施。D 是 TOD 策略的具体内容之一，因此也属于 TDM。

经过前面的学习，如果你能复述或者用自己的语言来解释交通需求管理的概念、实施原则和优势，区分交通需求管理的不同层次，辨析各种交通需求管理措施，那么恭喜你，你已经较好地掌握了本部分的内容。请记得完成学习活动 1。

请你做好本部分的梳理总结，稍做休息，我们继续进行下一个知识点的学习。

知识点 2 交通需求管理的基本原理

学前思考

让我们来假设下面这样一个情境：

小王同学临近大学毕业，准备回老家谋职。他很幸运地收到了两家企业的邀请，却陷入了矛盾。其中一家是小王父亲工作的企业，他们一家现在还生活在这家老企业所盖的家属院内，因此步行就可以上班，不过待遇中等。另一家企业愿意给小王提供更高的薪水，但是却位于离家 20 千米之外的新城区科技创业园。小王思考再三后选择了后者。由于工作地点较远，小王觉得自己开车上班应该比较节省时间。于是他到一家驾校报了名，几个月后顺利拿到了驾照。买车的时候，小王了解到现在政府对新能源车提供购置补贴，因此刚刚毕业手头还不宽裕的小王决定贷款买一辆某品牌的电动汽车。结果上班第一天，小王就迟到了，他没想到在路上碰到堵车竟然浪费了半个多小时。无奈之下，小王第二天只能提前半小时出发。一周工作下来，他渐渐熟悉了路况，并且发现了一条可以绕开最拥堵路段的路线，走这段路如果晚十分钟出门反而可以彻底避开高峰，同时还能准时到达。就这样又过了一年，一条途经小王家所在小区并且能直达科技创业园的快速公交（BRT）线路开通了。小王又琢磨了起来，他发现如果在早高峰最明显的每周一乘坐 BRT 的话，和开车的时间其实是相同的，再算上充电的费用和公交票价，他每天还可以再节约十块钱。因此，小王开始了周一坐公交上班，其他时间开车上班的新生活。

在这个例子中，小王做出了哪些决策呢？其中哪些决策是跟出行相关的？带着这个疑问，让我们开始学习以下内容吧。

知识重点

学习提示：在本单元的学习导引中，我们了解到交通是一种派生需求。对于本质性需求，我们总是希望越多越好，比如安全感、快乐。但交通需求是一种效用为负的需求，我们往往通过对出行决策的调整来尽可能减少自己的出行时间和出行费用等。

通过总结上面的例子，我们发现，一般来说出行决策包括申领驾照、购置汽车、目的地选择、出行方式选择、出发时间选择、出行路径选择等。这些决策受个人特征、交通条件、政策条件等诸多因素影响，这就为我们实施交通需求管理提供了落脚点。接下来，我们将继续学习交通需求管理背后的经济学原理，深入理解其对出行决策的作用机理，然后完成在线学习活动 2。

一、城市交通的经济学分析

（一）城市道路供给的特性

道路空间属于“准公用物品”。公用物品一般具有两个基本属性：非独占性和非排他性。

道路等公共服务设施在未拥挤之前就具有这些特性，但是当产生拥挤时，则具有一定的排他性。因此，道路设施严格地说属于“准公用物品”。道路空间的这种特殊性质决定了用户（车辆）出行对道路空间资源的利用一般具有如下 3 个特点。

1. 用户出行决策的个体化

用户出行决策的个体化是指每个车主是否出行（使用道路空间）取决于个体出行收益与个体出行成本比较的结果。若前者大于后者则出行，否则就会放弃使用道路空间。通常每个车主都独立地进行上述判断并做出决策。相应地，出行时间、出行空间（包括方式、路线等）也由用户独立地进行选择。因此，在道路交通系统中，存在用户最优与系统最优的矛盾协调问题。

2. 用户出行成本的非独立性

用户出行成本的非独立性主要是指每辆车的出行成本不仅取决于车辆自身的性能、状况和道路本身的性质，还取决于道路上交通密度的大小。这是因为当交通密度较小、车流为自由流时，车与车之间互不影响；而当交通密度逐渐上升时，车与车之间出现相互干扰，使得每辆车的出行成本上升，因此造成道路上整个交通流的平均出行成本上升。

3. 用户出行存在外部效果

所谓外部效果，通常是指没有通过市场价格交换或补偿的部分社会成员对另一社会成员产生的影响或效果。外部性是由于私人成本和社会成本不一致而产生的，考察道路空间的每个用户，容易发现其出行存在下述外部效果：

（1）拥挤费用：每个新加入交通流的使用者（车辆）对其他所有使用者（车辆）所产生的费用，主要是指由于相互间的干扰而造成的时间延误费用和车辆运行成本（如燃料消耗、轮胎磨耗等）的上升。

（2）损坏路面。

（3）环境污染（如废气、噪声等）。

（4）交通事故。

因此，为使道路空间的使用取得最大的社会效益，显然必须考虑上述外部效果，以使得整体（全体用户）的利益与个体的利益相互协调。

（二）城市交通需求的特性

从现实的城市交通需求来看，主要有以下特性。

1. 交通需求的随机性与可控性

城市交通系统是一个开放系统，系统的开放性使得系统运行环境状态（外部因素）和运行过程（内部因素）存在不确定性，其直接导致了城市交通系统的随机性。

交通系统的随机性主要有两方面：一方面是介入系统的服务对象，其介入时间、地点、方式以及持续时间都是随机的，无法事先预知，这正是交通需求的随机性；另一方面是影响系统自身运行状况的某些外部因素也是随机的，如天气、意外事故等。

如上所述，交通需求具有随机性，但这并非是说，交通需求没有规律。实际上，交通需求的产生和发展具有一定规律，存在一定的可控性。这是因为，作为交通需求组成部分的基本需求和派生需求，都有其产生的特定条件，如果掌握了这两种需求生成与发展条件的变化规律，在一定范围内，就可以对交通需求进行管理和控制。

2. 交通需求具有现实性和潜在性

现实交通需求是指已经发生的交通需求，并且对城市交通系统构成实际压力的那部分需求，具体表现为现实的交通流或交通量；潜在交通需求是指为满足城市社会经济发展活动和市民日常生活需要可能发生的交通流或交通量。潜在交通需求有向现实交通需求转化的趋势，这一转化过程的长短与社会经济发展的速度和市民生活水平提高的速度成正相关，同时它还与城市道路交通供给及政府制定的交通发展战略有密切关系，充裕的城市道路交通供给会刺激潜在交通需求向现实交通需求的转化，适当的交通需求管理措施可以适当抑制某种交通需求。

3. 交通需求目的的差异性

一般来讲，交通需求都具有一定的目的性，而且存在较大的差异，这种目的的差异性使得对需求的必要性和对需求满足程度的要求也就不同。其中一些需求属于弹性较小的交通需求，它是人的出行以及货物的流动中不可或缺的功能需求，在某一固定的时间段内是相对稳定的，具有较强的规律性，在地点上不具有选择性，一般受交通供给条件的影响相对较小，其直接影响因素是城市规模、形态、布局及社会经济水平。例如，人们日常的工作出行、上学出行和业务联系出行等。一般刚性需求可调整的余地较小。另一些需求属于弹性较大的交通需求，它的大小与分布状况受交通运输方式、运输组织道路基础设施和气候大气等因素的影响较大，如探亲访友和娱乐购物等交通出行，这些交通需求可以因外部约束或自身的愿望进行时间和空间上的选择。

4. 交通需求在时间和空间上的分布是不均匀的

一方面，交通需求在时间上的分布是不均匀的，总交通量是每年逐步增加的，在一年中夏天的交通需求高于冬天的交通需求，在一天中白天的交通需求高于夜间的交通需求，在白天的交通需求中又出现了交通高峰时段和交通平峰时段。另一方面，交通需求在空间上的分布也是不均匀的，这与一个城市的交通网络拓扑结构形式、城市用地性质、区域就业岗位、区域经济发展状况等诸多因素有关。交通需求的空间不均匀性导致了交通拥挤路段和非拥挤路段以及交通高负荷区和交通低负荷区的出现。另外，在同一时间交通需求在空间上的变化是不同的，在同一地点交通需求的变化也是不同的，如果把时间与空间的交通需求结合在一起，就会形成各种各样的城市交通需求特性。

5. 交通需求出行方式和出行路线的可替换性

各种出行交通方式和出行路线在成本、速度、方便性、经济性、舒适性和自主性等方面均存在很大的差异。各种出行交通方式和出行路线可以有条件地相互转换，也就是说，在一定的条件下各种城市交通出行方式和出行路线具有相互替代性。对于整个城市交通系统而言，各种出行交通方式和出行路线的使用效率和成本效益的差别也是很大的。

交通需求的诸多特性为交通需求管理的可行性及措施制定提供了依据。讨论交通需求特性及变化规律，有助于制定有效的需求管理策略，切实发挥交通需求管理的作用。

（三）交通拥挤的直接原因

1. 交通拥挤的类型

交通拥挤通常分为以下两种类型：

（1）常发性交通拥挤：由于过大的交通需求造成道路设施超负荷所引起的交通拥挤。

例如，上下班高峰时刻所发生的拥挤现象。

（2）偶发性交通拥挤：由于道路上的随机事件，如交通事故车辆所引起的延误和危险构成的交通拥挤。

上述定义中两者的主要区别在于拥挤的起因不同。

（1）常发性拥挤的起因：瓶颈路段、单条道路或路网的通行能力低，难以承载大规模的车流。伴随常发性拥挤的主要现象为车流速度缓慢，车辆之间速度差异不大，整条道路上车辆分布比较均匀。

（2）偶发性交通拥挤的起因：由于事故等突发因素，使道路某一个地点产生交通瓶颈，导致附近道路通行能力骤然降低，致使上游车辆难以顺畅通过造成排队现象。通过此瓶颈后车辆速度大幅提高，车流密度明显降低。偶发性交通拥挤的主要现象为发生排队现象，排队过程中车辆速度差异不大，车辆通过事故地点后车辆速度将明显提高。

2. 常发性交通拥挤的原因

城市常发性交通拥挤问题是世界各国普遍面临的城市问题之一。常发性交通拥挤是城市交通供给系统与需求系统发生矛盾的突出体现，我国大中城市交通矛盾尤其突出，交通拥挤已由点到线面、由局部向大范围蔓延。这不仅影响了城市生活的效率和质量，而且带来了一系列社会问题。其主要原因有：

（1）城市交通的重要资源之一——土地资源的相对缺乏和土地利用不合理。一方面，城市土地资源的稀缺性与城市人口、产业无限膨胀，带来土地资源供求的失衡；另一方面，以经济发展为导向的城市发展规律，刺激了城市中心区金融、商业、贸易等强交通吸引产业的发展，这样就使大城市区域性的交通拥挤步入一种恶性循环。整体的、科学的城市规划可以有效克服土地使用与城市发展之间的矛盾，但城市规划是一项复杂的系统工程，规划的协调性不充分以及规划理念的时滞性会使道路基础设施建设缺乏发展性和连续性。交通拥挤问题就是这些矛盾在城市交通领域的外在表现。

（2）城市交通发展曾经的一个误区是以机动化水平作为衡量现代化的一个标准。为了提高机动化，不断增加道路基础设施的供给，以满足更多的机动车辆通行，造成长期以来我国的城市交通重建设轻管理，尤其是重道路交通设施建设、轻以轨道交通为代表的公共交通设施的发展。但实际上，机动性只是实现生产生活与其他目标的手段，而出行可达性与便利性是城市交通的根本目标。我们应该树立以可达性为城市土地使用与交通发展相协调的衡量标准的理念。

（3）交通结构的失衡，小汽车交通的低效率也是造成交通拥挤问题的根源之一。目前我国大城市公共交通日益萎缩的同时，小汽车交通在居民出行结构中的比例迅速增长。如果以占地面积与速度来衡量交通工具的运行效率，我们将发现小汽车交通的效率偏低。

（四）交通拥挤背后的经济学原理

1. 外部性理论

经济学中，外部性的定义是指个体生产、消费或其他社会活动对其他个体或社会的间接影响。最早对系统外部性的深入研究始于福利经济学的创始人庇古（Pigou）。虽然各种经济行为与社会活动的外部性有不同内涵，但外部性本质上具有以下基本特性：

（1）外部性是一种经济或带有经济性质的行为，反映的是经济个体之间或人与人之间在市场外的一种影响或相互影响。这种影响不单纯是某种物理影响，还必须是某种福利影响。其存在的基本条件是：经济个体的个人成本不等于社会成本，个人收益不等于社会收益。

（2）外部性主体与客体的模糊性。产生外部性主体是个人或集团人群，或者是处于人控制之下的事物，外部性客体也必须是人或人所拥有的事物。但现实条件下，外部性主客体双方常常是不易区分的，是由众多影响者协同造成的。

城市交通用户既是交通拥挤外部性的主体，又是交通拥挤的客体，交通拥挤外部性的客体范围也难以界定。

（3）外部性通常表现出偶然性、附随性和分散性。外部性是一种经济或社会活动的副作用，带偶然性和附随性。在公共领域的外部性还有明显的分散性，这种分散性表现为个体外部性不易觉察，但大量影响的聚集就可能形成巨大的经济损失。许多公共行为的外部性都是以这种方式产生和累积起来的，交通拥挤产生的外部性就是各交通个体产生的外部性的集结。

（4）外部性的外在表现为社会成本的增加。外部性不能在市场价格机制中体现出来，其表现形式主要体现为社会成本的增加。对于交通拥挤，其外部性就使居民出行的时间成本、资源耗费成本、交通工具的使用成本增加，这种成本的增加导致社会福利的损失。

2. 城市交通的外部性

交通与城市社会经济系统可以看成是一个高层次的系统，在这一视角下可以理解城市交通的外部性的内涵：

（1）第一层次的外部影响是城市交通用户之间的相互影响。例如，一个驾车人驶入拥挤的道路将增加城市道路的拥挤程度，降低其他车辆的速度，增加其他车辆的出行成本。

（2）第二层次的影响是交通拥挤对政府提供的社会化服务的影响。表现为增加政府提供交通服务的基础设施建设与维护成本，影响与道路交通有关系的其他交通方式如公共交通的服务水平。

（3）第三层次的外部影响是社会群体的外部影响。这种影响表现在整个社会付出的时间耗费成本及空气污染、噪声、能源消费等的外部成本。

3. 城市交通外部性与交通拥挤的关系

E. J. 米香（E. J. Mishan）在《经济增长的代价》中假设了一个令人感兴趣的拥挤问题，并举了一个放射型城市的例子来说明。原来一个用城市公共交通车辆上下班的居民，平均每天花 10 分钟在上班的路上。有人想买一辆私人小汽车，那么其他人乘坐公共汽车是不会受到影响的。但是其他人会模仿他的做法，结果更多的私人小汽车在每天高峰时加入了上班行列，引起交通拥挤。开私人小汽车去上班的时间不但没有缩短，反而增加到 15 分钟，公交车则增加到 25 分钟。

从这一令人深思的例子中，我们可以发现，造成交通拥挤的真正原因在于交通的外部影响，即外部性未反映在用户出行选择上。具体而言，是城市道路的产权安排不合理。由于城市道路的产权得不到确定，道路就变成纯公共产品。人们对道路的使用不会有成本上的考虑，无须对道路的使用效率负责，更无须为道路的资本回收维修和再生产等长期发展问题操心。对于每个车主，出行时计算的只是个人的边际费用，根本没有考虑到由于加剧了道路的拥挤而加在别人身上的额外成本，只要个人收益大于个人成本，个人车辆就会不断地加入车流。由于外部效应，造成了边际个人成本与边际社会成本不相等，它们之间的差额就造成了拥挤现象，即实际使用城市道路的车流量超过了最佳车流量，也就是对道路的过度使用。

由此可见，模糊的产权制度使城市道路由准公共产品转变为纯公共产品，其经济管理方式也发生了根本性的改变。根据经济学的原理，任何时候资源的有效利用都要求产出价格与边际成本相等。城市道路的经营管理应该遵循市场经济的价值规律，让价格机制发挥作用，使这些稀缺资源得到有效的配置。但实际上，城市道路一直被当作政府提供的纯公共产品，其价格不能反映其价值和供求关系，也不利于计算人们使用城市道路这种资源的成本。这种低价、免费的使用使人们产生资源丰富的错觉，从而鼓励了人们对资源的过分使用。“当许多人都有权使用一项共同资源时，就存在过度使用这项资源的激励”，这是由于外部效应使个人效益与社会的成本收益相分离，城市道路也是如此。

二、价格机制在 TDM 中的作用

从上一节的分析可以看出，不考虑出行全部成本的模式不符合市场经济的原则，客观上纵容了很多不经济交通方式的使用。市场经济体制的确立，使大多数交通参与者主动接受了用经济杠杆平衡交通问题的理念，这为充分利用经济价格机制实施交通需求控制、降低交通对环境的损害、促进城市交通与环境的可持续发展提供了广阔的空间。灵活合理的价格与收费政策可以使城市交通系统效益趋向最大化，其作用主要通过以下四个方面实现。

（一）对出行时间上的峰谷平衡作用

通过运用不同的票价和收费政策对一天内峰谷出行时间进行调节，影响出行者改变出行时间或削减不必要的出行。例如，在出行低谷时，采取公共交通优惠票价政策或一票换乘（电子一卡通）等优惠政策；而在出行高峰时间，对特定区域施行拥挤收费政策等。

（二）对出行空间上的均衡作用

通过对不同空间或不同交通工具采用不同票价，调节不同距离出行者的出行方式和出行路径。比如，为缓解轨道交通部分路段的压力，采取降低公共汽车票价来吸引出行者，或提高其部分区间的乘坐票价，从而将出行者引导到地面公交系统。另外，也可以通过在交通拥挤时段，对部分区域道路使用者收取一定的费用，控制交通出行需求，调整出行路径，调节车辆在城市路网空间和时间上的分布，减少拥挤区域道路交通流量，达到减轻路网交通拥挤的目的。此外，通过调整部分区域停车收费政策，来提高停车位周转率和减少路边停车，进而疏导交通拥堵区域的车流量。

（三）对出行方式和出行决策的调控作用

运输方式多元化是社会经济发展的必然结果，也是交通系统实现社会效益相对最大化的趋势。通过价格差别政策，一方面引导出行者尽量乘坐高效的公共交通工具出行；另一方面引导交通出行者从效益角度出发，决策自己是否有必要出行，以减少不必要的出行量。

（四）对交通结构方面的调整作用

不同交通方式有不同的运输效率，运用价格机制，可以引导公众选择高效率的交通方式。例如在城市客运方面，引导公众乘用公共交通出行，减少小汽车交通量；又如，在城市物流方面，引导公众使用专业物流公司进行货物运输，从而减少采用自有车辆或使用面包车进行货物运输。从经济学角度分析，运输需求者是否改变出行的时间和空间，取决于运输需求的价格弹性、时间弹性和出行的机会成本。

三、TDM 对居民出行的影响机理

从出行的各个阶段来看，TDM 的影响如下。

（一）出行产生阶段

在这一阶段，TDM 的主要效果是减少出行的产生。具体策略包括大力提倡利用多种通信形式，以远程办公代替出行，研究既能保证正常的社会经济活动，又能产生较少交通出行的土地利用模式，并在城市规划中加以应用。

（二）出行分布阶段

在这一阶段，TDM 主要效果是将出行由交通拥挤的终点向非拥挤终点转移。实施对策主要是对城市土地利用类型的分布加以控制、改变某些活动的地点、优化辅助活动设施的空间配置等。

（三）出行方式选择阶段

在这一阶段，TDM 主要效果是将出行方式由低容量向高容量转移，保持各种交通方式宏观上的供需平衡。实施策略主要是对某些交通方式实行刺激或抑制措施，如汽车合乘、限制私人小汽车进入市区、停车换乘服务、停车控制、鼓励使用公共交通等。

（四）出行路径选择阶段

在这一阶段，TDM 主要效果是将出行由拥挤路线向非拥挤路线转移。实施策略主要包括向出行者提供更多的交通信息、实施拥挤路段收费等。

（五）出行时间选择阶段

在这一阶段，TDM 主要效果是将出行由拥挤时间段向非拥挤时间段转移。实施策略主要包括采用先进的信息技术、向出行者提供实时交通信息，或通过强制政策或价格策略使出行者避开拥挤时段，实施错时上下班、弹性工作制等。

练一练

多项选择题

以下属于城市交通外部性的有哪些？（　　）

A. 交通事故造成的人员伤亡和财产损失

B. 超载货车导致的路面材料服役寿命缩短

C. 汽车尾气排放

D. 车辆噪声污染

【解析】本题正确答案为 A、B、C、D。

学完上述内容以后，大家应该了解城市道路供给和城市交通需求的特性，能用自己的话解释交通拥挤的成因，并知道其中的经济学原理；同时能理解价格机制在交通需求管理中的作用，理解交通需求管理对居民出行的影响机理。在本部分中，如果你能够指出各种交通需求管理的具体措施是如何对居民出行产生影响的，那么，恭喜你，你已经掌握了本部分的知识。请认真完成在线学习活动 2，它将有助于你更好地理解本部分的相关内容。

案例分析 交通需求管理国内外案例

知识重点

学习提示：根据前两个知识点的学习，我们了解了交通需求管理的概念、基本原理和主要措施。然而，要把发展理念从以车为本和追求短期经济效益转变到更可持续的以人为本的方式上来，将 TDM 措施真正落到实处，面临多重挑战。其中之一是，需要改善各个利益集团、政府部门、规划研究机构之间的协作模式。城市规划机构、房地产开发商、道路建设单位、公共交通运营商及其他有关机构存在不同的利益关系，并且经常发生利益上的冲突。TDM 在许多大都市都有成功的实践。那么，这些城市是如何推动各方团体协作，从而保证交通需求管理措施有效实施的呢？有哪些经验教训值得我们去学习呢？

接下来，我们将继续对交通需求管理的学习，深入了解其在国内外的实践情况，总结不同类型城市 TDM 措施的内容、特点和发展经验。

一、新加坡——对小汽车拥有和使用严格限制的标杆

（一）新加坡概况

新加坡是东南亚的一个城市化岛国，面积约为 719km^2，人口约为 561 万，是世界上人口密度最大的国家之一，但新加坡的交通并没有严重的拥挤现象。早晚交通高峰时，市区机动车的速度可达到 30km/h，这在很多大都市都是很难实现的。新加坡之所以取得这样的成果，与新加坡政府采取的各种交通控制和管理措施有直接的关系。20 世纪 70 年代，新加坡政府就有预见性地将交通需求管理引入交通发展政策，保障了交通供给和交通需求的平衡，这在新加坡后来的交通发展中取得了明显的成效。

（二）新加坡 TDM 措施沿革

1. 拥车证制度（COE）

这一制度以每年不大于 3% 的比例严格控制汽车的增长率。1990 年 1 月，新加坡开始执行车辆限额制度，所有车辆都必须从政府购买拥车许可证（简称拥车证），车辆按照排气量被划分为七类，车辆注册局每月进行一次投标，任何一类拥车证价格以能够标到最后一个拥车证的人的价格为统一价格。一张拥车证从车辆注册之日起 10 年内有效，之后如果车主想继续使用这辆车，就必须按照当时的拥车证价格再次付费，方可取得后 10 年的拥车权。若不愿再付钱，这辆车即刻报废，禁止使用，以保证拥车证进入市场。拥车证最初可以转让，造成了投机活动。半年后规则修改为，拥车证必须和车辆一起转让，称为“双重转让”。1993—1994 年，拥车证价格扶摇直上，从几千新元涨到数万新元，甚至超

过十万新元，民众怨声大起。于是拥车证制度进一步修改，双重转让受到限制。新规则规定，拥车证和车辆在头 3 个月内不可以转让，后 3 个月内转让的利润须交回车辆注册局，其目的在于限制投机活动。

2. 区域许可证制度（ALS）（1998 年前）

早在 1975 年，新加坡就开始实施区域许可证制度，要求在高峰时间进入中心区的车辆必须持有特许证。在所有进入控制区域的路口设置信号标志，信号标志将显示需要持有特许证才能通过的时间范围，由交通警察进行管理和监控。

该制度取得了很大的成功，主要成效有：

（1）减少了高峰期间的交通流量，提高了行驶速度。

（2）导致出行方式向公共交通转移，合乘车出行方式增加。

此项措施产生了显著的经济效益，所得收入除支付区域通行证系统的开支外，其余用于道路及相关设施建设。

3. 中心区电子道路收费系统（ERP）（1998 年后）

随着时间的推移，区域许可证制度越来越多地暴露出一些弱点。表现为不同的通行证代表不同的费率，这种收费方式限制了进一步按车种及行驶时段不同设置差别费率的可能性。人工系统也允许同一张通行证被同一车辆多次使用。对于以单次通过为收费标准的收费系统来说，不具有公平性。同时，人工收费方式过分依赖于执勤人员的视觉敏锐性，时而会出错。

相比之下，电子系统更加精确和持久。因此，1998 年之后新加坡启动电子道路收费系统，全面取代区域许可证制度。电子道路收费系统是目前世界最先进的区域收费制度，是对拥挤区域内使用的机动车实行的收费制度，它的主要特征是全部依靠自动化车辆检测和收费。通过设置检测装置和区别各时间段的收费标准，可以在最繁忙的道路收取最高费用，同时不对非拥挤道路进行收费。简而言之，ERP 的收费金额只与道路上的拥挤程度有关，因此效果很好，公众也乐于接受。

新加坡对 ERP 系统实行收费费率的调整，车主并不需要在所有时间都缴费。车辆进入中央商业区的缴费时间是工作日 7:00—19:00 的高峰区间；而在高速公路上，只有工作日早上 7:00—9:30 才需要缴费，其他时间系统会自动关闭。一些主干道在工作日早上 7:00—9:30 也会收费。为了引导车辆尽量不在高峰区间出行，新加坡政府还根据不同时间段调整缴费金额。例如早上 8:30—9:00 是车辆进入中央商业区最多的时段，因此收费也最高，一辆轿车需要缴纳 2.5 元新元；而在车流量较少的 12:00—12:30，每辆车只需要缴纳 0.5 元新元。每隔 3 个月，LTA（Land Transport Authority）还会根据道路情况、同一时间段内的车流状况，对收费系统进行调整：如果在高速公路上，车辆的平均行驶速度低于 45km/h，LTA 就会相应提高收费标准；而如果车速高于 65km/h，它便会降低收费标准。

ERP 的最大优点是它采用计次收费，即车辆每次进入控制区都要交费（而区域通行证方案并不限定在运行时间内进入控制区的次数）。由于车辆每次进入控制区都会对拥挤产生影响，采用计次收费更能影响车辆的出行行为，准确反映出行的外部性。

ERP 的实施大大改善了新加坡的道路状况。自从 ERP 系统运行以来，早高峰小时和全天的交通量都有很大程度的减少。数字显示，新加坡使用 ERP 系统一年后的日交通量就减少 15%，7:30—9:30 高峰时交通量减少 16%。而在 ERP 系统收费前一时段（7:00—7:30），交通量增加 10.6%，这种情况主要是因为一些车辆为了避免支付 ERP 费用而提早出行。另据 2004 年 5 月的统计数字显示，新加坡市区高峰时的车辆数比实施 ERP 之前平均下降了 7.6%。现在，虽然新加坡依然保持着每年 3% 的车辆增长率，但交通拥堵的问题已基本得到解决。

4. 非高峰使用小汽车计划（OPC）

新加坡于 1994 年 10 月 1 日开始实施非高峰使用小汽车计划。该计划提出，新车或现有车辆的车主，可以通过选择减少小汽车使用的方式，来获得登记注册费用和道路税的优惠。车主若想选用 OPC 方式，在获得分车种的拥车证（COE）之后，还需要在登记注册车辆的时候，特别提出是否要注册为 OPC 类型。

新车作为 OPC 登记注册时，将在拥车证附加费和登记附加费方面，直接获得 17 000 新元的减免，此费用优先用于减免拥车证附加费，若有剩余，再用于减免登记附加费。此后，OPC 车主每年将获得 800 新元的道路税减免，但是每年缴纳的道路税不得低于 50 新元的下限。

普通车辆和 OPC 车辆之间可以相与转换。车主要将普通车辆转换为 OPC 车辆，先要向陆路交通局（LTA）提出申请，在收到 LTA 的回复信件之后，便可以将车牌更换为红色车牌，并由授权的检查中心贴上封条。在提交了所需的相关文档材料，并缴纳 100 新元手续费之后，便完成了车牌转换。这种转换后的 OPC 车辆，享有今后每年的道路税折扣，但不会享有首次登记的折扣费。

OPC 车辆享受了优惠，所以也只能在非高峰和非限制的时段出行，包括周日、公众假期和非限制时段。如果需要在其他时段出行，就必须购买和使用每天 20 新元的通行卡。

5. 私家车出租计划（PCRS）

为了减少人们的购车需求，以及鼓励尽可能少的机动车使用道路，陆路交通局（LTA）实施了私家车出租计划，允许私人小汽车车主在周末和公众假期出租他们的车。只有以私人名义登记注册的小汽车才可用于出租（公车不行），车主必须确保车辆在出租期间购买了足够的保险，租用车者必须符合年龄和驾驶经验的要求，并在确认车辆购买了足够的保险后才可租用。

车主可以选择通过专门的公司或者自行出租汽车。公司会安排车主与有兴趣的租车者达成交易；如果是自行出租，则需要在制定出租费率后，通过各种媒体广告出租。无论采取何种方式，车主都需要联系保险公司来确认已购买足够的保险。

6. 非本地车辆进入许可收费（VEP）

非本地注册车辆一旦驾车进入新加坡，将根据车辆的类型和进入的时间收取不同的费用，如果在任一收费点，采用现金支付而非刷卡的话，将征收 10 新元的管理费。

7. 改善以公共汽车为主的大众交通系统

在对小汽车的使用采取了严格的限制措施的同时，新加坡政府通过在道路上给予公共汽车优先权等措施改善公共汽车运营服务，以提高替代方式的吸引力。关键的改进措施如下：

（1）在大部分有交通信号灯的交通路口实行公交优先通行的政策。

（2）智能化交通信号灯可以监测即将驶来的公交车并自动转为绿灯。

（3）开辟 33km 长的公交车专用车道。

（4）改善轨道交通，继续扩建轨道交通线网规模。新加坡在 67km 的轨道交通网络基础上，规划了一个长 16km 由大容量地铁系统和轻轨运输网络构成的轨道交通网络。

（5）改善出租车交通。采用弹性收费调节需求。新加坡出租车平均空驶时间占 30%~40%。此外，出租车服务也受到供需不平衡的影响。在早晚高峰时间内，出租车需求大于供应；而在非高峰时间内，绝大部分出租车在空驶寻找乘客。在节假日，这种不平衡情况更加严重。这是由于单一的票价结构不能适应供求关系的变化而引起的。

（6）提供停车换乘，为市民提供多元化的出行。新加坡在城市外围区的地铁车站规划建设了许多小汽车停车换乘点，实现了小汽车与轨道交通的停车换乘。

（三）经验启示

新加坡的交通需求管理被视为成功的典范，其经验启示可总结为：

（1）设置专门的机构来研究和决策公共交通的发展，既有市场经济的调解，又通过政府的宏观调控来限价，同时对单个运营商无力建设的重大项目（如轨道交通、交通枢纽等）进行政府投资。

（2）在大力发展公交的前提下，也采取了强有力的措施来限制小汽车的发展和使用。它通过车辆限额制度，以及登记费及其附加费，对机动车拥有进行控制；通过非高峰使用小汽车计划、经典车拥有计划、私家车出租计划、车辆进入许可收费等措施，来尽可能减少小汽车对道路的使用；并通过先进的差别化电子道路收费系统来解决拥堵区的交通问题。

（3）强制政策和经济手段相结合，充分考虑不同车种、不同交通状况和不同时段的特点，经常回顾，以调整和细化费率，保证实施的全面性与公平性。

二、中国香港——“地铁＋物业”的多模式社区开发

（一）中国香港概况

中国香港是世界上人口最稠密的城市之一，在它约 1 000 平方千米的土地中，海拔高度 50 米以下的仅占 17.8%，其余大多是陡峭的丘陵地带。在如此高密度下仍能保持城市交通的顺畅，有效地控制交通污染，这在很大程度上应归功于公共交通社区式的城市布局结构和一系列有效的交通需求管理措施。

由于其经济繁荣、人口高度密集，以及运输高强度，需要有高效率的道路交通、铁路交通和海上交通的连接，但崎岖的地形、狭小的面积、稠密高耸的建筑群，实际上不可能提供大量的道路面积，为此，香港的交通规划制定了一系列政策，保证大容量快速轨道交通的建设并且与城市的土地利用紧密结合，其中最成功的就是地铁站附近高强度的开发模式（简称为“地铁＋物业”模式）。

（二）“地铁＋物业”的开发模式

1.“地铁＋物业”模式的起源

公交导向型开发（TOD）理论起源于 20 世纪 90 年代的北美，其具有实践意义的开发案例大多来自土地资源相对紧缺的西欧和北欧国家，并在其后逐步推广至亚洲、南美洲等

地，成为“新城市主义”者在全球范围内倡导的一种城市开发模式。香港地铁的“地铁+物业”开发模式起初并非源于 TOD 理论，其联合开发模式的产生甚至早于 TOD 理论的提出，但在之后的实践中，已经成为世界范围内 TOD 开发的典范。

香港地铁的规划始于 20 世纪 60 年代，但迫于政府严格的财政政策和经济局势等原因，直至 1975 年初才成立政府全资拥有的地下铁路公司，开始全长 15.6 千米的“修正早期系统”建设。从香港地铁建设之初，政府就秉承“量入为出”的财政理念，拒绝使地铁设施成为政府长期的财政负担。因此，香港地铁公司受“平衡财务”的驱动，在其后多年的运营实践中逐步摸索到地铁结合物业蕴含的巨大价值，并创造出“地铁+物业”的联合开发模式。通过地铁公司统筹，将铁路规划、建设、运营与沿线上盖物业规划、建造、市场运作紧密结合起来，使地铁和物业达到最大协同效应。

2.“地铁+物业”模式的特点

（1）开发流程。

首先，香港地铁公司（以下简称港铁）分析拟规划开发的站点周边约 500 米范围内用地的开发潜力；然后，港铁从政府手中获得可（再）开发物业的土地发展权，以没有铁路为基础的地块价格向政府支付土地费；接下来，港铁制订具体的开发计划，确定物业的功能定位（居住、零售、绿地、交通等）、密度（或容积率），以及其他必要的设施；规划获得政府批准后，港铁就开始新建铁路，同时与开发商合作开发物业；轨道交通建设促进沿线物业升值后，港铁将物业按市价出售给私人或企业，与开发商、政府共享利润；最后，港铁将物业升值所获得的利润用于维护和发展轨道交通服务。

（资料来源：周俏. TOD 模式在我国高铁站区综合开发中的应用研究 [D]. 北京：北京交通大学，2018.）

（2）设计特点。

港铁在其站点周边的土地开发中始终坚持“3D”原则，即高密度（Density）、多样性（Diversity）、紧凑型设计（Design）。这种高密度、混合化开发不仅为港铁带来物业租售上的巨大收益，也为下层的轨道站点提供了充足的客流支撑。

在这一设计思路下，每个矗立于地铁站点之上的物业项目也拥有十分相似的特征：底层是公交车站或地铁站，二至三层是商业店铺，再往上是呈围合布局、森严壁垒般的高层居住建筑，中间则是居住区的中心花园。

3.“地铁+物业”模式成功的原因分析

（1）体制设定。

在体制上，政府通过立法，明确法规与政策要求，成功设定了轨道交通与城市建设、物业发展的联动。通过优化资源配置，轨道交通建设从纯粹的公益性事业，转化为具有商业经营和地产开发支持的良性发展实体，建立了轨道交通的良性发展机制，并最终实现拉动城市人口外移，起到优化城市结构的作用。政府为适应人口高速增长，缓解住房与城市空间紧张的问题，自 20 世纪 50 年代就着手新市镇（卫星城）的规划建设，开辟了一批远离港九建成区、位于乡郊的功能性组团，并通过轨道交通的便捷联系，成功将核心区的密集人口逐步疏解至 9 个新市镇，验证了 TOD 开发模式的巨大成效。

（2）技术协调。

在技术上，政府通过规划强化市民生活方式对轨道交通的依赖。在站点出入口、周边地区优先布置一些综合性的、易于吸引人流的商贸、购物、居住等设施，从而强化其对人流的吸引。在城市规划的土地分区计划大纲图和法定图则中，对轨道交通沿线土地利用均在规划上设置综合发展区（CDA），充分为地铁物业发展提供支持，使地铁公司能够通过主导站点周边地区规划，统筹商业、居住、办公等的高强度土地混合使用以吸引、集聚客流，同时为更多市民提供交通便利，引导城市人口疏解。通过结合轨道站点设置社会停车场、公交总站等设施，建立发达的综合交通换乘体系，充分提高轨道站点可达性，进而强化轨道交通对周边中远距离地区居民的吸引力。

（3）策略保障。

在策略上，政府坚守审慎的商业原则，利用和发挥市场作用，允许香港地铁公司参与沿线土地开发经营，尽享地铁建设带来的巨大土地增值效益，这也是香港地铁成功的最重要经验之一。长期以来，土地资源的紧缺性迫使港府对全港包括轨道交通沿线在内的土地供应进行强有力的控制，对土地批租采取严格的计划投放。这一供应政策使香港的地价一直处于居高不下的状态，为地铁物业发展提供了必要的政策保障，保证了地铁公司在沿线土地开发中的效益。通常情况下，政府按照无地铁情况下的最低价将地铁物业发展用地出让给地铁公司，然后由地铁公司担当土地经营商的角色，按照有地铁情况下的市场地价进行操作，通过公开招标的形式寻求地产商合作。地铁公司在取得地契时即由选定合作的地产商支付地价，并开始根据地铁公司的发展要求兴建相关物业。地铁物业建成后，地铁公司可以选择现金、实物或现金与实物兼顾的形式分得物业发展收益。通过以上一系列操作，地铁公司在政府与市场的双重引导下，实现了最小投入、最大回报的目标，政府、地铁公司、地产商与社会公众也可以取得利益均沾的“四方共赢”。

（资料来源：王进坤．香港地铁 TOD 开发模式的启示 [J]. 江苏城市规划．2012（8）：44-46.）

三、英国伦敦——交通拥挤收费制度探索的先行者

（一）伦敦概况

伦敦作为一个交通枢纽和重要城市已经有近两千年的历史。2018 年，伦敦在世界城市规模的排名中与纽约并列位居首位，人口达 828 万，远超上一轮综合交通规划的预测。

由于伦敦有限的道路承载力（从中世纪开始，中心区域的道路网络几乎没有扩建），庞大的交通需求导致了严重的拥挤，幸好有较好的其他交通出行方式选择，包括步行、出租车、公共汽车、地铁服务，其中地铁使用最多。高峰时的出行中只有 10% 是由私人小汽车产生的。这使得伦敦特别适合采用征收拥挤费的政策。

2000 年伦敦的政府进行了重组，建立了一个由市长和强有力的团体来管理的城市交通的机构。一方面计划增加税收，其收入用来发展交通系统；另一方面拟采取征收拥挤费，其收入用来改善公共交通。这一计划一开始遭到了各种利益团体的批评，包括政治家、使用私人机动车出行的人，还有一些交通组织，报纸等媒体中也有很多持怀疑和反对的态度。时任市长力排众议，坚持推行交通拥挤费制度，成为欧洲首个对汽车进入市中心课税的城市。

（二）伦敦交通拥挤收费制度

1. 基本情况

伦敦于 2003 年 2 月 17 日星期一开始正式实行“交通拥挤收费”政策（London

Congestion Charging)。其大致思路是，在伦敦中心区划出特定区域在固定时间段对其出入车辆实行交通收费管制，以此控制交通流量改善出行结构，促使部分居民尽可能地改乘其他形式的交通工具，来达到降低中心城区交通拥挤水平之目的。该政策的基本内容如下：

（1）管制时间：每个星期的星期一至星期五，早上7：00—晚上6：30，公共假期除外。

（2）区域范围：收费区域由内环道路围成，该区域占地约21平方千米，有8个区全部或部分地区位于该交通收费管制区域内部。

（3）适用对象：并不是所有的居民都要支付交通拥挤费，某些驾驶员、车辆以及个人可以享受优惠和免费。这些群体和车辆包括：残疾人或为残疾人服务的公共机构，9个以上座位的车辆在收费区域内居住的人口，采用石油替代燃料（电力）的车辆、两轮车微型出租车、提供救护服务的车辆军队以及皇家园林局的车辆等。

（4）收费金额：5英镑/车次·天。

（5）收费方式：通行费支付渠道灵活多样，可以通过从零售商店或便利店、自动售货机报摊、加油站购买，或采用电话、邮寄、登录网站，以及利用移动电话发短信息等多种方式支付。

（6）交费时间：既可每天缴纳，也可按星期、月、年缴纳。如果事先知道所需通行的天数也可一次性付清。可以在进入收费区域之前或之后缴纳，但最晚必须在当天晚上10：00之前缴纳。

（7）处罚规定：延期缴纳通行费用的，将会被予以加倍罚款。在当天晚上10：00—12：00缴纳的，要加收5英镑的罚金；如果在当天晚上12：00之前仍然没有缴纳通行费用，则将面临80英镑的高额罚款；28天之后仍不缴纳者，罚款额升至120英镑。

2. 政策实施效果

伦敦的运输系统和一些经济组织建立了一个五年的监测计划，来评价征收拥挤费对交通经济、社会和环境的影响。

在一个典型的工作日早高峰（上午7：00—10：00），有超过100万的人进入市中心区，超过85%的人出行使用公共交通。在拥挤费征收前，12%的高峰时期的出行为私家车出行，在开始实施的前几个月汽车的出行下降了20%（每天减少2万辆车），私家车出行比例降到10%。在收费区域内机动车速度显著增加，在收费日增加了37%，从13km/h提高到收费后的17km/h。高峰时期交通拥挤、延误下降30%，公共汽车拥挤、延误下降了50%。乘公交人数增加14%，乘地铁人数增加1%。高峰期通过公共交通方式进入收费中心区的乘客，比实施拥挤收费以前增加37.6%。由于延误的减少，乘出租车的费用显著下降（20%~40%）。汽车行驶更快，使得公共汽车和出租车的效率显著提高，而摩托车、自行车出行也出现了增长。政策实施两个月后，总共约有4.5万辆机动车（公共汽车、出租车、救护车）获得收费减免优惠，每天缴纳通行费用的人数稳定在9.5万~10万。收费渠道运行状况良好，交通状况基本符合原先的预期目标。实行拥挤收费后，伦敦中心区的交通结构产生了巨大的变化。

3. 交通拥挤收费政策的公众反映

在计划实施前，该政策遭到了各种利益团体的批评，包括政治家、驾车族和劳工组织。参与竞选市长的对手承诺，在当选后将废除该计划。许多报纸持怀疑的态度，一些反对人士建立网页宣传反对的理由。

但征收拥挤费渐渐为公众和各利益团体所接受，包括一些先前反对的人，如驾车者。在政策实施的第一个月里，伦敦其他地区的居民也要求将自己所在区域纳入收费区域，2004 年，利文斯通再次当选市长，很大程度由于其征收拥挤费的政策，同时承诺将收费的范围扩大。

London First 作为为伦敦城市发展创造 22%GDP 的集团，其成员支持拥挤费的征收。2003 年 5 月的调查表明，其员工认为拥挤费的征收对公司的事业有积极的影响。69% 员工认为征收未对他们的营业造成影响，22% 认为有积极的影响，只有 9% 认为有消极的影响。许多行业支持拥挤费的征收，因为它们的直接花费会从由此带来的节省和获益中得到补偿，如更快的货物运输时间。Certs Logistics 公司负责向市中心的饭店和旅馆发送货物，其送货时间下降了 50%，其他行业也发现，它们的员工的交通延误减少，可以参加更多的工作。

伦敦商业部门对该计划更多的是怀疑。2003 年 3 月的一个调查发现，中心区的零售商抱怨拥挤费的征收使它们的营业额下降（虽然伊拉克战争期间，出于实行安全措施，两条地铁线路的关闭，宏观经济的下降对当地经济也产生了影响），它们中的一些威胁说要离开伦敦。反对该政策更多的是小零售商，要求对它们采用特殊措施，如降低停车费及特殊的折扣。

（三）经验启示

1. 交通拥挤收费的负面影响

交通拥挤收费系统取得了良好的效果，同时也带来了一定的负面影响，主要表现在商业活动、转移交通流、公平性和个人隐私方面。

（1）商业活动。

一些行业认为它们是该项计划的受害者，主要是那些顾客多为驾驶私家车来购物的散装零售商。然而，也有其他的行业从中获益，它们节省了高昂的出行费用，改善了环境。多方面的调查表明，交通拥挤收费系统对总体经济的影响是很小的。

（2）转移交通流。

人们担心转移的交通流可能造成邻近道路的拥挤。虽然在外围道路的交通量增加了 10%，但行驶时间却没有增加。这主要是由于在这些道路上的交通信号系统依据预期变化进行了相应的调整。

（3）公正性。

一些批评认为交通拥挤收费系统不公正，具有双重标准。驾车者已交付注册费和燃油税。尽管一些人免征税，如残疾人，某些人获得折扣，如居住在收费区内的居民，但这些优惠并不可用于其他人。现在争论集中在收费标准是否平等，如何使其变得公正，更有益于消费者。

（4）个人隐私。

有担心认为摄像机网络跟踪车辆在伦敦的行驶，将会对个人隐私造成侵害。

2. 交通拥挤收费政策的不足

（1）费用的收取不是依据在收费区域的行驶距离。

（2）收费没有时间的差异，这是因为拥挤最严重时和拥挤不严重时没有差别。

（3）没有因地而异，应该在高拥挤的地区收取高的费用。

（4）系统造价昂贵。

（5）尽管收取的费用正在用来改善交通系统，公共汽车服务水平有所提高，但公共交通服务（特别是地铁）仍然十分的拥挤和不可靠。

3. 经验小结

伦敦的拥挤收费政策是比较成功的案例，取得了非常好的实施效果。它从一定程度上表明，私人小汽车出行者对收费价格是比较敏感的，这类措施对于减少私人小汽车出行，缓解交通拥堵是有效的。

拥挤收费尽管曾遭受到各利益群体的强烈反对，也曾对一些小零售商产生过影响，但市民很快就看到了拥挤收费所带来的好处和利益，包括曾经强烈反对该政策的社会群体，现在都已经普遍接受，甚至希望继续扩大该政策的实施范围。由此可见，民意在一项政策实施前的倾向性，未必能够真实反映出该政策实施的效果，民众未必能够从一开始就准确识别和支持一些看似不利而实际上造福于民的政策和措施，随着项目的实施和民众的体验，这些措施最终会被接受。

四、美国洛杉矶——高度机动化城市的 TDM 管理

（一）洛杉矶发展概况

北美地区经济发达，人口分布相对稀疏，土地资源充分，城市布局分散，许多城市都经历了私人交通工具的快速增长，而洛杉矶则是遵循这一发展模式的典型代表。20 世纪 80 年代，美国加利福尼亚州经济飞速增长，洛杉矶大都市许多道路均遭遇了严重的交通拥堵，每天道路交通拥堵要持续好几个小时。

20 世纪 90 年代初，洛杉矶就开始制定对付拥挤的道路交通管理规划（CMP），并取得了较好的效果。一方面，通过延伸现有道路系统和提高地方道路改善及管理水平来提高整体容量。CMP 实施后的 10 年里，通过地方性的道路改善，整个洛杉矶大都市新增了大约 2 250 千米的道路容量，这些新增的道路日均承担了 209 万 / 车 · 千米的交通量。另一方面，1990 年以来，有 3 948 千米的道路实施了实时交通信号控制，大大节省了驾车者及公共交通乘客的出行时间，并减轻了交通污染。

但考虑到建设成本、土地使用限制、环境影响等因素，洛杉矶在之后放弃了新的道路建设计划，转而积极推动交通需求管理政策的实施。但美国是个讲究个人充分自由的国家，交通需求管理须借助政策、经济等手段，在某种程度上会侵犯个人自由，故而 TDM 的推行往往容易遭受广泛的质疑。因此，洛杉矶政府在充分宣传交通需求管理重要性、争取民意支持的基础上，还就适应其高度机动化、蔓延发展的外部条件下的交通需求管理进行了综合研究。

（二）洛杉矶交通需求管理策略

洛杉矶在推动 TDM 的过程中，形成的比较有特点的措施如下。

1. 开辟高载客汽车专用道以提高道路交通的使用效率

为提高现有系统的效率，洛杉矶通过实施高载客汽车专用道 HOV（High Occupancy

Vehicle）来提高道路运行效率，充分利用现有道路容量。小汽车合乘（Carpool）的实施大大缓解了那些严重拥堵的公路的交通状况，使这些道路得到更充分的利用。除在公路设置 HOV 车道之外，加州在一些立交桥附近设置停车换乘区，在该区域内设置车场及通向市区的公交，合乘人员和私人交通方式可以通过换乘公交进入市区。

实施合乘车道后提高了运输效率。据监测，合乘车道高峰流量为 1 300 辆 / 小时，运量为 2 500 人，而普通车道流量为 1 700 辆 / 小时，运量仅为 1 800 人。HOV 的实施使人们更多地选择公共交通和小汽车合乘，改善了空气质量，提高了人们的出行效率，减少了车辆出行量。至 2015 年，该系统每天将服务于 100 万以上乘次的小汽车合乘者（1998 年为 529 万乘次）。

2. 鼓励公共交通使用，实施地铁化快速

洛杉矶充分利用现有的公共汽车及轨道交通服务，并将其作为小汽车交通出行的一种替代方式。实施交通拥挤管理计划的快速公共交通系统包括 11 条交通走廊，1992—2001 年间公共交通出行速度提高了 10%（由 25.75km/h 提高到 30.58km/h），客流上升了 33%。

轨道交通系统的扩展导致了公共交通系统客流的上升，新的快速公交服务也导致了公交客流的增长。洛杉矶于 2000 年 6 月引入了地铁化快速公交（Metro Rapid），其实施相当成功，快速公交项目通过引入七项措施来减少出行时间，包括交通信号优先（给予公交车更高比例的绿灯时间）、低底板车辆、减少上下客时间、在主要路口实施隔离式的公交车站等。两条快速公交总长约 62km，节省了 25% 的出行时间、客流增加了近 30%，其中 3% 为诱增客流。实施 CMP 后的公共交通系统对改善洛杉矶的交通拥堵发挥了重要作用。与实施 CMP 前的 1992 年相比，公共交通速度提高了 19%，客流增长了 33%。

3. 众多部门共同实施交通需求管理

1993 年开始，洛杉矶 89 个地方部门共同参与实施需求管理计划，其目的是通过新的措施来减少独自驾车出行，使人们选用其他交通方式出行。这些措施包括：自行车停车设施建设、合乘与班车停车设施建设、行人及公共交通设施的建设与改善。众多部门的合作是需求管理成功实施的基础。

4. 开展土地使用的交通影响分析

土地使用交通影响分析计划是 CMP 的一部分，它分析的是土地开发对市域范围内的区域性交通系统的影响。CMP 规定并指明了地方政府对新的土地开发给区域性交通带来的影响应承担的责任，并将这作为其制定决策的一个部分。

洛杉矶土地使用交通影响分析计划包括以下主要内容：轨道交通车站 0.25 英里范围内，可进行高密度的居住开发，即最小居住密度为 24 个居住单元 / 英亩，最小密度大于等于一般开发计划允许密度的 120%（一般每英亩 75 个居住单元被视为高密度开发）。在轨道交通车站 0.25 英里范围内的混合开发中，当高密度居住开发超过土地面积的一半时，混合土地开发进一步规定要有相应的商业或零售业开发，这种居住、办公及商业混合土地开发将会减少新的出行产生量。

五、日本东京——柔性管理与合理的土地利用布局的典范

（一）日本的交通需求管理策略

日本建设省在20世纪90年代初，开始系统研究交通需求管理，并将其作为主要手段，与交通基础设施建设一起共同作为解决交通拥挤问题的措施。

日本交通需求管理的主要措施见表6－5。

表6－5　　日本交通需求管理措施

交通需求管理目的	交通需求管理措施	
交通总量减少	活动的节制	改变工作计划（如压缩工作日）
		电信工作制等
		多中心的土地利用政策
车辆交通减少	车辆的有效使用	倡导高乘载率汽车（HOV）
	方式转换	公交引导的土地利用（TOD）
		发展轨道交通，改善公共系统
		停车换乘（P+R）枢纽
		改善行人/自行车系统
均衡交通量	时间的改变	灵活、弹性工作计划
		货车运行时间限制
		行人/自行车、公交优先区域
	变更线路/目的地	货车路径的设计
		停车管理
		改变工作计划（如压缩工作日）

日本TDM成功实施的经验有：

（1）由于城市货运是日本城市交通问题的主要来源，所以，应该鼓励货车的合用或高效使用，综合考虑其社会效益。

（2）需要提供激励（软）措施来鼓励和引导出行行为的改变，而更为严格的停车条例和其他交通法规也是必不可少的推动（硬）措施。

（3）驾驶员、公司和社区公众的参与是非常重要的，而地方政府应形成合适的机制，使他们从政策和法规制定的早期就参与进来。

目前，TDM已经成为日本可持续化城市交通必不可少的部分。

（二）东京的多中心发展模式经验

20世纪60年代，伴随着经济高速增长，东京也产生了严重的交通拥堵问题。为此，东京市政府采取了建设副都心、引导城市由单中心结构向多中心结构转移的构想和规划，并下决心大力发展城市快速轨道交通系统。东京主要采取了以下特色措施。

1. 多中心的用地规划

20世纪60年代，随着日本经济的高速增长，东京的市中心（位于东京市区中央的千代田区、中央区、港区的中央商务地区）的商务功能得到快速发展，很快形成了高度集中

的中央商务区（CBD）。与此同时，市中心地价高涨，居住开始向郊外转移，出现了城市功能的单中心高度聚集、通勤长时间化等大城市问题。到了20世纪60年代初期，公用住房出现短缺，政府开始意识到，必须抑制商务功能继续向市中心的聚集，要向外分散，实现工作和居住就地平衡的城市布局。因此，东京都提出了建设副都心，引导城市由单中心结构向多中心结构转移的构想和规划。经过近30年的建设，市中心的商务功能聚集得到有效控制。目前，东京已形成了包括七个副都心和多摩地区五个核都市的多心型城市结构。

2. 大力发展轨道交通

东京的多中心城市布局结构为快速轨道交通系统的发展，以及高公共交通的出行方式的吸引力提供了基础。如今的东京已经被一张由城市轻轨和地铁所组成的大型轨道交通网所覆盖，总里程达2 355千米，是世界上轨道交通最发达的城市之一。轨道交通系统每天运送旅客2 000多万人次，承担了东京全部客运量的86%。七个副都心基本上位于山手线（环线）与各个铁路放射线的交汇处，充分利用了交通枢纽对于商务及人流的聚集效应。

同时，大力发展轨道交通方式的政策也影响着城市的布局结构。东京一直采取鼓励公共交通的政策，东京与其他国际性大城市不同，包围着东京中心高密度发展地区的城市环路不是大容量的快速汽车道路，而是山手线环形铁路，东京的新、老建筑几乎全部集中在山手线环线和中央线的车站附近。同时，在空中、地下的步行通道，保护行人免遭汽车和恶劣气候的侵扰。由于大量活动可以直接在车站附近完成，因此乘用火车是人们出行最方便且最常用的交通方式。由山手线环线向外放射的郊区铁路沿线形成了一系列的公共交通社区。大型社区中心围绕车站布置，有景观良好的步行系统由中心通往附近的居住区，居民步行和乘公共汽车到铁路车站都很方便。显然，这种用地布局在吸引人们远距离出行选择铁路的同时，还有效地降低了社区内部的机动车交通量。

拓展阅读

1. GIZ (2012). Transport Demand Management in Beijing: Work In Progress. http://www.tdm-beijing.org/files/Work-in-Progress-TDM-Beijing-brochure.pdf.

2. 刘守阳.《香港公交都市剖析》解读 [J]. 城市交通 . 2018(2): 109-110.

3. 能源基金会 . 广州市城市交通需求管理研究 . http://www.efchina.org/Reports-zh/report-cscp-20141031-zh.

4. 加拿大维多利亚交通政策研究所 . TDM 措施百科全书 . http://www.vtpi.org/tdm/index.php.

5. 北京广播网 . 区域差别化停车措施效果显著 . http://news.rbc.cn/bjxw/201110/t20111024_2351406.htm.

6. 人民日报 . 弹性工作制 . http://politics.people.com.cn/GB/14562/11333149.html.

7. 刘植荣 . 细说伦敦交通拥堵费 . http://www.aisixiang.com/data/67760.html.

单元小结

本单元主要揭示了交通拥挤背后的经济学原理，介绍了交通需求管理的产生背景，讲述了交通需求管理的实施原则、实施层次、实施意义、主要措施等，分析了价格机制在 TDM 中的作用以及 TDM 对居民出行的影响机理，最后对几个大都市交通需求管理的实践案例进行了回顾与总结。我们学完本单元，应该对一项交通需求管理政策制定、实施、评估的基本过程有比较清晰的了解，并且能够体会到交通需求管理的复杂性。利益相关方之间充分的合作与对话、民众的认可与支持、综合性策略的使用等，都是成功实施交通需求管理的必要条件。

以上就是本单元的全部内容，感谢大家的辛苦努力，继续保持，加油！

第七单元

城市智能交通管理系统

Unit

学习导引

同学们好！欢迎你们回到“城市交通管理”课程的课堂。现在我们开始进入最后一个单元的学习。首先，请你们带着想象的翅膀，共同进入本单元的主题！

提到人工智能，相信每个人都不陌生，因为它是当下最前沿、最火爆的科技之一。而智能交通作为人工智能的一个重要应用领域，其在驾驶安全、治理拥堵、出行服务等方面的应用前景值得我们探讨与思考。交通管理面向的是由人、车、环境等综合因素构成的系统，其中每一个要素都处于不断变化之中，有效的交通管理离不开对这一复杂系统运行状态的实时把握。人工智能技术的引入，有助于增强交通管理者的监控能力、提高事态判断准确度、加快事件反应速度等，从而提升城市交通的整体管理水平。

本单元，我们将共同学习城市智能交通管理的内容。在本单元的学习之旅中，需要你们认真学习本单元的学材，观看教学视频，完成在线学习活动以及作业。只有按照要求完成上述所有环节的内容，才算完成了本单元的学习任务。

学习目标

学完本单元内容之后，你将能够：

（1）知道智能交通系统的基本概念；

（2）了解智能交通管理系统的基本概念；

（3）了解智能交通管理系统的技术基础；

（4）掌握智能交通管理系统的基本架构；

（5）了解智能交通管理系统控制指挥中心的主要模块；

（6）了解智能交通管理系统基础应用系统的主要模块；

（7）了解国内外智能交通管理系统的发展现状。

知识结构图

图 7－1 是本单元内容的整体框架以及学习这部分内容的思维过程规划。此图可以帮助大家从整体上了解本单元内容的知识结构和学习路径，包括智能交通管理系统基本知识、智能交通管理系统的典型模块和国内外 ITMS 平台典型案例。请大家仔细品读和理解，帮助自己建立对本部分知识的整体印象。

图 7－1　本单元知识结构图

看完上面的知识结构图后，大家是否已经对本单元所要学的内容以及如何学习这些内容，有了一个初步的整体印象了呢？接下来，我们在这个整体框架的指引下逐一学习每个知识点的具体内容。我们需要在理解了交通管理法规的背景和意义的基础上，重点学习道路交通标志和道路交通标线的功能、设置要求和设计原则。结合生活经验和对相关问题的认识，将理论与实践相结合。

知识点 1　智能交通管理系统基本知识

学前思考

在一些大城市，我们在路上能看到一种电子指路标志，这种指示牌用不同颜色将此时此刻该位置周边道路的拥挤情况表示出来，并提供给驾驶员。根据这一提示，有的人会选择继续或更改自己的驾驶路线，这就是动态路径诱导。在第六单元的学习中，我们了解到路径诱导是交通需求管理的措施之一，具有平衡路网交通流、减少驾驶者平均出行时间等作用。那么，交通管理者是如何获悉当前交通状态的呢？原始车辆行驶信息是怎么变成不同等级的拥堵指数的？拥堵指数又是如何呈现在我们面前的呢？带着这些疑问，我们进入知识点 1 的学习。

知识重点

学习提示：第二次工业革命使得交通工具经历了翻天覆地的变化，而信息技术革命不仅促进了交通工具进步，更使得整个交通系统焕然一新。比如，射频识别技术使得公交车票从传统的纸质车票演变为便捷的一卡通；而最近几年，近场通信技术、二维码技术借助智能手机的普及，更有取代一卡通、彻底实现车票电子化的趋势。智能交通技术的发展使得我们对出行的美好憧憬，渐渐转变为可以触碰的现实。从字面上可以看出，智能交通管理系统与智能交通系统存在某种联系，那么它们究竟具有怎样的关系，智能交通管理技术又是怎样服务并影响我们生活的呢？

接下来，让我们一起认真学习智能交通管理系统的基本知识。

一、智能交通系统（ITS）概述

（一）ITS 的概念

随着高新技术的发展和应用，道路交通管理领域正发生着一场深刻的变革。智能交通系统（Intelligent Transportation System，ITS）在全球范围内的兴起，从根本上改变了传统交通控制的思想观念，传统的经验型交通管理模式已经无法适应新时期道路交通发展的需求。道路交通管理正从以静态管理为主的模式向着以动态管理为主、动静态管理相结合进行网络化、智能化管理的方向发展，对道路交通流进行整体优化、全面控制、主动诱导的先进交通控制技术和管理方法在现实中逐步得以实施。

概括而言，ITS 是利用高新技术对传统的交通运输系统进行改造而形成的一种信息化、智能化、社会化的新型交通运输系统。城市智能交通系统是 ITS 在城市交通领域的具体表现形式。

（二）ITS 的开发背景

随着科学技术的进步和工业的发展，城市中交通出行量激增，传统的交通模式已不能满足要求。同时，由于工业发展为城市交通提供的交通工具形式越来越多，城市交通在发展模式、管理等方面都面临严峻的挑战。基于城市化带来的一系列问题，城市 ITS 发展的背景与动因可包括以下 3 个方面。

1. 汽车发展的社会化

汽车化社会带来诸如交通拥堵、交通事故、能源消费和环境污染等社会问题，给经济带来巨大损失。这使得道路设施十分发达的美国、日本等不得不转变思维模式，采取供、需共同管理的技术和方法来改善日益严峻的交通问题，探索既能维护汽车化社会，又缓解交通拥挤的办法，旨在借助现代化科技改善交通状况，达到“保障安全、提高效率、改善环境、节约能源”的目的，相应的 ITS 概念便逐步形成。

2. 人类环境的可持续化

二十世纪六七十年代以来，由于石油危机及环境恶化，工业化国家开始采取以提高效益和节约能源为目的的交通系统管理和交通需求管理措施，同时大力发展大运量轨道交通系统及实施公交优先政策，在社会可持续化发展的目标下调整运输结构，建立对能源均衡利用和环境保护最优化的交通运输体系。ITS 作为综合解决交通问题、保障社会经济可持续发展以及与环境相协调的新一代交通运输系统，随着信息技术的迅速发展在发达国家孕育发展，二十世纪九十年代以后，成为世界范围内的重要发展方向。

3. 信息技术智能化

随着信息技术的飞速发展，尤其是国际信息网络建立，加快了全球经济一体化的进程，世界经济逐步进入信息革命阶段，信息产业应运而生。ITS 以信息技术为先导，融合其他相关技术应用到交通运输智能管理上，有其广大市场。工业化国家纷纷投入这个新兴的产业，并在各大城市首先研发应用。

（三）ITS 的特征

智能交通系统作为现代城市交通的新概念，具有系统性、科学性、阶段性、思想性和目的性等特点。①

1. 系统性

系统性主要体现在交通管理体系的综合化和系统化。ITS 是由各子系统构成，通过采取人工智能的方法和系统工程的方法，对系统本身及各系统之间进行技术和方案的集成，并实施各种交通方式之间及整个城市 ITS 系统的集成，从而实施信息一体化共享的交通综合管理。

2. 科学性

科学性主要体现在交通技术水平的现代化和科学化。ITS 所需的信息不单是车辆的数量信息，还包括交通与交通出行者有关的时间、空间、心理、生理、气候、地理、图像、语言等信息，并对这些信息进行检测和识别，生成数字化信息，从而实现城市交通智能化管理。

3. 阶段性

阶段性主要体现在城市交通发展的过程中。ITS 的形成和发展既是科学技术发展和进步的结果，也是交通需求和供给技术进步的结果。该发展过程可划分为原始模式、机械模式、生物模式、智能模式、全球智能化综合模式 5 个阶段模式。

4. 思想性

思想性主要体现于对城市交通进行管理的思维方式和方法中。ITS 不是一个简单的技术复合体，它必须用新的思维或理念去思考和实践，而不能停留在原有的模式中去思考问题和解决问题。

5. 目的性

目的性主要体现在城市交通的目的方面。ITS 的目的是充分有效地利用城市交通基础设施，减轻出行者的负担，提高出行质量，从而保障安全、提高效率、改善环境、节省能源和培育 ITS 新产业。

二、智能交通系统管理系统（ITMS）概述

（一）ITMS 的概念

智能交通管理系统（ Intelligent Transportation Management System，ITMS ）是通过先进的交通信息采集技术、数据通信传输技术、电子控制技术和计算机处理技术等，把采集到的各种道路交通信息和各种交通服务信息传输到交通控制中心，交通控制中心对交通信息采集系统所获得的实时交通信息进行分析、处理，并利用交通控制管理优化模型进行交通控制策略、交通组织管理措施的优化，经过交通信息分析、处理和优化后的交通控制方案及交通服务信息等内容通过数据通信传输设备分别传输给各种交通控制设备和交通系统的各类用户，以实现对道路交通的优化控制，为各类用户提供全面的交通信息服务。

（二）ITMS 与智能交通系统的关系

智能交通管理系统是 ITS 的重要组成部分，也是 ITS 中最基础的部分。正是 ITMS 实

① 邵春福. 城市交通概论[M].北京：北京交通大学出版社，2016.

现了交通信息的采集、传输、存储、分析、处理及应用，实现了交通管理从简单静态管理到智能动态管理的转变，使交通静态及动态信息在最大范围内、最大限度地被出行者、司机、系统管理者、交通研究人员及政府机构所共享和利用，从而实现了交通系统的动态优化运行，有效地满足了公众不断扩大的交通需求。

（三）ITMS 的目的与意义

1. ITMS 的目的

城市智能交通管理系统通过把高新科技手段与最新的交通流优化控制理论相结合，对整个城市的交通系统进行全面实时监控，优化交通组织和控制，从而实现整个交通系统交通流的分布与交通网络通行能力的协调匹配，最大限度地发挥交通网络的通行能力，达到缓解交通拥挤、缩短旅行时间、降低能耗、减少交通事故的目的。

2. ITMS 的意义

通过智能交通管理系统的建设，交通管理者们可以利用多媒体技术、网络技术、卫星定位技术等现代化的管理手段，实时、准确、全面地掌握当前交通状况，预测交通流动向，制定合理的交通诱导方案，实现快速反应，准确、及时地处理交通突发事件，提前消除交通隐患。增强城市交通管理部门对城市交通的管控能力，改变城市交通管理混乱、低效的局面，提高城市交通管理的科学化、现代化水平，城市交通系统的整体性能将得到根本改善。实现智能化交通管理将是道路交通管理发展的最终目标。

三、智能交通管理系统的技术基础

（一）交通信息采集技术

交通信息是城市交通规划和交通管理的重要基础信息，通过全面、丰富、实时的交通信息，不但可以把握城市道路交通的当前状况，而且可以对其发展进行预测，为城市交通规划和交通管理部门的正确决策提供科学依据。智能交通信息采集技术主要指对动态交通信息的采集技术。目前，交通信息采集技术主要分为以下几类。

1. 感应线圈检测技术

感应线圈检测技术是指由感应线圈作为检测器的一套能检测到车辆通过或存在于检测区域的技术，主要应用于交通量信息的检测。它具有性能稳定可靠、灵敏度高、数据准确、对周围环境条件要求低等优点，而且具有较强的发展空间。

2. 微波检测采集技术

目前比较常用的微波检测装置有微波交通检测器和雷达测速仪。

微波交通检测器利用雷达线性调频技术原理，通过向行驶的车辆发射调频微波，波束被行驶的车辆阻挡而发生反射，反射波通过多普勒效应使频率发生偏移，根据这个频率的偏移可检测出有车辆通过，经过接收、处理、鉴频放大后输出一个检测信号，从而达到检测道路交通信息的目的。

雷达测速仪同样是根据多普勒效应原理对行驶中的车辆进行测速的装置。它所应用的测速原理，是把雷达波发射到一个移动的物体上，根据反射回来的与目标速度成比例的雷达信号，由测速仪内部的线圈将该信号进行处理后，得到一个频率的变化，通过数字信号处理（DSP）技术处理后，便可得到目标的速度。

3. 视频采集技术

视频采集技术是一种基于视频图像处理的交通信息检测技术。其具备图像监控和交通数据采集双重功能，实际应用中具有较高的灵活性。目前，国外较成熟的产品有美国 ISS 公司的 Autoscope 系列产品、美国 ITERIS 公司的 Iteris 系列产品、英国 Peek 公司的 Peek 系统等。国内较成熟的产品，如川大智胜公司的基于 PC 平台实现的视频采集系统、清华的 VISTARAM 系统和哈工大的 VTD3000 视频交通动态信息采集及事件分析仪等。

4. 车辆自动定位技术

车辆自动定位技术是一种基于 GPS 的交通信息采集技术，主要通过装载有 GPS 的浮动车（Floating Vehicles）来获取道路交通信息，具有应用方便、经济、覆盖范围广等特点。浮动车自由行驶在实际道路中，借助安装在车辆内的 GPS 接收机，对车辆的速度、行驶方向和位置等交通信息进行采集，并把采集到的数据通过无线通信传到数据处理中心。

5. 其他先进的信息采集技术

其他先进的信息采集技术有蓝牙技术、手机定位技术、遥感技术、射频识别技术等。其中蓝牙技术是一种解决各种移动设备接入的短程无线通信技术，在智能交通系统中具有很好的应用前景。手机定位技术是通过特定的定位技术来获取移动手机或终端用户的位置信息，通过短信、多媒体、语音发给用户或以此为基础提供某种增值服务，在电子地图上标出被定位对象的位置的技术或服务。遥感技术（Remote Sensing，RS）作为一种高效能的信息采集技术，可以不通过直接接触目标物而获得其信息。

（二）交通信息传输技术

在城市交通信息管理与服务系统中，城市交通信息传输具有重要作用。智能交通系统中常用的通信方式主要包括车车通信、车路通信和车（路）与指挥中心通信 3 类。

1. 车车通信

车车通信主要是利用车辆所安装的车载无线信息收发设备实现车车之间的信息交互，使行驶中的车辆相互感知，以保证其在各种行驶条件下的安全和高效。车车通信一般采用专用短程通信，常用的车车通信技术包括蓝牙技术和无线通信技术等。

2. 车路通信

车路通信主要是利用车辆所装的无线通信设备与路边交通基础设施之间进行信息的交互，使经过基础设施的车辆实时获取所在局部路网的路况信息、服务信息等，实现车辆安全、顺畅行驶。常用的车路间通信技术包括 RFID（射频识别）、红外、微波等。

3. 车（路）与指挥中心通信

车（路）与指挥中心通信主要是指交通控制中心与车辆（道路）间的通信，一般可采用下列方式实现：

（1）有效地利用蜂窝网无线电话，实现行驶车辆与交通控制管理中心的通信。

（2）使用调频（FM）广播，发送有关道路交通信息，如交通阻塞信息、突发事故信息等。

（3）以红外线为媒体，进行双向通信，车辆可以向交通控制中心发送的交通信息包括行程时间、排队时间、OD 信息等。车辆装有车内导航装置、红外接发器、车辆定位装置和显示器等，除获取实时信息外，还可计算最佳路径。

（三）交通信息处理技术

城市交通信息处理主要是管理交通流信息的流通，将其存储为有用的形式，然后由最终用户以实时或存档的形式利用。城市交通信息处理技术包括数据质量控制技术、数据集成与融合技术、数据存储技术和数据挖掘技术等。

1. 数据质量控制技术

当采集后的数据进入交通指挥中心后，中心会对数据进行各种处理，在对数据处理时需进行数据质量控制。数据质量控制，是一种采用一定的措施，使数据在采集、存储、传输中满足相关的质量要求的过程。数据质量控制技术主要包括错误数据的判别和修正、丢失数据的识别与补齐、不准确数据的识别与修正。

2. 数据集成与融合技术

为运用有效方法合理协调智能交通系统中的多源数据，充分利用有用信息，并提高在复杂环境中正确决策的能力，需对数据进行集成和融合。

（1）数据集成技术：指将不同来源、格式、特点性质的数据有机地集中，从而有效利用。

（2）数据融合技术：指将多源信息通过一定的方法或准则结合起来得到更理想结果的过程。数据融合技术作为一种数据处理技术，涉及许多学科和技术的应用。若从广义的数据融合的定义出发，包括通信、模式识别、决策论、不确定性理论、信号处理、估计理论、最优化技术、计算机科学、人工智能和神经网络等。

3. 数据存储技术

数据存储是数据流在加工过程中产生的临时文件或加工过程中需要查找的信息数据以某种格式记录在计算机内部或外部存储介质上。目前常见的数据存储技术为网络数据存储技术，即将网络技术与存储 IO 技术进行集成，利用网络的可寻址能力、即插即用、连接性、灵活性，提供基于网络的数据存取与共享服务。常用的网络数据存储技术有网络连接存储（NAS）和存储局域网（SAN）两种主流方式。

4. 数据挖掘技术

数据挖掘技术作为一种产生于应用且面向应用的数据分析处理技术，可以快速、有效、深入地分析海量交通信息，挖掘大量交通数据中隐含的交通模式。数据挖掘技术可用于挖掘交通系统的各种实时交通模型和综合交通模型，用来进行交通的管理和控制，改善智能交通系统的服务水平。

（四）交通信息发布与显示技术

常见的城市交通信息发布与显示技术有互联网技术、调频（FM）广播、地理信息系统和终端显示技术等。

1. 互联网技术

万维网（WWW）是一个由许多互相链接的超文本组成的系统，是 Internet 上最方便与最受用户欢迎的信息服务类型。运用网络向公众提供信息服务，已成为交通信息发布的最新发展形式，可极大地提高交通系统的管理能力和服务水平。同时，网络发布具有信息量大、直观灵活、互动性强等优点。

2. 调频（FM）广播

调频（FM）是一种以载波的瞬时频率变化来表示信息的调制方式。FM 在城市智能交通系统中的应用，即交通广播。驾驶人可在车内利用收音机接收广播信息，这比用视觉从各种信息板上得到信息更加方便。为了充分利用现有的广播资源，可以不重新建立专用的交通广播电台，而是利用现有的调频电台的副载波将交通信息调制后和电台节目一起发射出去。

3. 地理信息系统

地理信息系统（Geographical Information System，GIS）是以空间地理数据库为基础，以计算机软硬件为支撑，对空间相关数据进行采集、管理、操作、分析、模拟和显示，并采用地理模型分析方法，适时提供多种空间和动态的地理信息，为地理研究和决策服务而建立起来的计算机技术系统。

交通地理信息系统（Geographic Information System for Transportation，GIS-T），是收集、存储、管理、综合分析和处理空间信息与交通信息的计算机软硬件系统。它是 GIS 技术在交通领域的延伸，是 GIS 与多种交通信息分析和处理技术的集成。GIS-T 具有强大的信息服务和管理功能，被广泛应用到交通规划、交通运输管理和工程设计施工等相关部门。

4. 终端显示技术

交通信息终端显示的方式很多，以可变情报板（VMS）、信息亭、车载终端、掌上电脑和个人电脑等渠道作为交通信息发布方式，逐渐得以应用。

四、ITMS 的系统架构

智能交通管理系统包括了城市交通管理的多个方面，不同功能的 ITMS 的构成有所差异。一般而言，智能交通管理系统通常要包括如下三个部分：控制指挥中心、通信系统、基础应用系统及外场设备。ITMS 具有对交通管理数据采集、处理、决策、组织、协调、指挥能力的综合系统，其中控制指挥中心是整个系统的核心内容。ITMS 的系统架构如图 7－2 所示。

（一）智能交通管理控制指挥中心

ITMS 控制指挥中心一般位于系统的核心，主要利用大型计算机系统或中小型计算机系统以及各类显示设备等信息分析装置完成以下工作：

（1）收集、处理和存储交通信息，生成交通管理 / 控制策略，以便进行信号控制和提供信息诱导服务等。

（2）在交通状况显示设备上显示实时交通信息，为交通管理、指挥调度提供信息支持。

（3）在中心监视交通管理系统设备的工作状态等。

（4）提供综合查询功能。

（5）进行事故管理、工作区管理、天气管理等交通管理工作及指挥调度工作。

（6）向各类其他用户提供各类信息。

（7）其他特定交通管理系统中心所具备的功能。

（二）通信系统

ITMS 系统结构包括六大通信系统，分别是：中央子系统与外场设备子系统间的通信网络、中央子系统与联外子系统间的广域有线通信、外场设备子系统与车载子系统间的短距离无线通信系统、车载子系统中的车 － 车间通信系统、联外子系统与车载子系统间的广域信息通信系统、远程访问子系统与联外子系统间的通信系统。当然，不同的交通管理系统所包括和利用的通信系统有所不同。

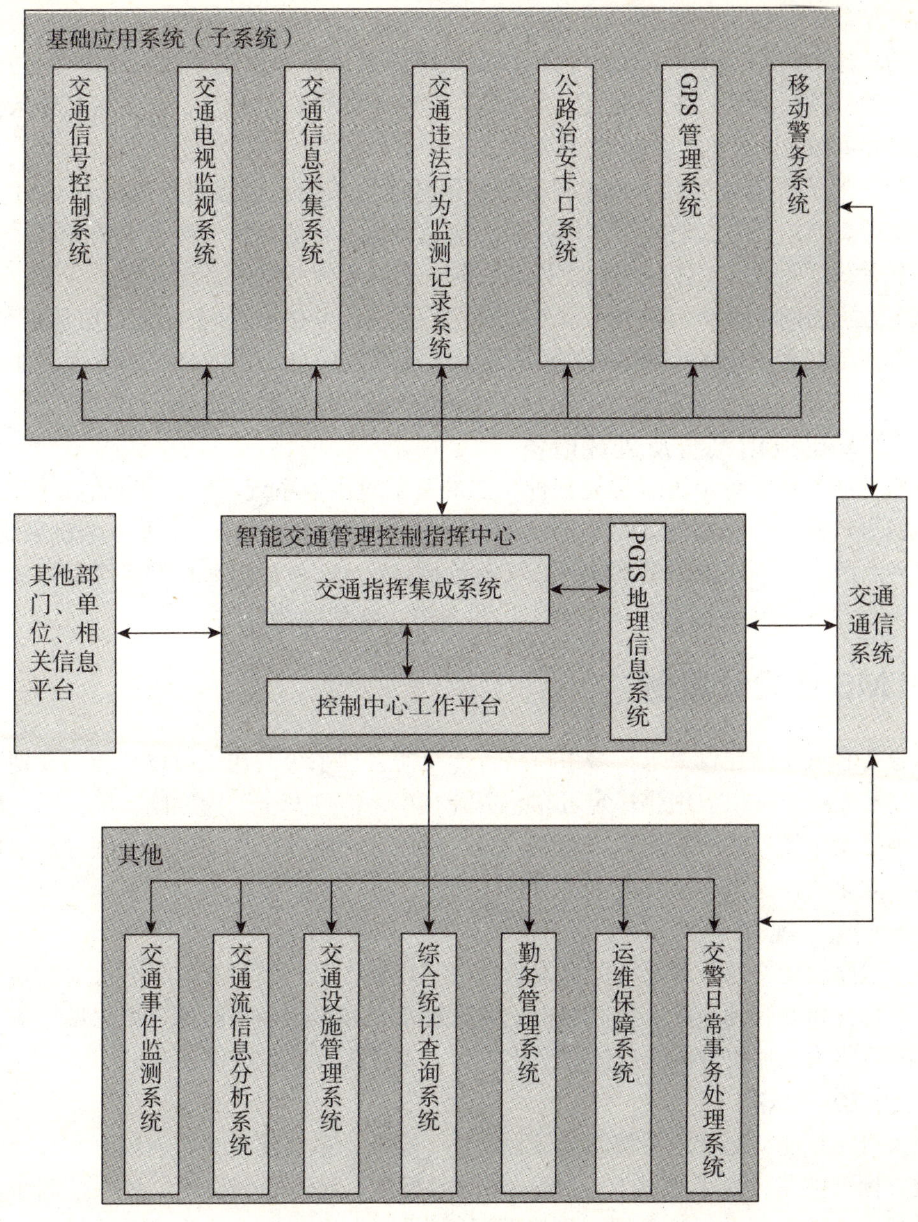

图 7－2　ITMS 的系统架构

（1）中央子系统与外场设备子系统间的通信网络，将各种不同的数据、影像信号调制后在光纤或光缆线上做中、长距离的传输。

（2）中央子系统与联外子系统间的广域有线通信。为了达成各区域网络间信息交换的目的，通常利用干线传输的方式将各区域网络串联起来，即通过干线传输连接形成广域网络。干线传输主要用来解决大量通信频道汇集于一地，并经由少许缆线传至一地或多地的问题。通常由多工技术完成，如同步数位阶层多工系统、非同步传送模式交换系统等。

（3）外场设备子系统与车载子系统间的短距离无线通信系统。行驶在道路上的车辆为了与外部进行信息的交换必须采用无线通信技术。

（4）车载子系统中的车 - 车间通信系统。车载子系统间的车间通信主要是利用车辆所安装的传感器进行车辆的识别，使用特定短距离通信技术，使车辆相互传递行驶数据。协调车辆的行驶，或载货车等排成一列纵队跟踪前车的护航行驶等，以实现各种条件下的行车安全和高效。

（5）联外子系统与车载子系统间的广域信息通信系统。信息服务提供者（ISP）从相关单位获得交通信息并加值后，利用广域无线通信技术将信息传送给车上的车载设备，常用技术有无线呼叫系统、数位广播、移动数据、集群通信及电话系统五类。

（6）远程访问子系统与联外子系统间的通信系统。可在家里、公司通过电话语音查询、传真、有线电视和 Internet 查询相关网站等，索取所需信息。在网络技术方面，如综合业务服务网（ISDN）以及非对称数字用户环线（ADSL）等技术已经普及。

（三）基础应用系统及外场设备

智能交通管理系统上可以部署多种功能的基础应用子系统，例如交通信号控制系统、公路治安卡口系统、交通违法检测记录系统、交通电视监控系统、交通流信息采集系统、移动警务系统等。不同应用子系统的外场设备差异较大，例如信号控制系统的外场设备主要包括检测设备、现场控制器（信号机）、信号灯、通信终端等。

五、ITMS 的设计原则

结合智慧城市的建设要求，城市道路智能交通管理系统的建设应以“统一规划、统一标准、技术先进、突出应用、稳定可靠、资源共享、信息安全”为原则，确保系统的设计和建设满足城市管理的全局需求，做到可测、可控、可服务，体现城市管理的数字化、自动化和智能化的领先水平，提高市民的获得感。

（一）统一规划

城市道路智能交通管理系统的建设必须统一规划，采用高科技、新方法对城市交通管理进行综合分析和管理监控，提高城市交通管理水平和城市运行效率，增强城市应对突发事件的应急能力，加快城市交通的数字化进程，支撑智慧城市建设。

（二）统一标准

城市道路智能交通管理系统的建设必须统一标准，系统建设在符合国家和行业相关标准及地方标准的建设要求基础上，“统一编解码标准、统一联网协议、统一控制协议、统一编号规则、统一图像标注、统一位置标识”，采用先进的技术手段和系统架构，整合新建道路监控资源和已建视频资源，在同一标准框架下实现统一部署、资源共享、平台共用，构建全网各种设备接入、各子系统互联互通、区域视频信息系统互联共享的可扩展规模和升级应用的视频信息管理系统。

（三）技术先进

采用主流的、先进的技术构建系统平台，满足可视化社会防控需要，为城市数字化管理、公安监控、应急联动指挥等提供业务支撑，促进城市图像信息综合应用，具有先进的数字化、自动化和智能化技术水平，实现“指挥点对点可视化、系统运行数字化、应对决策扁平化”。

（四）突出应用

城市道路智能交通管理系统的建设必须突出应用。鉴于系统技术复杂，投资巨大，在建设中应以现实需求为导向，以有效应用为核心，以技术建设与工作机制的同步协调为保障，确保系统能有效服务于公安和政府工作的需要，充分利用视频信息资源，结合各种应用业务，保障和谐的城市环境和良好的社会条件，不断提高公安机关预防、打击犯罪、严密管理和维护社会稳定的能力，不断提高城市交通管理的行政执法水平。

（五）稳定可靠

城市道路智能交通管理系统的建设不是各种视频资源的简单组合，而是统一标准构架下的有机组成，系统采用的软硬件根据统一的规范、协议和要求选型，根据最新的标准规范，并经过具有相应资格的软件评测中心、产品检测中心的测试，质量达标，性能稳定，能够持续有效运行，满足城市管理 7×24 小时不间断持续运行的需要。

（六）资源共享

城市道路智能交通管理系统的建设应满足各部门、各应用系统对监控图像共享的需求，为监控资源数字化整合共享提供接口支持，满足城市管理、交通管理、应急指挥等的需求。

（七）信息安全

城市道路智能交通管理系统构建信息传输专网，保证专网专用，安全畅通，需采用严格的网络隔离和安全措施；不同专网之间应采用严格的网络安全和隔离措施，确保各专网的信息安全。

学完上面的内容后，你是否对智能交通管理系统的概念、技术基础、系统架构等有了一个清晰的认识呢？

练一练

单项选择题

下列具体的智能交通技术中，不属于交通信息采集技术范畴的是（　　）。

A. 地理信息系统技术

B. 车辆自动定位技术

C. 视频采集技术

D. 感应线圈检测技术

【解析】本题正确答案为 A。

经过前面的学习，如果你能指出智能交通管理系统与 ITS 的关系，了解其技术基础，掌握其系统架构和设计原则，知道采用智能交通管理系统的意义，那么恭喜你，你已经较好地掌握了本部分的内容。请记得完成在线学习活动 1。

请你做好本部分的梳理总结，稍做休息，我们继续进行下一个知识点的学习。

知识点 2 智能交通管理系统的典型模块

学前思考

让我们先看一则新闻：

“日前，在刚刚结束的第九届中国国际道路交通安全产品博览会，江苏交警展示了一款利用人脸识别、行为检测技术的智能视频分析预警系统。该系统由人工智能程序分析驾驶员行为，当驾驶员注意力不集中或出现疲劳状态时，及时给出警告，减少不必要的交通事故。”

先进的人工智能技术极大地拓展了交通管理的边界、增加了交通管理的深度。类似这样的智能交通管理产品，你能再举几个例子吗？

知识重点

学习提示：通过知识点 1 的学习，我们了解了智能交通系统的整体架构，那么这个系统内有哪些模块？可以实现怎样的功能呢？

接下来，我们将继续学习智能交通管理系统的具体组成，深入认识 ITMS 的控制指挥中心模块和基础应用模块，然后完成在线学习活动 2。

一、ITMS 控制指挥中心的模块

（一）综合信息交换平台子系统

综合信息交换平台是智能交通管理指挥中心各外场系统、交通信息系统、交通管理系统之间进行信息交换的枢纽，它完成交通信息的采集、处理、发布，以及控制。为了满足这些功能，信息交换平台设计（如图 7－3 所示）应具有如下性能：跨平台性、大型应用处理能力、高可靠性、高安全性、高稳定性、高速运行业务能力。

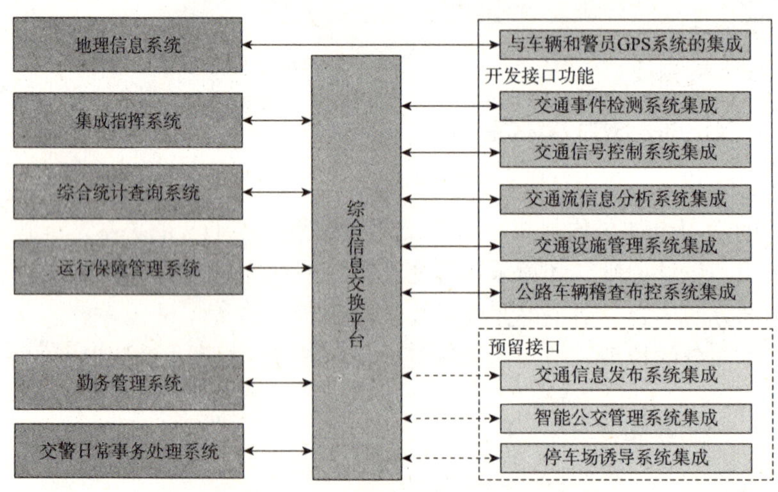

图 7－3　智能交通综合信息交换平台示意图

（二）智能交通指挥子系统

指挥系统集成是基于 GIS 电子地图，由基础应用系统、通信系统和指挥调度系统有机结合构成的具有交通数据采集、处理、决策、发布能力及组织协调、监控调度的综合管理系统。它融合了信息、控制、通信等先进技术和管理思想，综合运用现代电子信息技术和设备，与交通管理监控指挥人员紧密结合，对交通参与者实施监控、管理和服务。

系统能够与市政等有关部门实现信息共享及增值服务。它以突出的交通信息采集、处理、整合、共享、发布能力，实现快速反应能力以及有机的组织协调等功能，体现公安交通管理现代化建设的水平。

以地理信息综合系统数据和电子地图作为平台软件的主要操作界面，完成视频联网监控、交通流采集、拦截布控、高清卡口、接警、GPS 定位、移动警务、道路交通管理信息等系统的集成，实现交通信息的统一管理，从而达到全面监控公路交通状况、协调组织警力、统一监控调度的目的。

（三）地理信息子系统

由地理信息平台、地图数据、应用软件等组成的软件系统。地理信息系统（GIS）是计算机技术和信息系统发展的共同产物，它是集地理、图形、数据、分析技术为一体的、有机的、有组织的计算机软件和硬件的集合；用于高效地创建、操作、分析和显示各种类型的空间参照数据。地理信息系统是采集、存储、管理、描述和分析与地球表面和空间地理分布有关的数据的信息系统。它是以地理空间数据库为基础，在计算机硬件、软件环境支持下，对空间相关数据进行采集、管理、操作、分析、模拟和显示，并采用地理模型分析算法，适时提供多种空间和动态的地理信息，为指挥决策服务而建立的一套计算机应用系统。GIS 软件是用于建立、编辑图形和地理数据库并对其进行空间分析的工具集合，是十分重要而又特殊的信息系统。

由于 GIS 具有交互定位、逻辑查询以及广泛的关系数据库连接能力，因此特别适合于公安系统的应用。如 GIS 可以有效地帮助交警部门完成重大事故现场分析、警力调度、运作战术规划等任务。通过 GIS，将交通管理数据输入地图中，并根据相关道路、实时状况和资源分布状况最优地布置警力和资源，从而在有限的资源下提高交通管理工作效率、保障交通安全。

GIS 使交通管理者摆脱传统的管理模式，利用信息系统辅助管理和决策分析，提高工作科学化、规范化水平，高效利用各种交通管理信息，保证资料的完备性、实时性，提高查询检索的速度，促进信息共享。在 GIS 基础上实现办公自动化，将计算机系统作为处理交通管理工作的工具，不仅可以减轻日常工作的工作量，提高管理效率和准确性，而且可以有效降低人为操作的失误。通过 GIS 能够对交通管理进行动态监测和管理，对交通管理做出及时反应，为交通管理提供决策支持。

（四）交通事件检测子系统

通过本项目建设，集成交通事件检测系统，实现在指挥中心实时掌握道路各种交通事件的发生并进行记录，向指挥平台发送事件信息。对交通事故、排队长度过长、逆向行驶、失速、烟 / 雾、遗撒等事件进行检测报警。

其主要功能包括：

（1）对事件分类标识，收集分类属性信息、事件的优先级、生命周期等。

（2）定义阈值，通过颜色、图标展示事件报警或人工确认后的事件报警。

（3）关联查看特定设备点的交通事件信息及与事件关联的历史视频数据。

（4）接入实时视频数据。

（5）通过查询功能（时间、设备、区域、类型等）检索历史事件。

（五）交通流信息分析子系统

这一子系统可融合各种方式采集的交通流数据，实现对各种交通流数据进行分析处理，科学判断城市道路交通流状态级别。

主要功能有：

（1）实时接收流量数据并实时展示，数据即收即更新。

（2）实时跟踪流量变化，通过颜色变化跟踪显示其拥堵状态。

（3）可以根据数据来源显示某类交通流信息（微波、视频、环形线圈等）。

（4）通过预案工具将流量路段相关资源（如电视监控、动态监测区域）进行绑定，以实现所选流量路段的资源关联监测和一键调用。

（5）分析研判交通流状态级别。

（6）查看历史道路交通速度。

（7）可根据交通流历史数据进行交通速度趋势分析等。

（六）交通设施管理子系统

交通设施管理子系统可为各项道路交通设施的建设、管理和维护等业务工作提供信息系统支持，实现交通设施的建设维护规划、工程实施、故障抢修、数据维护、信息查询、资产管理等一系列业务工作的信息化管理。

交通管理设施包括：交通标志、交通标线、交通岗亭、交通护栏等。交通管理设备重点指智能交通控制系统设备，按用途分为子系统设备、指挥调度系统集成设备、网络通信设备和其他辅助性设备。

交通设施管理系统的总体要求是基于地理信息系统（GIS），实现交通设施系统化管理。交通设施管理系统的主要功能要求如下：

（1）建设维护规划。

（2）日常维护管理。

（3）报障抢修管理。

（4）交通设施保卫方案管理。

（5）设施变更建议。

（6）交通设施资产管理。

（7）工程管理。

（8）信息发布。

（9）信访管理。

（10）查询统计。

（七）综合统计查询子系统

其功能主要包括下述几个方面。

1. 交通流统计分析

统计监控点在一段时间内的流量。包括流量统计、流速统计、24 小时流量统计、周流量统计、高峰小时流量统计、高峰小时流速统计、高峰日流量统计等。系统每天定时汇总流量流速数据，产生中间统计结果数据。

2. 重点违法统计分析

接入执法数据，统计违法行为中的重点违法行为以及重点违法行为发生的点段，在地图上直观分类展示重点违法的分布，后续有针对性地进行整顿治理，以减少违法行为的发生，提高治理效果。其主要功能为对全市的非现场违法高发路段进行分析，分析高发路段的区域位置，分析高发路段哪种违法行为高、什么时间违法量高，进而对道路进行重点处理。

3. 对事故多发原因和多发地点进行分析

接入事故数据，利用事故处理时的地理空间属性和时间属性，统计分析全市范围内的事故高发点段，形成以时间为轴的事故“云图”分布图。其中包括将一般程序事故、简易程序交通事故、自行协商处理的交通事故全部纳入，分类型、分区域地进行直观显示。

4. 单兵定位的统计和分析

对实时单兵数据定时进行分区统计，生成各单位分时实上警力统计表，可将统计表置于指挥调度信息共享平台上，供各级领导实时掌握单位实上警力的数量。

5. GPS 警车卫星定位系统统计分析

对实时 GPS 警车数据定时进行分区统计，生成各单位分时实上警车统计表，可将统计表置于指挥调度信息共享平台上，供各级领导实时掌握单位实上警车的数量。

6. 重点道路 / 区域的分析

以重点道路、重点区域为中心，建立能综合反映指挥调度态势的分析模型，提供基于实时 / 历史数据的全面的、内容可节选的、表现方式可配置的分析结果。

7. 面向事件的专题分析

结合所记录的事件、预案执行归档数据，建立面向事件及其影响的专题分析模型，并开发基于有效实时 / 历史数据集的全面的、内容可节选的、表现方式可配置的分析功能。

8. 其他各业务信息查询

将各子系统相关业务信息查询进行整合，提供方便的综合查询功能。

9. 其他各业务系统数据统计

将各子系统相关业务数据统计进行整合，提供方便的统计功能，提供一定程度的各业务数据关联分析功能，为提高管理能力提供有力的数据依据。

（八）勤务管理子系统

勤务管理系统是对机构勤务信息进行管理的系统，包括对机构基本值班信息、机动组、事故组、勤务组、特勤信息进行排班、查询等管理。勤务管理系统能够直观地展现执勤区域的信息和执勤区域内人员的信息，能够使勤务管理人员更好地管理机构的勤务信息，方便查询，并且对工作人员的勤务工作量进行统计。同时，勤务管理系统还可以为其他系统提供机构的勤务信息，用来协调人员的调动。另外，勤务系统采用模板的形式进行勤务信息管理，方便操作，易于使用。

建立勤务管理系统可以将辖区内警员的勤务、人事基本情况、后勤装备情况、人员考核情况整合在一起统筹安排，有利于科学、高效地管理队伍，提高队伍的形象和战斗力。解决警务管理工作（包括勤务管理、警用装备管理、人员考核等）处于人工管理状态、信息分散且不完整、管理不规范的现状和问题。

从事件性质来说，需要处理日常勤务、节假日勤务、重大活动勤务。日常勤务与节假日勤务相对稳定，可以预先做好相关岗位设置和勤务安排并可随时调整。重大活动有非定时特点，需要系统提供动态岗位设置功能。

系统功能主要包括以下几点。

1. 勤务安排

实现每天各警员工作分工的信息维护，尤其是一线警员每天在哪个道路上执勤，各科室人员是否在岗。同时将安排信息在平台地理信息管理系统中进行录入、编辑，并存储为常规方案和临时方案两种，系统能够根据存取预设好的方案来进行各类勤务保障工作，并对勤务保障工作中产生的各类情况进行处理。勤务安排信息可以通过平台转发到单警执法终端上。

2. 勤务登记

实现警员、勤务安排和完成结果等基本情况的录入、修改、查询、统计。利用单警执法终端的 GPS 定位功能，能够实时掌握警力所在位置，判断是否正常出勤。该信息作为勤务登记的辅助手段，可以加强勤务监督管理，提高工作效率。同时对指挥调度提供了实时准确的警力分布情况，保障警员更快捷地到达指定位置，处理交通事件，以满足突发事件的及时响应。

3. 勤务查询、统计

能够随时进行大队、中队、个人的勤务情况的查询和统计。

4. 勤务考核

实现对警员考核评分：自动采集警员勤务量化任务、出勤率、好人好事、违纪违法等考核信息，根据设定的考核标准自动生成考核结果，计算出每名警员、中队、大队每月或每年在警务考评中的得分，为公务员考核、评先评优提供准确的参考依据。

（九）运维保障子系统

运行管理与保障子系统的功能是监控整个指挥中心各重要设备的运行状态，收集管理系统各种设备的故障信息，并负责校准整个系统的时钟，此外对整个系统的故障进行管理。它作为系统的监控中心，为系统管理员提供系统的设备运行状况，是系统管理的重要组成部分。此外，整个指挥中心的系统时钟必须准确一致，因为指挥中心的业务是与时间紧密相关的，所以以 GPS 提供的时钟为基准，校对各设备的时钟。

系统功能主要包括以下几点。

1. 故障应对预案

主要针对故障应对信息表进行操作。应对信息表用于保存对故障的处理方法和联系方式，为故障的解决提供辅助信息。考虑到故障发生的多样性和不确定性，应对策略应该是可以被添加和更改的，该模块将提供故障应对策略的预览与查询功能、故障应对策略的添加和编辑、故障应对策略的删除。

2. 运行状态监控

监控的状态包括：各子系统的运行状态；各子系统的时钟信息；座席状态。

需要控制状态的接收、显示刷新，根据状态的变化判断是否出现故障，并调用故障监控模块引发报警及故障应对策略。

3. 故障监控

负责监控各子系统报告的设备故障（从运行管理子系统来）。状态监控模块报告的子系统故障，与状态监控模块类似，采用一个故障告警 Server，一直处于监听状态，而各综合信息交换平台中的子模块、上层应用软件等作为 Client，Client 负责向 Server 报告故障，一直到管理员进行了确认。

4. 故障信息管理

故障管理模块主要完成管理员对故障的处理情况的记录，故障信息的查询和报告生产，以及对过期告警数据的清除等。因此需要提供给管理员一个操作的界面，能够浏览告警的信息，提供打印和打印预览的功能。

5. 时钟同步

时钟同步的思路是以从 GPS 接收的时钟信息为基准，根据综合信息交换平台中内核服务管理子模块上报的状态中包含的时间信息，判断其是否偏离了系统时钟，从而决定是否纠正它的时钟，其他子模块或上层应用软件在登录到内核服务管理子模块时自动校验时钟。采用一个 GPS Server 专门用于接收 GPS 的时钟信息，利用 Time Manager 管理时钟并向需要校准的设备发送时钟同步信息。

（十）车辆和警员 GPS 子系统

警员与车辆定位系统主要是用于收集交警大队的车辆位置信息和警员位置信息，具体包括：空间定位、数据转换、车辆调度、车辆报警、历史轨迹等。

收集交警大队的车辆位置信息和警员位置信息的定位设备包括 GPS 车载终端和带有蓝牙功能的 GPS 接收器。配备了 GPS 车载终端的车辆通过定位卫星实时获取当前的位置、时间等信息，按一定时间周期，通过移动通信网络（GPRS/CDMA/SMS）发回指挥中心。配备了带有蓝牙功能的 GPS 接收器的警员，通过警员手机的蓝牙连接功能及移动通信网络（GPRS/CDMA/SMS）把警员当前的定位信息发回指挥中心。警车上 GPS 车载终端的定位信息及警员 GPS 接收器收到的定位信息统一由通信服务器进行处理后，匹配到指挥中心的电子地图（GIS）上，这样位置和路线就显示在电子地图上，指挥中心从而掌握了车辆的运行数据及警员的位置信息。

（十一）电视监控子系统

交通电视联网监控系统是最常用也是最实用的交通信息采集手段，在国内外交通管理领域已被广泛的应用。它能为交通管理监控人员直观地反映道路交通信息与交通状况，便于及时掌握交通动态。由于电视监控系统所记录的图像具有很强的直观性、实时性和可逆性，使得它在解决交通事故、预防和疏导交通拥堵、及时响应交通突发事件，以及在治安和侦破刑事案件、为公安侦察破案提供线索等方面发挥重要的作用。

（十二）大屏幕综合显示子系统

大屏幕综合显示系统是智能交通管理指挥中心系统建设的重要组成部分，该系统将综合信息系统平台、DLP 高清晰度数码显示技术、投影墙无缝拼接技术、多屏图像处理技术、多路信号切换技术、网络技术、集中控制技术等的应用综合为一体，形成一个拥有高亮度、高清晰度、高智能化控制、操作方法先进的大屏幕投影显示系统。通过该系统完成多路视频信号、多路计算机信号、多路网络信号的动态、实时、集中显示与控制。

二、ITMS 基础应用系统的模块

（一）交通信号控制系统

1. 系统结构

城市道路智能交通管理系统的核心内容之一是城市交通信号控制系统，是智能交通系统在交通管理工作的基本应用。其基本构成如图 7－4 所示。

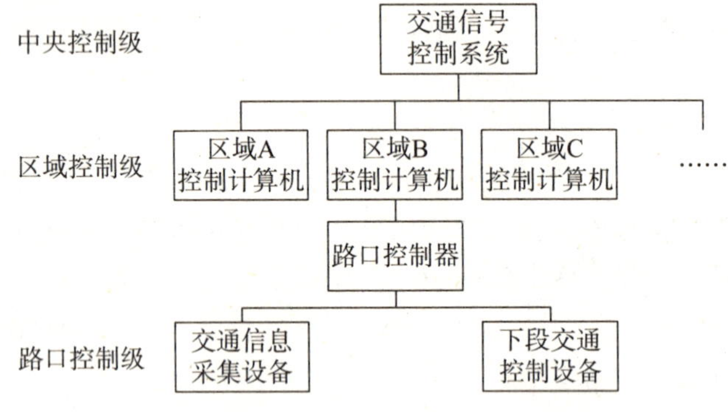

图 7－4　交通信号控制系统结构图

系统结构划分为 3 级，分别为中央控制级设备、区域控制级设备和路口控制级设备。

（1）中央控制级：对全市交通信号控制路口信号机进行统一管理，可对已经划分的区域实施区域协调控制。

（2）区域控制级：负责管理、控制区域内的交通信号控制路口信号机。

（3）路口控制级：以安装在路口的信号机为主，执行中心控制层的命令，控制本路口的信号灯的相位周期等。

2. 系统功能

（1）区域协调控制功能。

对于控制区域，设立区域控制智能体。区域智能体可以与所有路口智能体通信，取得进行区域优化所需要的道路参数（根据交通流量检测设备获得的车流量、占有率等交通信息），区域智能体实时生成信号配时方案，在区域级别上进行总体优化，并将优化的结果传输给各个路口智能体；各个路口智能体将本周期的时间分布和车辆通过结果等交通状况通知区域智能体，区域智能体在此基础上进行下一轮的优化配置。从而实现既能保证区域效率，又能兼顾到各个路口的交通实际情况。

（2）干线协调控制功能。

干线协调控制分为单向绿波协调控制和双向绿波协调控制两种形式。单向绿波协调控制，适应潮汐交通流的特性，实现道路某个方向的协调控制，具有明显的协调效果，受道路交通条件的影响比较小。双向绿波协调控制，实现道路双向协调控制，受到道路交通条件的影响比较大，例如距离、横向干扰、车速等。

双向绿波协调控制一般采用续进式进行协调控制，根据路上的要求车速与交叉口的间距，确定合适的时差，用以协调各相邻交叉口上绿灯的启亮时间，使在上游交叉口上绿灯启亮后开出的车辆，以适当的车速行驶，可正好在下游交叉口绿灯启亮时到达。如此，使进入系统的车辆可连续通过若干个交叉口。

干线协调控制可以用两种方式实现：在区域控制计算机的控制之下协调；实施干线协调的路口交通信号机运行在单点工作方式下通过选配的 GPS 协调。

（3）感应控制功能。

信号机可依据交通需求型态，设定半感应 / 全感应控制模式。

（4）单点自适应控制功能。

通过检测器采集的流量信息可以实现自适应控制功能，根据路口实时的流量信息，来决定路口的绿灯时长，最大限度地满足道路交通需求，降低拥挤。

自适应控制采用方案生成和方案选择相结合的方式，满足交通流波动性和趋势性的需求。

单点自适应控制，由交通信号机自带的优化软件根据检测器检测到的车流量自动生成信号配时方案（周期、绿信比）控制信号灯工作。

（5）固定配时控制功能。

信号机依据中心下传或现场设定的日方案、周方案、法定假日方案执行多时段的配时方案。

（6）多时段定周期控制功能。

控制区内的路口交通信号机都在中心计算机控制之下，信号配时方案使用的是近期实时自适应优化结果并具有较好交通效益的配时方案，该配时方案也可通过人机会话进行配置和修改。

（二）公路治安卡口系统

1. 系统结构

公路治安卡口系统是智能交通管控指挥系统的一个重要组成部分，主要应用于城市治安卡口、城市重要路段路面监控，实现道路安全管理的智能化和自动化。系统结构如图 7－5 所示。

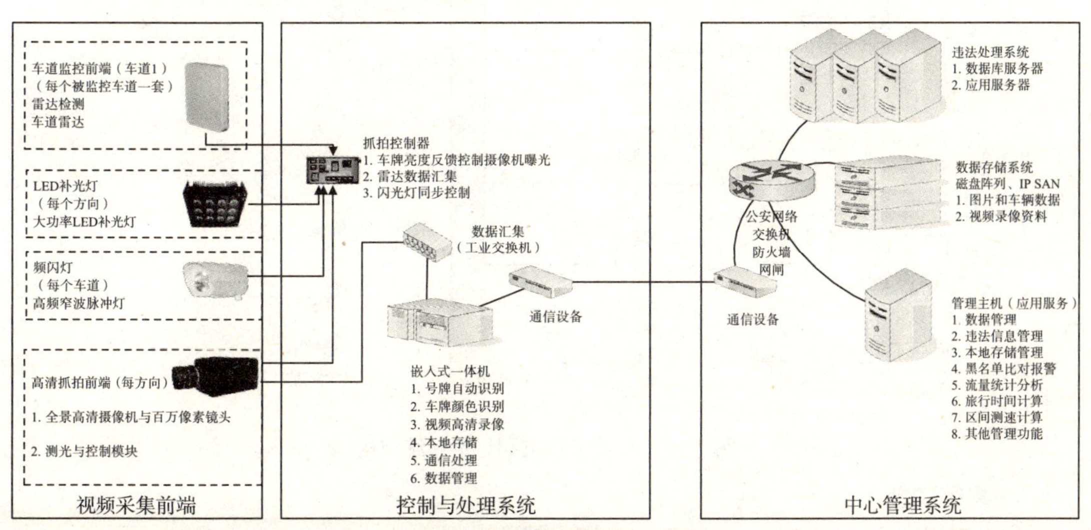

图 7－5 公路治安卡口系统结构图

2. 系统功能

（1）通行车辆抓拍功能。

（2）超速行驶抓拍功能。

（3）车牌识别功能。

（4）自动报警功能。

（5）交通流量采集功能。

（6）数据传输、加密及保存功能。

（7）设备管理功能。

（8）录像监控功能。

（三）交通违法监测记录系统

1. 系统结构

交通违法检测记录系统现在常采用高清数字化视频监控技术，系统结构包括前端、光纤传输系统和指挥中心管理系统三部分。其系统结构如图 7－6 所示。

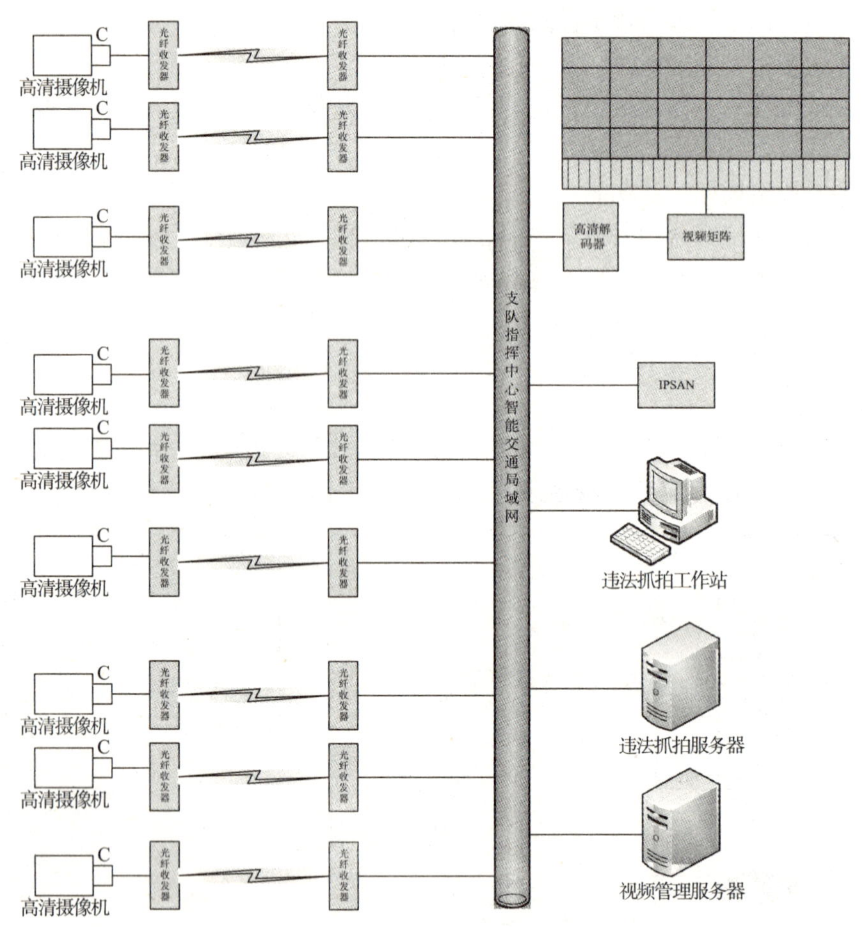

图 7－6　交通违法监测记录系统结构

2. 系统功能

（1）监控功能。

监视功能是电视监控系统最主要的功能之一，目的在于看全、看清楚现场的景物。主要由清晰度、画面实时程度和显示决定监视效果。

（2）记录功能。

全实时数字监控系统，能在无人值守时高稳定性运行，一般具有完善的事件日志记载、检索、回放功能。

（3）控制功能。

控制功能体现在可以控制键盘经矩阵对前端摄像机全方位云台，对镜头进行灵活、可靠的控制。

（4）网络视频功能。

采用的网络视频服务器，可以通过网络无限扩展视频服务功能，实现前端活动视频的数字化压缩传播和网络共享。

（5）交通违法抓拍。

违法抓拍功能通过视频监控系统达到辅助（非现场）执法的目的，是利用前端视频图像辅助执法的方式之一。通过人工控制监视、记录、重放、打印各种所需监管情况和画面，如车辆违法压线、停车、逆行等违法行为。对治安事件、设备工作状态、交通状态、警察执法情况进行记录、重放、打印，发送报警信息。

（四）交通流信息采集系统

1. 系统结构

交通流信息采集系统由交通信息采集层和交通信息处理层组成。信息采集层主要指前端专用交通信息采集设备，如微波车辆检测器、视频车辆检测器、地磁车辆检测器和线圈车辆检测器等。交通信息处理层指部署于智能交通指挥中心机房的中心管理系统。其系统结构见图 7－7。

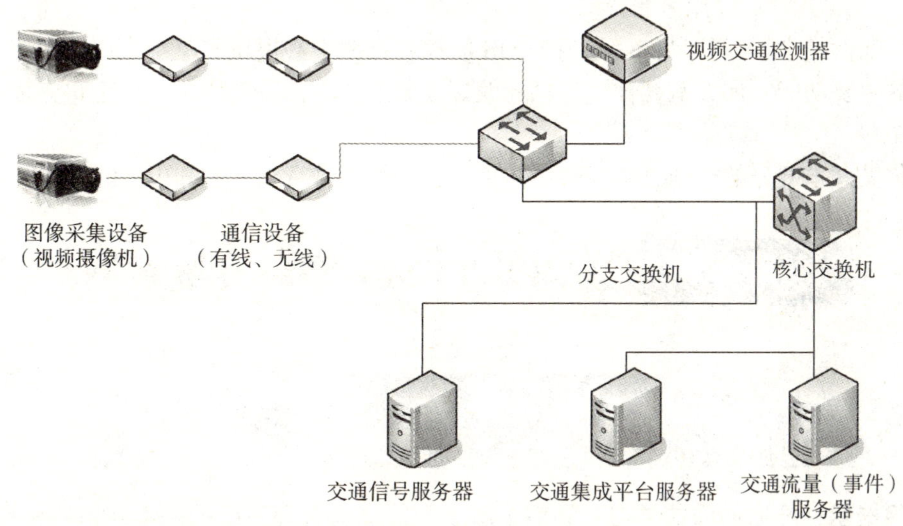

图 7－7 交通流信息采集系统结构

2. 系统功能

交通流数据是公安交通指挥系统的重要信息来源，交通流的采集可以为指挥调度、交通信号控制、交通诱导等提供决策依据。

（1）微波交通流检测系统。

能够采集交通流量、车型、占有率、平均车速、车头时距等交通流信息数据，并将数据按照要求规则传回控制指挥中心。

（2）视频交通流检测系统。

本系统能自动检测在每个车道类型（超车道、行车道、紧急行车道、停车道、紧急停车带、三角地带）和任何交通设置（流动、拥堵、停/开等）条件下的下列事件：车辆停驶（畅通停车和拥堵停车）、超速车辆、交通堵塞（包括停车拥堵和移动拥堵）、交通事故、慢行车辆、行人、逆行车辆、火灾/烟雾检测、抛撒物、车辆排队超限。

本系统检测到事件事故后，能够自动报警且对警报进行优先分级，以避免对同一事件进行多次或重复报警；本系统具有交通参数报警功能，即系统在交通参数测量结果超过阈值时自动产生交通测量报警，如车辆排队超限、车头时距过小等报警，阈值可在系统安装时根据实际道路交通状况进行调节；本系统自动记录事件事故发生之前和发生之后的图像。

练一练

情境题

假如你是某市公安局交警支队的领导，为响应市委下达的关于推进智能交通管理工作的指示精神，你打算为停车执法工作采购一套先进设备，一方面能减少警力需求，另一方面又能加强对违章停车现象的执法力度。

据此，请你草拟一份招标公告。

要求：明确写出智能停车执法系统的功能需求即可。

经过前面的学习，如果你能厘清 ITMS 的控制指挥中心模块和基础应用模块，了解各个模块的主要功能，那么恭喜你，你已经较好地掌握了本部分的内容。请记得完成在线学习活动 2。

请你做好本部分的梳理总结，稍做休息，我们继续进行下一个知识点的学习。

案例分析→国内外 ITMS 平台典型案例

知识重点

学习提示：根据前面的学习，我们了解了智能交通管理系统的基本知识和典型模块。虽然负责交通管理的行政主体有交通局、路政局、运政局、交警大队等，但支撑智能交通管理的一些硬件设备常常需要共享，如信息采集、传输、处理、发布设备等。因此，一个城市要构筑完善的智能交通管理系统平台，需要对各个子系统进行整体的考虑。

接下来，我们将继续学习国内外 ITMS 平台建设的典型案例，总结其经验，从而更好地将本单元知识灵活运用到实践当中。

一、各国 ITS 框架中的 ITMS

（一）美国

美国 2007 年公布的国家 ITS 体系框架 6.0 版中主要包括了 8 个用户服务领域，其中第一个领域——“旅行和交通管理”主要是与智能交通管理系统有关的内容，如表 7－1 所示。

表 7－1　　美国 ITS 框架中“旅行和交通管理”用户服务内容

编号	内容	主要功能
1.1	出行前旅行信息	可利用的服务信息；目前交通状况信息；出行计划服务；用户访问接口
1.2	途中驾驶员信息	驾驶员咨询；车内信息符号
1.3	路径诱导	提供方向；静态模式；实时模式；用户界面
1.4	乘车匹配与预约	乘车请求；运输提供者服务；信息处理
1.5	出行者服务信息	信息采集；信息访问
1.6	交通控制	交通流优化；交通监视；控制；提供信息
1.7	事故管理	事故确定；响应；响应实施；预测危险状态
1.8	交通需求管理	提高交通系统效率；提供出行的多种选择
1.9	排放测试和缓解	为州和地方政府提供改善空气质量的控制策略
1.10	公铁交叉口	普速铁路服务；高速铁路服务

（二）日本

日本发布的 ITS 体系框架共包括 9 个开发领域，其中第 4 个领域——“交通管理的最优化”主要是智能交通管理系统的内容。其内容如表 7－2 所示。

该领域包括交通信号智能控制系统、交通流引导分配系统和交通事故智能管理系统等。例如，通过对行驶所需时间的精确测量、交通状况的显示智能化、更精细的交通信号控制，确保道路交通的高效利用和畅通无阻。为了防止交通流的分布不均，在道路上将设置道路交通动态指示板以及通过卫星导航等进行交通流引导。

表 7－2　　日本交通管理优化领域内容

<table>
<tr><td rowspan="10">交通管理优化</td><td rowspan="9">交通流优化</td><td>交通管理规划支持</td></tr>
<tr><td>交通控制设施工作与交通管理支持</td></tr>
<tr><td>泊车措施支持</td></tr>
<tr><td>驾驶员高级支持</td></tr>
<tr><td>警员工作支持</td></tr>
<tr><td>维持交通秩序</td></tr>
<tr><td>交通信号优化</td></tr>
<tr><td>路线引导</td></tr>
<tr><td>动态路线控制</td></tr>
<tr><td>事故管理中提供交通管制信息</td><td>非常情况下的交通管理支持</td></tr>
</table>

（三）欧洲各国

欧洲 2000 年由部长会议通过的 IS 框架定义了十组用户需求，其中第七项主要是关于智能交通管理的，内容为交通、事故和需求管理，由与交通控制、事故管理及需求管理有关的活动组成。具体包括监控、规划、交通流控制、事件管理、速度管理、车道及停车管理高利用率车辆的管理、道路收费及人口控制以及为交通弱者提供便利等。

另外，欧洲 ITS 框架中的第五项及第六项亦是与城市智能交通管理相关的内容，其中第五项为紧急事件服务，包括盗窃车辆的管理、紧急车辆的优先权及危险货物事故管理等；第六项为旅行信息和导航，包括所有涉及出行前及出行途中的信息处理的活动，以及出行方式的选择和换乘及路线导航等。

（四）中国

我国智能交通系统专家委员会在 2003 年出版的《中国智能运输系统体系框架》中界定了我国智能交通系统的服务领域，其中之一就是智能交通管理系统，表 7－3 是我国 ITMS 的总体服务结构。

表 7－3　　中国 ITMS 总体服务结构

服务名称	定义
交通法规执行管理	交通管理部门应用ITMS技术执行交通法规，及时准确地收集到违反交通法规事件的信息，在不影响正常交通运行的前提下自动或人工执行相应的处理措施。
交通规划支持	向交通规划者提供有关路网交通流和交通需求的数据（当前的和历史的），并提供实现路网交通规划计算、评估以及仿真的有效手段，从而得到路网交通流分配的优化策略。
公交规划与管理	利用城市地理和人口分布信息，合理设计和优化公交运营线路，并协助指定调度规划和经营计划，为实际运营的线路进行效能分析，根据交通状况完成公交优先服务。
基础设施的维护管理	应用ITMS技术来进行道路、通信及机电系统等交通基础设施的维护管理，能够收集并统计交通基础设施的管理维护数据，在此基础上产生并实施相应的管理维护计划。
交通控制	通过使用ITMS技术来管理和控制交通流，以达到使道路网络交通流运行稳定的要求。
需求管理	该服务为影响出行需求而制定和实现各种管理及控制策略，这些策略影响不同交通方式的总体需求，主要通过价格策略、地区访问控制和控制区域出入来实现。
紧急事件管理	该服务是利用现代通信检测及图像识别技术，对城市道路交通中的偶发事件（如交通事故、车辆抛锚、货物掉落、自然灾害等）进行检测和预报，获取事件发生的位置、事件的性质和类型以及当前的交通状况等实时信息，通过公安部门、消防部门及医疗救护部门等机构间的协调与合作，对事件进行有效的处理以减少事件对公路交通的影响时间，把损失降低到最低限度。
交通信息发布与诱导	在关键基础理论研究的前提下，结合先进的通信、电子、多媒体和计算机网络等技术，为出行者提供道路交通系统、公共交通系统及其他与出行有关的重要信息，其中包括出行前信息、行驶中驾驶员信息、在途公共交通信息、个性化信息和路径诱导及导航信息等，达到减少出行者出行时间和延误、降低事故发生率和死亡率、减少尾气排放、提高交通系统整体运行效率的目的。

二、日本的智能交通管理系统 UTMS

（一）系统概述

在交通管理方面，日本政府十分注重智能交通系统的发展，1993 年 4 月，由国家警察署（National Police Agency，NPA）发起，由新交通管理系统（Universal Traffic Management System，UTMS）推进协会以官民合作形式，开始实施新型的交通管理系统计划，即新交通管理系统。

UTMS 致力于实现“安全、舒适和环境友好的交通社会”。它对交通流进行全面的管理，以先进的控制系统为中心，以现有的交通控制系统为基础发展而成。

UTMS 的核心是在车辆与控制中心之间实现交互式双向通信，通信系统使用红外线信号标杆。UTMS 的最终目标是实现主动管理，将管理中心对交通需求和交通流的措施准确无误地传给司机（车辆），以避免交通阻塞，实现先进的管理信息系统。

UTMS 是实现日本 ITS 从理想走向现实的系统之一，比现在的交通控制系统更加复杂、更加智能化，是目前世界 ITS 领域最先进的交通系统之一。

UTMS 以集成的交通控制系统为中心，由 11 个子系统组成，分别在整个交通管理系统中发挥着不同的作用。

（二）系统构成

1. 集成的交通控制系统

（1）系统描述。

集成的交通控制系统（ITCS）为交通管制中心，是 UTMS 的心脏，是在现有的交通控制系统的基础上发展起来的，更先进且具有更高的智能化水平。主要通过与车载装置的双向通信来获得信息，ITCS 对信息进行收集、分析、处理，对交通信号进行控制。

除了用传统的交通控制检测器外，ITCS 还充分利用了每一个交通媒介通过光信标进行双向信息交流，增强信息采集和分析功能，利用车辆探测器和计算机不断收集交通信息并以二维平面呈现。同时，ITCS 系统能够用最实用的信号控制方案有效地处理不断变化着的交通流状况，为 UTMS 的每一个子系统提供准确、及时的交通信息。

（2）预期效果。

确保交通安全和通畅，减轻交通堵塞，降低旅行时间和减少交通污染。

2. 先进的交通信息系统

（1）系统描述。

先进的交通信息系统（AMIS）通过可变信息板、交通信息无线电广播、汽车导航系统等向用户提供诸如交通管制、拥挤等信息以及车辆到达目的地以前的实时信息，使司机能在同一时间掌握行车路线等交通状况，从而使得车流自律性地分散，消除交通堵塞和改善驾驶员心理状态。AMIS 是以通过各种媒介提供交通信息的整个体系来展现的，而著名的道路交通情报通信系统（VICS）也是其中之一。

（2）预期效果。

疏散交通流，缓解交通拥堵，降低旅行时间，减轻驾驶员压力，并带来较大的经济效益。

3. 动态路径诱导系统

（1）系统描述。

动态路径诱导系统（DRGS）向司机推荐以最短旅行时间到达目的地的路径信息，它通过光信标和车载装置的双向交流，利用汽车导航电子地图的显示功能为司机指示出最合适的到达目的地的路线，另外还估测出到达目的地的时间，从而提高行车的方便性，同时使车辆的行车路线分散，以减少交通阻塞。

（2）预期效果。

提高利用车辆的便利性，缓解交通拥堵，降低旅行时间，改善交通环境（节约燃料并减少排放）。

4. 公共运输优先系统

（1）系统描述。

公共运输优先系统（PTPS）通过控制优先信号和设定优先专用道，保障公共车辆使用道路的优先权，提高运营效率，从而使公共汽车乘客更加方便，促进从使用私人汽车到使用大型公共运输工具的转变。

公共汽车在光信标下通过时，光信标接收到公共汽车上的车载装置发出的专用 ID 信号，并将其传送至交通管制中心，交通管制中心通过专用 ID 来判断行车地点和目的地等，公共汽车如果不在前方的信号机前停车，或以最短停车时间来行驶的话，信号机将对其实行控制，并且有可能对在公交专用道上违章驾驶的车辆予以警告。

（2）预期效果。

改善公交用户的便利性，鼓励使用公交，确保公共汽车运行的准时性，缩短路口的等待时间，确保巴士的安全，减少公共汽车专用道的违章驾驶。

5. 车辆行驶管理系统

（1）系统描述。

车辆行驶管理系统（MOCS）通过向管理人员提供公共汽车、出租车、卡车的行车位置等信息，实现车辆的有效行驶，促进交通畅通无阻。

（2）预期效果。

改善车辆管理的效率，改善人员输送及货物运输的效率，推动道路交通服务业的发展并提高其服务水平，增加公共运输工具的使用者。

6. 环境保护管理系统

（1）系统描述。

环境保护管理系统（EPMS）根据大气污染和气象等情况来提供交通信息，控制交通信号。

在通过公路上安装的废气指示器和噪声指示器收集环境信息的同时，也通过探测器收集交通信息。基于以上数据，通过最适合于目标地区环境的信号控制和红外线探测器或交通信息板的迂回诱导、抑制交通流进入等方式分散、缓解交通流量。

（2）预期效果。

减少大气污染，解决交通噪声问题。

7. 智能综合信息图像系统

（1）系统描述。

智能综合信息图像系统（IIIS）利用电视摄像机将交通堵塞、违章停车等交通情况拍摄下来，抑制违章行为，控制交通信号，并通过光信标、因特网向司机提供交通信息图像。

IIIS 系统传送实时的周围的交通状况信息给当地警察局和交通控制中心，通过应用一种高清晰的移动图像数字压缩技术，监控违章停车，帮助工作人员搬走道路上的障碍物。IIIS 系统同样也能够用作车辆识别传感器来计算通过的车流量以及识别车辆类型。

（2）预期效果。

减少交通事故的发生，缓解交通堵塞。

8. 安全驾驶支持系统

（1）系统描述。

安全驾驶支持系统（DSSS）利用交通管制系统的基础设施及 IC 卡，提醒驾驶员注意危险因素，并保证行人安全，减少交通事故的发生。凭借各种传感器，可提醒驾驶员不易观察到的汽车、摩托车及行人，在此基础上，通过光信标向车载装置提供信息及交通信息板的提示，来提醒驾驶员。

日本的交通事故大多发生在交叉口，DSSS 的设计目的就是防止交叉口的交通事故，提高通过交叉口车辆的安全性。它包括 7 个子系统，这些子系统都是基于安全驾驶支持系统的不同目的所设计的。

1）车头碰撞警告系统：能够检测到交叉口中不遵守信号灯的前方来车。在进入交叉口前，警告信息就可以通过可变信息板或车载装置提供给驾驶员。

2）危险区域防止控制系统：当信号灯变为黄色时，靠近交叉路口的驾驶员将会尽力通过或者紧急刹车，这些都会导致交通事故的发生。本系统通过光信标为驾驶员提供信号灯即将变化的信息，来防止交通事故的发生。

3）右转弯事故预防系统：能够探测对面车道来车并将信息提供给交叉口的右转车辆。当对面车辆进入驾驶员的视觉盲区时，本系统能够有效地制止碰撞的发生。

4）包括摩托车的事故预防系统：系统探测到左转弯车辆左侧车驶来的摩托车后，将信息提供给交叉口的车辆。

5）超速警告系统：系统能够探测出车辆速度并通过车载设备向驾驶员发出警告信息，制止由于高速驾驶所引发的交通事故。

6）邻近交通指示系统：系统首先探测邻近的车辆，当驾驶员不能确认临近车辆在弯道或较窄的道路上时，系统通过车载装置用声音向驾驶员发送警告信息。

7）行人支持系统：当行人通过交叉口的机动车流或人行道交叉口时，系统向驾驶员发出及时警告以便使驾驶员知道行人的存在。

（2）预期效果。

减少路口交通事故，减轻驾驶员决策时的压力，提高驾驶员的安全驾驶意识。

9. 紧急救援与公共安全系统

（1）系统描述。

紧急救援与公共安全系统（HELP）在发生事故和车内有紧急情况时，能利用自动或手动方式，在迅速正确地通知救援部门的同时，通过车载装置及有 GPS 功能的移动电话发出正确位置信息，以使有需求的车辆能够得到迅速救援。

具体情况为：车辆在行车中发生紧急情况时，通过对车内 HELP 键的手动操作和震动传感器的自动工作，利用移动电话和车载电话通知指挥中心，也可以使用有 GPS 功能的移动电话通知中心。此时，车载装置与移动电话通过 GPS 将所处位置、ID、时间等信息向指挥中心自动发出后，语音线路将自动连接，双方就可以进行通话了。指挥中心根据需要，将事故现场所处位置等信息一起报告给合适的救援部门。

（2）预期效果。

降低救援呼叫时间，降低事故死亡人数，减轻伤害程度以及防止二次伤害，消除交通堵塞。

10. 紧急车辆优先系统

（1）系统描述。

紧急车辆优先系统（FAST）通过对警车等紧急车辆传送指令、引导道路等，减少紧急行驶造成的交通事故。同时，缩短紧急车辆的响应时间，为事件的尽早解决和迅速采取援救活动提供帮助。

首先，当事件发生时，救援车辆接受派遣。HELP、MOCS 等相关系统负责集体的操作；然后 FAST 开始对救援车辆的运行进行管理。交通控制中心计算机计算最短行驶路径，使得通过此路径的救援车辆以最短时间到达出事地点。在这条路径上设置有光信标，当车辆通过时路径信息将会发送到光信标上。最后，在救援车辆通过的线路上，所有交叉口的绿灯时间调整至最大，从而使救援车辆以最快的速度到达出事地点。

在车辆经过光信标时，通过发射的 ID 信息就可以接收到推荐的路线信息和事故位置信息。光信标自动将救援车辆即将通过的交叉路口的绿灯时间延长或红灯时间缩短，以保证救援车辆在每一个交叉口都以绿灯通过。FAST 系统向十字路口的车辆和行人发出警报，告诉他们紧急车辆即将到达。此外，交通信息中心通过 AMIS 系统利用光信标向其他车辆提供事故地点及其周围的交通信息。

（2）预期效果。

提高人员的抢救率和犯罪事件的逮捕率，而且减少了在十字路口由于紧急车辆紧急冲向事故现场而引发的交通事故。

11. 行人信息通信系统

（1）系统描述。

行人信息通信系统（PICS）采用以声音的方式向行人通报红绿灯情况，以及延长绿灯时间等办法，为确保行人（特别是老人和视觉残疾人）的安全提供帮助，从而使他们能够安全、舒适地通过交叉路口。

视觉障碍者利用声音通过发射器与红外线装置之间的通信，就可以得到交通信号信息和位置信息，这种类型的 PICS 称为 PICS-A。对于坐轮椅的残疾人和听力障碍者，本系统能够利用红外光信标发射地点信息，这种信息在便携式终端地图上以地图的信息表现出来，这种类型的 PICS 称为 PICS-B。

（2）预期效果。

PICS 系统能够帮助视觉障碍者和老年人准确、安全地通过十字路口。

拓展阅读

1. 中华人民共和国国务院 . 新一代人工智能发展规划（国发〔2017〕35 号）. http://www.gov.cn/zhengce/content/2017-07/20/content_5211996.htm.

2. 陈旭梅 . 城市智能交通管理系统 [M]. 北京：北京交通大学出版社，2017.

3. 李瑞敏，邱红桐 . 智能交通系统规划设计及案例 [M]. 北京：中国建筑工业出版社，2016.

4. GTZ. 智能交通系统在发展中城市的实践 . https://www.sutp.org/files/contents/documents/resources/A_Sourcebook/SB4_Vehicles-and-Fuels/GIZ_SUTP_SB4e_Intelligent-Transport-Systems_CN.pdf.

5. 麦肯锡 . 借力智能交通技术，建设宜居北京 .https://www.mckinsey.com.cn.

6. 顾家悦，张铿，董可然，等 . 城市智能交通管理系统顶层设计——以武汉市智能交通示范工程为例 [J]. 中国公共安全（学术版），2018(1): 60-65.

单元小结

本单元主要讲述了智能交通管理系统的基本知识，了解了其控制指挥中心和基础应用的典型模块，并对国内外智能交通管理平台进行了简单的回顾小结。目前，我国许多城市正在推动智慧城市建设，智能交通管理未来还会进一步与城市大数据平台、智能交通基础设施、智能建筑、智能社区服务系统甚至智能家庭相结合，推进城市规划、建设、管理、运营全生命周期智能化，发展前景广阔。

不过需要说明的是，智能技术只是解决交通难题的诸多手段之一，仅凭这一项难以彻底解决所有问题。但智能技术的确可以协助提高城市现有基础设施的使用效率，大幅提高市民的满意度，并使得一个城市成为经济发展与创新的平台。

以上就是本单元的全部内容，感谢大家的辛苦努力，继续保持，加油！

参考文献

1. 中华人民共和国交通运输部，中华人民共和国公安部 . 道路交通标志和标线：GB 5768.2-2009 [S]. 北京：中国标准出版社，2009.

2. 中华人民共和国住房和城乡建设部 . 城市道路工程设计规范 : CJJ 37-2012 [S]. 北京：中国建筑工业出版社，2012.

3. 中华人民共和国住房和城乡建设部 . 城市道路工程设计规范 : CJJ37-2012 [S]. 北京：中国建筑工业出版社，2012.

4. 公安部交通管理局 . 道路交通管理法规汇编（2014 年版）[M]. 北京：中国人民公安大学出版社，2014.

5. 交通运输部运输服务司 . 城市公共交通法律法规政策文件汇编 [M]. 北京：人民交通出版社，2017.

6. 杨宏山 . 城市管理学（第 2 版）[M]. 北京：中国人民大学出版社，2013.

7. 李瑞敏 . 城市道路交通管理 [M]. 北京：人民交通出版社，2009.

8. 王庆海 . 城市道路交通规划与管理 [M]. 北京：中国建筑工业出版社，2007.

9. 邵春福 . 城市交通概论 [M]. 北京：北京交通大学出版社，2016.

10. 王润琪 . 道路交通行政管理学 [M]. 北京：人民交通出版社，2010.

11. 郗恩崇 . 道路运输行政管理学 (第二版) [M]. 北京：人民交通出版社，2006.

12. 李升朝 . 道路运输行政管理学 [M]. 北京：人民交通出版社，2017.

13. 龙海波 , 李凤 . 公路管理体制改革的理论与实践 [M]. 北京：人民交通出版社，2016.

14. 吴兵，李晔 . 交通管理与控制 [M]. 北京：人民交通出版社，2008.

15. 裴玉龙 . 道路交通安全 [M]. 北京：科学出版社，2007.

16. 刘志强 . 道路交通安全工程 [M]. 北京：化学工业出版社，2005.

17. 何勇，唐铮铮 . 道路交通安全技术 [M]. 北京：人民交通出版社，2008.

18. 公安部道路安全研究中心 . 道路交通安全战略规划与管理实践 [M]. 北京：人民交通出版社，2017.

19. 陈艳艳 , 刘小明，陈金川 . 城市交通需求管理及应用 [M]. 北京：人民交通出版社，2009.

20. 美国交通运输研究委员会出入口管理分会 . 道路出入口管理手册 [M]. 北京：中国建筑工业出版社，2009.

21. 张南 . 公交优先通行系统研究 [D]. 成都：西南交通大学，2003.

22. 孟志广 . 交通拥堵及潮汐车道技术的研究 [D]. 西安：长安大学，2015.

23. 张腊梅 . 面向城市的智能交通管理系统 [D]. 武汉：武汉理工大学，2006.

24. 兰岚 . 城市智能交通管理系统方案研究与设计 [D]. 西安：长安大学，2010.

25. 米毓．上海智能交通管理系统对城市交通拥挤成本影响的实证研究 [D]. 上海：上海师范大学 , 2016.

26. 段雨萌．天津市智能交通综合管理系统的设计与实现 [D]. 济南：山东大学 , 2018.

27. 王运霞，刘东波，顾金刚，等．浅析道路交通标线设置常见问题 [J]. 中国公共安全（学术版）. 2014(4): 79-83.

28. 王建强，刘东波，顾金刚．浅议城市道路交通标志标线设置 [J]. 道路交通管理 . 2013(6): 36-38.

29. 关宏志，刘兰辉，廖明军．停车诱导系统的规划设计方法初探 [J]. 公路交通科技 . 2003(1): 136-139.

30. 陈玮，陈白磊．将 HOV 优先引入我国城市交通规划的管理 [J]. 城市规划 . 2003(6): 93-96.

31. 陈学武，葛宏伟，王炜．城市公交优先发展的对策研究 [J]. 现代城市研究 . 2004(1): 34-36.

32. 王肇飞，李晓华，邵小东，等．大城市慢行交通系统规划策略研究 [J]. 物流工程与管理 . 2009(6): 93-94.

33. 李春燕，陈峻，邓社军．HOV 车道设置特性及可行性分析 [J]. 城市交通 . 2012(6): 58-65.

34. 巩建国，黄金晶．大城市慢行交通管理对策研究 [J]. 道路交通管理 . 2013(9): 32-33.

35. 张昱，刘学敏，张红．城市慢行交通发展的困境与思路 [J]. 城市发展研究 . 2014(6): 113-116.

36. 苑敬雅，周彤梅，朱茵．潮汐车道交通管理与控制方法研究 [J]. 交通企业管理 . 2015(12): 41-43.

37. 孙蕊，胡江碧．车速与交通安全的关系及其管理措施探讨 : 中国公路学会 2005 年学术年会 [Z]. 中国新疆 : 2005(3).

38. 张国伍．交通需求管理与城市交通可持续发展——“交通 7+1 论坛”第八次会议纪实 [J]. 交通运输系统工程与信息 . 2007(6): 1-10.

39. 罗兆广．新加坡交通需求管理的关键策略与特色 [J]. 城市交通 . 2009(6): 33-38.

40. 王进坤．香港地铁 TOD 开发模式的启示 [J]. 江苏城市规划 . 2012(8): 44-46.

图书在版编目（CIP）数据

城市交通管理 / 张琳琳主编. — 北京：中国人民大学出版社，2018.11
21 世纪高等开放教育系列教材
ISBN 978-7-300-26353-3

Ⅰ.①城… Ⅱ.①张… Ⅲ.①城市交通运输 – 交通运输管理 – 高等学校 – 教材 Ⅳ.① F570

中国版本图书馆 CIP 数据核字（2018）第 236477 号

21世纪高等开放教育系列教材
城市交通管理
张琳琳　主　编
王小兰　副主编
Chengshi Jiaotong Guanli

出版发行	中国人民大学出版社		
社　　址	北京中关村大街 31 号	**邮政编码**	100080
电　　话	010–62511242（总编室）		010–62511770（质管部）
	010–82501766（邮购部）		010–62514148（门市部）
	010–62515195（发行公司）		010–62515275（盗版举报）
网　　址	http://www.crup.com.cn		
	http://www.ttrnet.com（人大教研网）		
经　　销	新华书店		
印　　刷	北京宏伟双华印刷有限公司		
规　　格	185 mm × 260 mm　16 开本	**版　　次**	2018 年 11 月第 1 版
印　　张	16	**印　　次**	2018 年 11 月第 1 次印刷
字　　数	367 000	**定　　价**	39.00 元